“十二五”职业教育国家规划教材
经全国职业教育教材审定委员会审定

学前教育简史

总主编 朱家雄
主　编 王　雁　梅　花
副主编 王　慧　郑雅姿

北京出版集团公司
北　京　出　版　社

图书在版编目（CIP）数据

学前教育简史 / 王雁，梅花主编. —北京 ：北京出版社，2014. 5

ISBN 978-7-200-10569-8

I. ①学… II. ①王… ②梅… III. ①学前教育—教育史—世界 IV. ①G619.1

中国版本图书馆 CIP 数据核字（2014）第 099473 号

学前教育简史

XUEQIAN JIAOYU JIANSHI

主　　编：王雁　梅花

出　　版：北京出版集团公司

　　　　　北 京　出　版 社

地　　址：北京北三环中路 6 号

邮　　编：100120

网　　址：www.bph.com.cn

总 发 行：北京出版集团公司

经　　销：新华书店

印　　刷：北京市通县华龙印刷厂

版　　次：2014 年 5 月第 1 版　2015 年 8 月第 2 次印刷

开　　本：787 毫米×1092 毫米　1/16

印　　张：12

字　　数：277 千字

书　　号：ISBN 978-7-200-10569-8

定　　价：27.00 元

质量监督电话：010-58572393　010-56190757

编写说明

近些年来，我国学前教育事业正在迅速发展，在达成“基本普及学前教育”任务的背景下，对幼儿园教师的培养、培训在数量和质量两个方面都提出了新的要求。

而今，职业院校已经成为我国幼儿园教师培养、培训的主要教育机构，每年都要承担大量的幼儿园教师的培养、培训任务。同时，幼儿园教师培养、培训的质量与教材有紧密的联系，高质量的、适合学生的教材，才能培养、培训出能够承担起幼儿教育任务的教师。

在教育部职业教育与成人教育司的指导下，北京出版社组织了一批富有职业教育教学和研究经验的教师，精心编制了本套能适合职业院校使用的学前教育系列教材。本套教材经由评审，已被教育部有关职能部门立项。

本套学前教育系列教材是针对我国职业院校学前教育专业设置的课程编写的，旨在能适用于职业院校的学生。本套教材主要有以下一些特点：

1. 注重教材的实践性，使教材既具有整体的逻辑性，又不拘泥于传统的学科体系。例如，理论陈述的简洁、易懂、突出重点；实践部分强调容易上手，学以致用；教材的编写多使用图片、案例等。

2. 为了增强教材的易读性、趣味性，适当加入“引子”“小链接”“经典回味”等板块。

3. 教材内容与全国教师资格证书考试高度关联，旨在让学生经由学习，能顺利地通过教师资格证书考试。

编写一套适合我国广大职业院校教师和学生的教材，是一个新的尝试。我们期望本套教材能为我国大面积、有质量地培养、培训合格的幼儿园教师起到重要的影响作用。

前　言

“学前教育史”是学前教育专业的一门必修课程，也是教育史中的一门重要分支学科。“学前教育简史”就是探究从人类文明开始时的社会公育，到私有制产生后的学前家庭教育，到近代学前社会教育，乃至当代世界学前教育中的各种制度、思想、事件和政策。

本书以时间为经，以制度史和思想史为纬，清晰勾勒出中外学前教育发展的全部历史进程。全书由上、下两篇组成。上篇为中国学前教育史，包括中国古代学前教育、中国近代学前教育和中国现代学前教育；下篇为外国学前教育史，包括外国古代学前教育、外国近代学前教育、外国现代学前教育。

本书尊重经典和学科共识，在继承中创新，力图体现以下特色：

第一，体系创新，覆盖全面。首先体现在体例创新上，打破现有教材注重学术性和学科系统性，根据学前教育专业学生的知识储备及理解水平，能够内容简洁地突出各个历史时期的知识点。

第二，重点突出，简明扼要。首先，突出学前特色，即与学前教育无关的人、事均不涉及。其次，就中国学前教育史部分来说，重点突出近代学前教育发展的重要制度、重要事件、知名专家的教育思想等，特别是对当代中国学前教育发展具有里程碑意义的2010年和2011年所出台的促进学前教育发展的相关制度和政策，也首次被写入教材。就外国学前教育史部分来说，重点介绍近代、当代学前教育发展的历史脉络。

第三，有叙有议，史论结合。一方面，教材强调对于史料的客观呈现；另一方面，采用历史唯物主义的观点并结合现代学前教育原理来分析评论史实，做到以史为鉴。

第四，故事经典，材料丰富。本教材在每一章都有引子，提起学生对本章的学习兴趣，后边设有经典回味、小链接等环节，力图增强教材的可读性和趣味性；此外，教材中使用了较多图片、照片和表格，尽可能采用直观的方式表达相关内容。

总之，本书是我们在多年教学的基础上，针对学前教育专业学生的特点而编撰的一本《学前教育简史》，既适用于学前教育专业“学前教育史”教学工作中，也适用于幼儿园教师、园长在职进修和自学。由于编者自身知识水平和能力的局限，书中难免有不足之处，恳请专家、同行、读者批评指正！

编　者

目　录

上篇　中国学前教育史

上篇　中国学前教育史

第一章　中国原始社会和奴隶社会的学前教育

[学习目标]

1. 掌握中国原始社会儿童教育的特点。
2. 理解宫廷学前教育的内容。
3. 了解早期胎教实施的情况。

[关键词]

原始社会　奴隶社会　宫廷学前教育　早期胎教

引　子

康熙皇帝是中国历史上当政时间最久的一位皇帝。康熙皇帝的一生，文治武功，雄才大略，开创了彪炳史册的“康乾盛世”，堪称一代明君。众所周知，康熙之所以成为一代明君离不开他那位了不起的祖母——孝庄太皇太后。然而，却很少有人知道，康熙的成功还与一位名叫苏麻喇姑的宫廷侍女有关。据《啸亭杂录·苏麻喇姑》记载，康熙皇帝年幼时，孝庄太皇太后便因为苏麻喇姑会哄孩子且懂得满、蒙、汉三种语言而将其选为玄烨（康熙的名字）的启蒙老师。苏麻喇姑当时已经四十岁左右，在生活上像对待自己的孩子一样照顾玄烨，在学业上对玄烨耐心诱导，精心教诲，使幼年的玄烨懂得了很多人情事理，掌握了很多蒙学知识，尤其是康熙皇帝那一手好字，就是当时苏麻喇姑给打的基础。

点评：在中国的奴隶社会和封建社会，君主是天下唯一的主宰者，君主的意志就是最高的法令，因而君主本人的素质是决定国计民生的首要因素。因此，古代的儒学者，在提倡以德治国的宗旨下，尤其重视君主教育，特别是君主接班人——太子的教育。在这种情形下，由朝廷派人加强对未来王权继承人太子进行早期的学前教育，使其德性趋向完善，就成为至关重要的大事了。这种宫廷学前教育发端于奴隶社会，一直延续到封建社会结束。孝庄太皇太后之所以选择苏麻喇姑来给康熙做启蒙老师，就是因为她深谙此理。

[知识概述]

在中国古代历史文化的发展过程中，教育作为人类社会生活重要的组成部分也逐步发展起来。原始社会的儿童教育伴随着人类文明的不断进步而产生、发展，奴隶社会产生了独立的教育形态——学校教育，学前教育随之产生。在中国学前教育发展史上，原始社会和奴隶社会的学前教育属于萌芽和开创阶段，具有重要意义。

第一节 中国原始社会的儿童教育

学前教育是相对学校教育而言的，在学校未产生之前当然不可能有学前教育，但是这并不意味着没有对年幼儿童实施教育。在原始社会中一直存在着以社会公育形式进行的儿童教育。

一、原始社会儿童社会公育的实施

在原始社会，由于社会资料公有，没有阶级、没有家庭，所有的成员在以血缘关系为纽带组成的一定集体内，在平等互助的基础上进行着集体的生产与生活活动。因此，对儿童的教育也是由整个原始人群或氏族部落共同承担。对儿童实施公育成为原始社会儿童教育的基本形式。

原始社会对儿童实施的社会公育其教育内容均与儿童今后将要从事的社会生产和生活活动密切相关。具体教育内容包括：

（一）生活和劳动教育

由于当时生产力水平极为低下，每个有劳动能力的人都必须从事生产劳动，才能维持生存，每个儿童自幼年起就要向年长一代学习劳动技能。因此，原始社会阶段，为了儿童能够参加社会生产生活，就必须把劳动技能和社会生活经验传授给儿童。

（二）思想教育

思想教育主要包括道德教育和宗教教育。通过道德教育，可以使儿童自幼学会遵守氏族公社成员之间交往的规范，养成照顾、赡养老人的观念；通过宗教教育，使新生一代养成宗教意识和情感，而且还能使儿童在参加宗教的祭祀活动中学会生产知识、历史传说、自然常识。

（三）审美意识教育

原始社会时期的人们把原始歌舞视为宗教祭祀活动中的重要组成部分，因此，在对儿童实施教育中，美育（包括歌舞、音乐、绘画等）也成为一项不可缺少的内容。甚至到了氏族公社后期，还设有专门负责美育方面事务的官职。

（四）军事体育教育

原始社会后期，部落之间经常发生战争，需要军事体育技术与强健的体能。所以军事教育，如学习和使用武器及作战方法，锻炼强健的体魄，也成为一项重要的教育内容。

二、儿童公有机构的产生

原始社会后期，大约在五帝时期（公元前 2700 年），我国原始社会进入了部落联盟和军事民主制阶段，这是中国古代传说中的五帝时期。历史即将跨入阶级社会的门槛，这时便产生了名为“庠”（xiáng）的教育机构。据史籍记载，“庠”是虞舜时代的学校名称，如《三礼义宗》中记：“虞氏之学名庠。”但从严格意义上讲，“庠”还只能说是学校的雏形，是原始社会养老和实施儿童公育的机构或场所。

“庠”这种机构的形成是经过一定过程的。“庠”的原意就是养羊的地方。《礼记·明堂位》中记载“米廪（lǐn），有虞氏之庠也”。这里的“庠”由家畜饲养场所变成了粮食仓库，由经验丰富、劳动力较弱的老年人看管，于是“庠”就具有养老的功能。在当时，老年人同时还承担着教养下一代的任务，因此，“庠”后来又具有对儿童实施保育和教养的功能。随着社会的发展，这种功能越来越占据主导地位，使它成为学校的萌芽，也成为对儿童实施社会公育的专门机构。

三、原始社会儿童教育的特点

原始社会是中国儿童教育发展的初期，这个时期儿童教育的主要特点是：

（一）对儿童实施社会公育

教育的目的是为了培养合格的氏族成员，人人有平等的受教育的权利。

（二）教育没有专职人员

原始群落的老人是原始社会儿童教育工作的主要承担者，体现了“长者为师”的教育特点。

（三）以生活经验为教育内容

原始社会儿童教育的内容是多方面的，是与儿童日后将要进行的生产、生活实际密切相关的。

（四）教育手段局限于言传身教

原始社会儿童教育的方法，主要是采取口耳相传、在实践活动中结合实际的示范和模仿而进行教育。

（五）教育活动没有专门的场所

教育还没有从生产和生活中分化出来，采取随时随地、分散进行的教育形式。

第二节　中国奴隶社会儿童的学前教育

公元前 21 世纪，我国开始进入奴隶社会。由于社会生产的发展，产品有了剩余，私有财产便开始形成，原始社会逐渐解体，慢慢向奴隶社会过渡。夏代开始，我国进入奴隶社会。在社会发展的这一历史阶段，由于生产力的发展和国家机构的建立，文字的出现，学校开始产生。随着学校教育的产生，与此相对应的学前教育也开始出现。

一、学前教育计划的制订

公元前11世纪是我国奴隶社会鼎盛的西周时期，当时人们已经能够按照婴幼儿年龄大小来制订循序渐进、有条不紊地实施学前教育的计划。

《礼记·内则》："子能食食，教以右手。能言，男唯女俞，男鞶革，女鞶丝。六年，教之数与方名。七年，男女不同席，不共食。八年，出入门户及即席饮食，必后长者，始教之让。九年，教之数日。十年，出就外傅，居宿于外，学书记，衣不帛襦裤，礼帅初，朝夕学幼仪，请肄简谅。"这段文字的意思是说，婴儿在自己能吃东西的时候，要教他用右手进食。在开始学说话的时候，先要教会他怎样应答大人的招呼，男孩应声要直，女孩应声要婉。男孩要佩革制衣带，女孩要佩丝制衣带。孩子六岁，教他数数，并教认识东西南北中的方位。七岁，男孩和女孩便不能坐在一张席子上了，也不能共用一份食具。八岁，开始进行礼让训练。出入门户和吃东西时，都要让年龄长者先于己。九岁，要教儿童学习计算日期。除教用自然数排列年代、日期外，还要学习中国古代特用的天干地支相配法。十岁，男孩外出上学，学习书写和计算，也可以不再住在内室了。女孩子十岁不再出闺门，由保母或母亲教女德女工。由此可见，西周学前教育的特征：主要在家庭中进行；内容多方面，较丰富；从7岁开始进行男女有别的教育。

关于学前教育最早的记载见于《礼记·内则》，反映了西周王公贵族子弟的教育状况，共包括了20年的教育计划，其中详细记载了上小学前的家庭教育即学前教育计划。由此计划可见，在奴隶主贵族的家庭中，对儿童实施的学前教育的内容是贴近贵族子弟日常生活的，涵盖面也较为广泛，既有生活自理能力和日常礼仪的训练，也有初步的文化知识启蒙，而且这种教育已经注意顾及儿童身心发展特点，并随着儿童的年龄增长逐步提高要求，体现了循序渐进、由浅入深的教育原则。从划分的内容看，既有生活教育，又有文化知识教育；既有自然科学知识教育，又有道德行为教育。在教育内容方面，注重礼仪的训练，也已经出现男女之别。《礼记·内则》作为我国教育史上最早的关于学前教育的记录，不仅是当时学前教育发展的一个标志，而且对封建社会的学前教育实施也产生了一定的影响。

二、宫廷学前教育

宫廷学前教育是家庭教育的一种特殊形式，它是以处于学龄前的世子为教养对象，由朝廷委任德高望重的官员担任教师，在宫廷内实施的教育。从广义上讲，它包括实施于天子宫廷内的学前教育和实施于各诸侯王宫内的学前教育。

在古代君主专制制度的统治下，君主是天下唯一的主宰者。君主的意志就是最高的法令，是臣民必须依从的。在这种情况下，君主本人的素质如何，是决定国计民生的首要因素。因此，古代的儒学者，在提倡以德治国的宗旨下，尤其重视君主教育，特别是君主接班人——太子的教育。在这种情形下，由朝廷派人加强对未来王权继承人——太子进行早期的学前教育，使其德性趋向完善，就成为至关重要的大事了。由此可见，加强宫廷学前教育具有政治与教育的双重意义。

为了加强对太子实施有效的教育，在奴隶社会时期建立了保傅教育制度和乳保教育制度。

所谓的保傅制度，是指朝廷内设有专门的师、保、傅官以对君主、太子进行教谕的制度。据史料记载，早在西周以前，就曾设置有太师、太傅和太保的官职，合称“三公”，它们的副职分别是少师、少傅和少保，合称“三少”，这类官员统称为师傅、师保或保傅。“三公”对太子实施教育时有着明确的分工，其中，“保，保其身体；傅，傅之德义；师，道之教训。”保其身体，即负责身体的保育；傅之德义，即负责培养道德；道之教训，即进行文化知识及统治经验的传授。可见，师保之教的内容是较全面的，包括了德、智、体三方面的内容。

所谓乳保教育制度，是指在后宫挑选女子担任乳母、保母等，以承担保育、教导太子、世子事务的制度。根据《礼记·内则》中记载，太子、世子出生后不久，即“异为孺子室于宫中，择于诸母与可者，必求其宽裕、慈惠、温良、恭敬、慎而寡言者，使为子师，其次为慈母，其次为保母，皆居子室。他人无事不往。”子师、慈母、保母合称“三母”，她们分别承担母后的部分职责，其中，“师，教以善道者；慈母，审其欲恶者；保母，安其寝处者”。总之，由她们共同负责太子、世子德性的培养和日常生活起居的料理。

除“三母”外，还要从大夫之妾或士之妻中选择乳母以哺育世子。乳母哺育世子至三岁断奶，然后出宫，国君通常要给予厚赏。特别是太子即位后，为报答哺育之恩，封乳母以厚禄显爵更是常见之事。

三、早期胎教的实施

我国是世界上最早提出胎教的国家。所谓的胎教指通过对孕妇实施外界影响，或通过孕妇自我调节达到作用于体内胎儿，使其能良好地发育、生长的教育过程。

据史料记载，我国实施胎教的历史，可以上溯到距今一千多年的西周时期。最早实施胎教的是西周文王的母亲太任。据史料记载，太任自妊娠后，不看丑恶的东西，不听邪恶的声音，不说傲慢不逊的话，自觉实施胎教。可见，胎教内容对孕妇自身提出严格的要求。西周社会为了保证胎教的实施，建立了胎教制度，以加强从外部对孕妇进行约束。如怀孕 3 个月后，即居住在专门的宫室内，一切行动受礼节制。

西周是我国胎教理论与实践发展的初始阶段。这个时期的胎教主要实施于帝王之家、宫廷之内，当时的统治者对胎教极为重视。早期的胎教虽然大多数是针对君主而言的，但也有普遍的意义。

四、奴隶社会学前教育的特点

奴隶社会是我国古代学前教育的奠基时期，这个时期学前教育有如下特点：

1. 家庭承担了学前儿童教育的任务，原始社会的儿童社会公育已经消失。

2. 奴隶主贵族垄断着受教育的权利，学前儿童教育仅限于在奴隶主贵族的家庭中实施。

3. 学前教育与学校教育已有了较明确的年龄划分，但由于古代没有统一的小学教育体系，因此对入学的年龄规定没有统一的要求。

4. 学前教育具有鲜明的阶级性，制订了相应的学前教育计划。

5. 奴隶社会的最高统治者对学前教育尤为重视，不仅建立了针对君主教育的保傅教育制度与乳保教育制度，还提出了实施胎教的要求。

小链接

"庠"：原始社会后期产生，是虞舜时代的学校名称，在各种文献中记录为养羊或存放粮食的地方，由无劳动能力的老人看管，后演变为儿童公育的场所。

【经典回味】

根据《列女传》记载，太任自妊娠后，"目不视恶色，耳不听淫声，口不出敖言，能以胎教"。正因为太任在怀文王时，不看丑恶的东西，不听邪恶的声音，不说傲慢不逊的话语，自觉实施胎教，故文王天资极高，智力超群，最终成为历史上著名的贤明之君。汉代学者贾谊在《新书·胎教》中曾说："周妃后妊成王于身，立而不跛；坐而不差；笑而不喧，独处不倨，虽怒不骂，胎教之谓也。"西周文王之母太任、成王之母周妃后，均在怀孕时对胎儿施以胎教，能自觉对自己的视听言行和思想情感进行约束，以孕贤君。因此，被后人誉为"贤妣"。其他人不容易做到这样，因此，为了保证胎教的实施，西周社会还建立了胎教制度，以加强从外部对孕妇进行约束。

【思考与练习】

1. 中国原始社会儿童教育有哪些特点？
2. 简述宫廷学前教育的内容。
3. 简述早期胎教实施的情况。
4. 奴隶社会学前教育有哪些特点？

第二章 中国封建社会学前教育的发展

[学习目标]

1. 掌握中国封建社会儿童教育的特点。
2. 了解贾谊的太子早期教育理论。
3. 理解颜之推的凡人儿童家庭教育思想。
4. 掌握朱熹关于培养儿童行为习惯的主张。

[关键词]

封建社会　胎教　太子早期教育　《颜代家训》　《同盟须知》

引　子

孟子年少时，家住在坟墓的附近。孟子经常喜欢在坟墓之间嬉游玩耍。孟母见此情景，说："这个地方不适合安顿儿子。"于是就带着孟子搬迁到市场附近居住下来。可是，孟子又玩闹着学商人买卖的事情。孟母又说："此处也不适合安顿我的儿子"。于是又搬迁到书院旁边住下来。孟子以祭祀仪式及进退朝堂的规矩作为自己的游戏。此时，孟母说："这正是适合安顿我儿子的地方。"于是就定居下来了。后来，孟子刻苦求学，终于成为一名儒家学派的大学问家，被称为"亚圣"。晚年，他在《孟子题辞》中回忆自己的成长经历时说："我的成人与'幼被慈母三迁之教'关系极大。"

点评：我们从孟母自坟墓到街市再到书院的三迁故事中不难发现，孟母非常重视环境对家庭教育的潜移默化的作用，而孟母之所以认为离书院近是适合孟子成长的环境，也充分体现了封建社会重视礼仪常规训练、重视文化知识教育的特点。

[知识概述]

春秋末年（公元前475年），中国进入了封建社会。由于私学的大兴，扩大了教育对象，使更多的人掌握了原来为贵族垄断的文化与道德等方面的知识，为更多的家庭实施学前教育提供了可能性，因此学前教育得到进一步的发展。

第一节　封建社会的学前家庭教育

在封建社会，家庭是社会的基本细胞，是子女与社会最早的接触点，也是我国古代儿童接受学前教育的场所。

一、封建社会学前家庭教育的目的

（一）为培养统治阶级人才服务

历代统治者多重视教育，建立学校，目的是通过学校教育为封建社会培养“建国君民”的统治人才。太学是封建社会一种重要的官学机构，西汉武帝时建立，为造就官僚后备军而设立。封建社会的许多家庭在实施学前家庭教育的时候推崇“学而优则仕”的思想，以日后求官晋爵的知识启蒙儿童。同时统治者也非常重视学前家庭教育，视其为封建教育的重要组成部分和造就官僚后备军的开始。

（二）齐家治国的基础

古人十分重视家庭教育，并把它作为今后出仕、治国安邦的基础与管理才能的检测标准。家庭对幼童的学前教育，又是家庭教育的基本内容与起点。从这个意义上讲，为日后能够齐家治国奠定基础，也是学前家庭教育的目的之一。

在中国古代社会，政治制度中家与国密不可分，统治者把家教与治国联系在一起，皇位实行嫡长子继承制，百姓以血缘关系论亲疏。父权与君权名异实同。由此，许多政治家、思想家提出国之本在家，欲治其国，须先齐家的观点，并赋予家庭人口生产、物质生产、教育三重功能，使中国传统的家庭具有特殊的意义。

（三）光耀门楣

如果说齐家治国是政治家为古代学前家庭教育制定的终极目标，那么光耀门楣则是普通家庭实施学前教育的实质动机与最实际的目的。将个体的光荣与家庭的荣耀联系起来，根源于中国社会的特点。中国古代是注重血缘关系的社会，个人荣辱关系到整个家族的命运。所谓“一人当灾，全家遭殃”“株连九族”“一人得道，鸡犬升天”正是由于个体与家庭间这种休戚相关、荣辱与共的关系，使得学前家庭教育在封建社会显得格外重要。

二、学前家庭教育内容

中国两千多年封建社会时期的学前家庭教育，其教育内容主要包括生活常规教育、初步的道德教育、早期的知识教育、身体保健等方面的教育。

（一）儿童生活常规

常规，一般指生活规则和行为规则，用以约束人的行为，培养良好习惯。常规教育一般包括生活常规和行为常规。

1. 礼仪常规的训练

封建礼教是封建时代人们思想行为的规范体系。孔子说：“非礼勿视，非礼勿听，非礼勿言，非礼勿动。”即要求人们一言一行、一举一动要符合“礼”的要求。“礼”的核心在于辨名分、定尊卑，使君臣、夫妇、长幼、上下各有等级差别，从而确定各类人际关系的准则及相应的行为规范，使每个人都能在自己所处的位置上安守本分、循规蹈矩，从而稳定整个社会秩序。

古代关于儿童生活常规的教育，概括为“幼仪”或“童子礼”，基本上都是为封建礼教服务。生活常规总的原则是谦卑、恭谨、稳重。幼仪教育是对幼儿言行举止必须符合“礼”的规范的教育，就是对幼儿进行符合礼仪的姿态训练，对儿童的坐、立、行、跪、拜、饮食起居等各方面都有严格的规定。

2. 养成卫生习惯

养成卫生的习惯也是古代培养儿童家庭生活常规的重要内容。南宋教育家朱熹在《童蒙须知》中说：“自冠巾、衣服、鞋袜，皆须收拾、爱护，常令洁净、整齐。”平时应十分注意身着整洁，除了注重个人卫生之外，还要求保持环境卫生。朱熹在《童蒙须知》中指出：“凡为人子弟，当洒扫居处之地，拂拭几案，常令洁净。”

（二）初步的道德教育

重视道德教育在中国具有悠久的传统。孔子曰：“行有余力，则以学文。”行指品行、德行，意思是说在品行、道德修养有余力时才可以学习文化知识。以品德为先不仅是数千年封建社会学校教育、社会教育的主旨，而且也成为学前家庭教育的纲领。在家庭中对幼儿进行思想品德教育，主要是使儿童形成初步的道德观念，培养良好的行为习惯。这种道德教育内容主要包括：

1. 孝悌

孝：主要是要求幼儿从小不违背父母的意志，服从父母绝对权威的习惯。

悌：要求儿童自幼兄弟友爱，为兄的爱护弟弟，为弟者敬爱兄长。兄弟和睦、家族兴旺。

古代道德的根本为孝悌之道，因此在封建社会中，培养幼儿的孝悌观念，也成为学前家庭教育的首要任务。

对幼儿进行“孝”的教育，还要求幼儿自小养成敬奉双亲的习惯。《礼记・曲礼》中要求儿子对父母应做到“冬温而夏清，昏定而晨省”。即冬天应使父母温暖而不受寒，夏天应使父母凉爽而不受热，晚上要为父母铺好床，早晨要向父母请安。东汉时的黄香是实行这种孝行的典范，《三字经》中说“香九龄，能温席”，讲的就是黄香九岁时对父母非常孝顺，寒冬时能用自己的体温为父亲暖被窝。因此被列为二十四孝之一。

如果说孝是用来维系纵向的家庭关系的，占主导地位，那么悌则是用来强化横向的家庭关系的，占辅助地位。对幼儿进行“悌”的教育，主要是要求孩童自幼兄弟友爱，为兄者爱护弟弟，为弟者敬爱兄长。据说东汉时大文学家孔融 4 岁时，就能把大的梨子让给兄长吃，而自己吃小的。这则“孔融让梨”的故事在封建社会曾广为流传，并在学前家庭教育中作为进行悌的教育的典型事例而屡被引用。

2. 崇俭

提倡节俭，切勿奢华，这是中国古代家庭教育的优良传统。“一粥一饭，当思来处不易；半丝半缕，恒念物力维艰。”农业文明古国，农村的稳定决定着朝廷的安危。农业生产艰辛，丰收得之不易，一如唐诗中所说：“谁知盘中餐，粒粒皆辛苦。”故珍惜粮食，崇尚节俭就成为中华民族的传统美德和家庭教育的重要内容。

在封建社会中，为使幼儿树立崇俭的观念提倡勤俭并举的措施。“一生之计在于勤”，但只知勤若不能节俭，勤劳所得很快就会化为乌有。这也是许多家庭重视对儿童进行崇俭教育的一个重要原因。

3. 诚信

诚信就是诚实无欺。幼儿的天性纯洁美好，然而不正确的影响或幼儿自身因自夸或惧过，有时也会说谎，导致日后形成说谎的习惯。因此教育者首先应该从正面进行教育。而由于幼儿年幼无知，很难辨别是非，因此家长要应以自身诚实的行为来引导幼儿。《韩诗外传》中也记载了一则孟母教子无欺的故事：孟子小的时候，有一次看见邻居家在杀猪，便问母亲："他们杀猪干什么？"孟母随口答道："给你吃。"继而又很后悔，她想：自己这是在用假话欺骗孩子，也是在教小孩不诚实。于是便去买了邻居家的猪肉给孟子吃，以免对孩子产生不良的影响。

一旦小孩子由于某种原因说了谎时，父母则应该及时训诫，予以纠正，以杜绝此类事情的再度出现。宋代邵博在《闻见后录》中曾记载史学家司马光儿时剥核桃皮的一件往事，便是很好的例证。

4. 为善

善，在封建社会主要是指合乎道义、合乎礼仪的事。古代学前家庭教育中非常注意使幼儿养成行善去恶的观念。由于儿童年幼，不可能做出惊天动地的大善事，故许多家长都非常重视教育幼儿行小善戒小恶，积小善以成大德。三国刘备遗诏教训后主说："勿以恶小而为之，勿以善小而不为。"西汉的贾谊在《新书》中记载了春秋时期的孙叔敖幼时斩杀一条两头蛇的故事。这些都说明了古人重视教育幼儿为善积德，积小善成大德，这无疑是很可取的。

（三）文化知识教育

由于"万般成下品，唯有读书高"的思想支配，文化知识教育便成为众多家庭幼儿教育的主要内容。封建社会家庭对幼儿实施的文化知识教育，主要是教他们识字、学书、听解《四书》，以及学习一些名诗、名赋、格言等。

识字教育是文化知识教育的重点与起步，在有条件的家庭中，幼儿的识字教育一般在3~4岁便已开始，并且有的家庭还很注意研究识字教学的方法。

清代学者蒋士铨4岁时，其母以竹丝代笔合成字，不仅能引起儿童兴趣，而且对于儿童清楚字的笔画结构亦有益处，此外，她的教学方法还运用了教学中的巩固性原则。

封建社会对于幼儿识字启蒙教育的字书教材的编写颇为重视，秦时李斯著有《仓颉篇》，赵高作《爰历篇》；汉时司马相如撰《凡将篇》，史游作《急就篇》。南朝周兴嗣的《千字文》与宋代王应麟的《三字经》，以及无名氏的《百家姓》，简称"三、百、千"，则是古代蒙学字书编写的代表作，它们流传极广，甚至为朝鲜、日本所学习。这些字书虽不是专为家庭幼儿教育而编，但实际上许多家庭已经将它们作为家教识字课本，原因在于这些教材编得生动活泼，而且均采用韵语，或三言句，或四言句，读来朗朗上口，便于幼儿记诵。此外，它们虽都按集中识字编排，但并非字的机械组合，而是把它们巧妙地组成富于思想意义的句子，由此介绍日常生活常规、自然科学知识和进行思想教育等。可见，从严格意义上讲，它是分散与集中识字相组合的教材，这种编写方法很值得我们借鉴。

诗赋教育，由于诗赋是科举考试中的一项重要内容，故在家庭中亦极为重视对幼儿进行诗赋知识的启蒙。当时在家庭中主要是选择汉赋中的某些名篇、唐宋诗词中的某些名家作品让幼儿背诵。最为常见的教材有《唐诗三百首》《千家诗》和北宋汪洙的《神童诗》等。

在学前家庭教育中，当时除了重视对幼儿进行文化知识的传授外，还着意于使幼儿养成乐学、勤学的学风。为此常常鼓励幼儿要从小立下大志，以此作为勤学苦读的目标和动力。

（四）幼儿身体保健教育

古代学前儿童的教育内容是以思想教育与文化知识教育为主，但同时在许多家庭中注重教养结合的问题，强调对婴幼儿的身体保健教育。为了提高婴幼儿抗御疾病的能力，许多中医学者反对婴幼儿过饱过暖。民间也有“若要小儿安，常带三分饥与寒”的谚语。

游戏是学前儿童喜爱的活动，也是古代家庭中加强幼儿身体锻炼的一种主要方法。古时能起到锻炼身体作用的幼儿游戏主要有拔河、跳绳、踢毽子、踢球等，许多游戏至今仍为幼儿们喜爱。

总体来看，封建社会学前家庭教育的内容非常丰富，其涵盖了德、智、体等诸方面，与学校教育和社会教育的内容在体制上形成一个整体。但古代学前家庭教育的内容有失偏颇，它过于突出德育与智育，而且许多繁杂的教育内容过于成人化与教条化，在很大程度上扼杀了儿童的天性。

第二节　封建社会胎教的发展

中国封建社会的学前教育继承了奴隶社会胎教的传统，并进一步向前发展，在实践经验的基础上总结出了比较系统的古代胎教理论。由于时代的局限，古代胎教理论有些部分夹杂着封建意识和迷信色彩，但也积累了不少为当代科学所证实的合理的、宝贵的经验。

一、封建社会胎教学说的发展

封建社会胎教的进一步向前发展，主要体现在中医学理论的发展与介入，这使得人们对胎教的认识与实施更加科学化。隋唐以后，我国医学处于迅速发展时期，大批中医学家介入对胎教的研究与提倡，进而积累了大量经验，同时阐述胎教的意义、作用、内容和方式，增强了古代胎教学说的科学性。

古人高度注重外界环境对胎儿的影响。唐代名医孙思邈在他的《千金方》中提出了胎教作用的基本理论，即“外象内感”。“外象内感”的意思是说孕妇接触的外界物象会直接感应到体内胎儿。在这一理论的指导下，强调为怀孕的母亲创造一个尽可能良好的环境，避免各种不良事物对胎儿的影响。对内高度注重母体的精神因素对胎儿的影响。因此古人要求母亲在怀孕期间一定要保持良好的、稳定的情绪，节制喜、怒、哀、乐等情感以及各种欲念的过度发作。孕期保持良好的情绪对胎儿身心发展大有好处，这是具有一定科学性的。对外高度重视母亲良好生活习惯的培养。例如强调坐、卧、立均应有正确的姿态，饮食也要有所选择，虽然“席不正不坐，割不正不食”的要求有些苛刻，但母亲保持良好的生活习惯，对胎儿的发育无疑也是大有益处的。由此可见，“外象内感”理论虽然较为原始，但确实具有一定的科学性。

总之，胎教也是培养作为家庭教育的主要师资——母亲的一个重要手段，它的作用除当时影响到胎儿的身心发育外，还将延伸到此后的婴幼儿教育以至整个的家庭教育之中，具有长远的效应。从认识观念上说，重视胎教等于在教育方面创造了一个良好的开端，也将促进对此后各个年龄阶段的儿童教育。

二、古代胎教的经验和局限

从古代胎教发展历史上可以看出，中国胎教历史悠久，很受社会重视，有着相当程度的发展，积累了大量的经验：

（一）注重外界环境对胎儿的影响

在“外象内感”理论的指导下，古人强调要为孕妇创造一个尽可能良好的环境，避免各种不良事物对胎儿的影响。现代生理学的研究证明胎儿确实具有初步的感觉能力，能够对外界的影响做出反应。

（二）注重孕妇良好生活习惯的养成

古代胎教强调孕妇的饮食起居等日常生活习惯要有一定规律，并且罗列了孕妇的种种禁忌，有些内容在今天看来近乎荒唐，如“席不正不坐，割不正不食”等，但这反映了古代人深知母亲的饮食起居、一举一动对胎儿的影响之大。如强调饮食清淡、饥饱适中、举措有常，这些做法对胎儿是有益的。

（三）注重胎教和母教的结合

古代胎教实际上也是母教。胎教的内容要求，对胎儿是隐性的、间接的，对母亲的影响则是显性的、直接的。母亲的怀孕期间处于良好环境的影响下，进行生活常规的训练，情绪和性格上的陶冶以及知识的学习和道德的培养，必然能促进母亲的身体、品德、智能方面均有很大的发展，从而为子女出生后的成长打下良好的基础。由此可见，胎教又是培养家庭教育的重要组成部分——母育的重要手段。

（四）注重母体的精神因素对胎儿的影响

这也是“外象内感”的一个重要方面，因此古人要求孕妇一定要保持良好的、稳定的情绪，节制喜、怒、哀、乐等情绪以及各种欲念的过度发作。这些做法也是现代胎教所提倡的。现代生理学研究证明母亲的情绪波动会影响到胎儿的发育，因此，孕妇保持良好的情绪对胎儿身心发展大有好处。

当然，古代限于科学水平的低下，特别是对胎儿生理、心理发育缺乏系统的科学研究，因此胎教的理论和措施中也有不少不科学的内容。“外象内感”的理论，强调客观环境对胎儿的决定性影响，过于绝对化，忽略了胎儿的遗传因素和自身固有的发展规律。

至于一些稀奇古怪的禁忌，都是违背现代科学的。

三、封建社会学前教育的特点

两千多年的封建社会是我国古代学前教育大发展时期，这个时期学前教育体现为如下特点：

1. 打破了过去奴隶主贵族垄断学前教育的局面，使学前教育成为普通平民家庭教育的重要组成部分。

2. 学前教育的内容大为丰富，涵盖了德、智、体诸方面，并出现了许多专为幼儿编写的用于思想教育、文化知识教育等方面的教材。

3. 学前教育的实施具有浓厚的功利主义色彩，在实施过程中，总体上是重教轻养。

4. 儒家思想规范指导着学前教育的实施。

第三节　贾谊论早期教育

贾谊（公元前200—前168），西汉初期著名的政论家、文学家，洛阳人。18岁时，即以能诵读诗书、善为文章称誉于郡中。20余岁，廷尉吴公以其颇通诸家之书，荐于汉文帝，召为博士，掌文献典籍。贾谊的著述，今人辑为《贾谊集》，包括《新书》10卷。他关于早期教育的论述，主要见之于《新书》的《傅职》《保傅》《劝学》《胎教》诸篇中。

一、贾谊的胎教思想

贾谊（图2－1）对于早期教育的论述，主要是从加强中央集权的政治观点出发，针对皇太子的教育而言的。在专制社会，天下之名悬于太子一人，最高统治者个人的善恶直接影响着天下百姓的命运。因此，贾谊认为对太子的教育，实乃治乱之机要，如果太子能受到正确的教育，养成善良的品德，则“太子正而天下定矣”。

图2－1　贾谊

贾谊强调，对太子的教育应尽早实施。早期教育的最佳期，当婴幼儿的赤子之心尚未受到外界熏染，先入为主，对他实施教育，就会收到最佳的效果。同时，早期教育也是整个人生教育的最重要阶段，一个人幼时接受的教育，往往决定着他日后的成长道路，稍有不慎，就会失之毫厘，差之千里。贾谊的胎教理论虽无新意，但他是汉代最早提倡胎教的教育家。

二、贾谊的幼教思想

贾谊认为，慎选左右是对太子进行早期教育成功的保证。为加强皇太子的早期教育，在宫廷内应设置专门辅导、教谕太子的师、保、傅官，建立保傅教育制度，一如西周时教育成王一样。当时周成王尚在襁褓中，即以召公为太保，周公为太傅，太公为太师。太师、太傅、太保合称“三公”，各负其责，“保，保其身体；傅，傅之德义；师，道（导）之教育”。可见，当成王还是婴幼儿时，就已由“三公”实施德、智、体三方面的早期教育。除“三公”之外，当时还置有少保、少傅、少师，简称“三少”。“三少”是保傅官的副职，他们常与太子同居处，共出入，起着监护人的作用。

设置“三公”“三少”旨在太子周围形成良善的教育环境。他们一方面以孝仁礼义之道教导太子，另一方面充当卫翼太子的屏障，使太子自幼闻正言、见正事、行正道，同时逐去邪人，不使太子耳闻目睹恶言、恶行、恶事。贾谊认为：师、保、傅是太子最早、最重要的教育者，他们的品行直接影响着太子德性的形成，最终关系到国运是否长久。为此，贾谊要求统治者必须慎择师、保、傅官，宜以德才兼备者充任“三公”“三少”。贾谊指出，以前周成王所择选的“三公”均为古代贤士，如太傅周公“笃人而好学，多闻而道（导）顺”，能“道（导），太子以道”；太师太公“城立而敢断”，能够“辅善而相义”；太保召公“清廉而正直”，敢于“匡过而谏邪”。由于他们的辅导，才使周成王在即位后能够虑无失计、举无过失，成为古代有名的圣明君主。由此贾谊得出结论：“殷、周之所长久者，其辅翼太子有此具也。”与此相反，秦二世胡亥则由于择师不当，以宦官赵高为傅，所学尽为狱讼之术，幼时接触的不是斩、劓（yì，古代割掉鼻子的酷刑）人的酷刑，就是夷人三族的严律。由于早期教育失当，致使胡亥即位之后，视杀人如刈草，毫无仁慈之心，是非不分，良莠不辨，“忠谏者谓之诽谤，深为之计者谓之妖言”。如此昏君，国破身死，二世而亡，乃势所必然。因此，贾谊告诫西汉统治者：“前车覆而后车戒”。指出慎选太子的早期教育者，乃存亡、乱世之枢机，“夫教得而左右正，则太子正矣；太子正而天下定矣”。

三、重儒术

贾谊是西汉初期继叔孙通、陆贾之后又一位向西汉统治者提出以儒术治国的儒家学者。对于皇太子的早期教育，他当然企望以儒家思想统摄其心。为此，他向统治者进言，要求注重儒术，按儒家的理想人格来塑造太子，以儒家学说作为太子早期教育的主要内容。对太子的文化知识教育，贾谊主张应注重《春秋》《礼》《诗》《乐》等儒家经典的传授。在贾谊看来，儒家经典不仅是古代文化的记载，而且含有丰富的道德涵养价值，他说：“或称《春秋》，而为之耸善而抑恶，以革劝其心。教之《礼》，使知上下之则。或为之称《诗》，而广道显德，以驯（训）明其志。教之《乐》，以疏其秽，而填其浮气。”儒家治学要求“述而不作，信而好古”。治国则提倡效法古圣先王之道。故在学习儒家经典之处，贾谊还提倡加强历史知识的学习，他说：“教之语（治国之善语），使明于上世，而知先王之务德于民也。教之故志（记前世成败之书），使知废兴者，而戒惧焉。”太子只有接受了古代典传知识的教育，才能通晓上古先王以德治国的方法，明了历代兴亡的史实，从而产生警戒、畏惧重蹈覆辙的心理。

在道德教育方面，贾谊主张应使太子自幼形成儒家倡导的忠、信、义、礼、孝、仁等道德观念，在他看来，具有此“圣人之德”的人，就是道德上的完美者，也即具备儒家理想人格者。为此，他要求对于太子不合上述道德规范的行为，教师应及时予以矫正，如当太子“将学趋让，进退即席不以礼，登降揖让无容，视瞻俯仰、周旋无节”时，太保就应当进行劝谕。

对将来君临天下的太子的教育，传授“君国畜民”之道自然是绝不可少的。为此，贾谊提出，师、保、傅官应使太子自幼通晓儒家德行并举的治国方略，懂得文武之道乃治国之本，知道对臣子应赏罚分明、公正，切忌“赐予侈于左右近臣，吝授于疏远卑贱”。

此外，关于太子的早期教育，贾谊还提出了教养结合的主张，即除进行道德与知识教育外，还须由少保负责健养其身体。一方面监护太子，注意防止太子有可能伤害身体的过激行为，如暴饮暴食，狂欢无态等；另一方面照料太子的日常起居，使太子避免“饥而惏（lán，贪），暑而暍（yè，中暑），寒而懦，寝而莫宥，坐而莫侍……”正是由于贾谊把保护太子的身体视作师、保、傅官的一项重要的职责及教育内容，故当梁怀王坠马而死后，他引以自责，竟郁郁寡欢，英年早逝。

贾谊作为西汉初期的政治家，他关于早期教育的论述虽然只是针对太子的特殊教育提出来的，而且其列举的实施方法也大多是综述文武三代之道，很少新意，但他毕竟是先秦以来第一位较为全面地论述早期教育问题的教育家，他的思想对封建社会早期教育理论的发展起着不可缺少的桥梁作用。

第四节　颜之推的家庭教育思想

颜之推（531—约595）字介，原籍琅琊临沂（今山东省临沂市），世居建康（今南京市），生于士族官僚家庭，世传《周官》《左氏春秋》。传世著作有《颜氏家训》和《还冤志》《集灵记》等。《颜氏家训》共二十篇，是颜之推为了用儒家思想教训子孙，以保持自己家庭的传统与地位，而写出的一部系统完整的家庭教育教科书。这是他一生关于士大夫立身、治家、处事、为学的经验总结，在封建家庭教育发展史上有重要的影响，后世称此书为“家教规范”。

图 2－2　颜之推

一、固须早教

家庭教育本来就是人生最早受到的教育，而早期教育的理论又是开展家庭教育的价值基础，颜之推正是抓住了这一点，认为家庭教育要及早进行，有条件的还应在儿童未出生时就进行胎教。他主张儿童出生之后便应以明白孝仁礼仪的人“导习之”。“当及婴稚，识人颜色，知人喜怒，便加教诲”，就是说教育当自婴儿会看大人脸色的时候开始。

颜之推认为早期教育之所以重要，至少有两条原因，其一，幼童时期学习效果好，得益较大。他根据幼童阶段与成年之后的不同心理特征，说明幼年时期受外界干扰少，精神专注，记忆力旺盛，能保持长久记忆，而成年人思想复杂，精神不易集中，记忆力衰退；其二，人在年幼时期，心理纯净，各种思想观念和行为习惯尚未形成，可塑性很大。颜之推认为这个时期，儿童受到的好的教育与环境影响，抑或坏的教育与环境影响，都会在儿童心灵上打上很深的烙印，长大以后也难以改变，所以一定要抓住早期教育的最佳时机。

颜之推认为早期教育最重要的就是培养儿童良好的行为习惯，孩子小时候就应严加管教，使其养成良好的思想、行为和习惯。对错误的思想、行为和习惯不批评、不制止，放任自流，势必养成恶习。

二、威严有慈

如何处理对子弟的慈爱与严格要求二者之间的关系，是家庭教育中极为重要的一个问题。在这个问题上，父母自然对子女爱护有加，但父母更要对子女担负起教育的义务，颜之推主张父母对子女的正确态度是将慈爱和严教结合起来。

颜之推批评当时许多家庭的父母对子女“无教而有爱”，一味放纵；别人提醒他时还不以为然，这样，孩子就会以为一切都是理所当然，等到孩子逐渐长大，不良行为也愈加明显，这时父母才觉察到，开始加以管教，然而已经难以奏效了，反而导致子女的抵触对抗。

颜之推主张父母对孩子从小就要严格要求，勤于教诲，不能溺爱和放任。父母在子女面前要庄重严肃，但不能过于严厉，要严慈有度。颜之推认为肉体惩罚是家庭教育中不可缺少的有效手段。在他看来，鞭挞体罚孩子，以促其反省悔过，是完全有必要的。他还要求父母对子女威严有慈，严慈结合，不能无教而存爱，这些无疑是正确的，但他对棍棒教育推崇备至，显然是不可取的。

三、均爱勿偏

颜之推认为，在家庭教育中应当切忌偏宠，不论子女聪慧与否，都应以同样的爱护与教育标准来对待。然而在实际生活中，人之爱子，罕有能均者，聪慧有才的子女往往为父母所偏宠，而失于严格的教育，从而导致儿童狂妄自大。

为引起后人对家庭教育中“均爱勿偏”原则的重视，颜之推还从反面列举了许多事例，以为家庭教子的龟鉴。如春秋时期郑庄公的母亲武姜宠爱幼子共叔段，予其待遇优厚，“僭越”其等级，逐渐养成叔段骄横霸道的习气，后共叔段因起兵谋位被诛。颜之推指出：“共叔之死，母实为之。”又如汉高祖刘邦之子赵隐王如意，深为父母溺爱，曾欲代太子位，赖大臣反对而不得。高祖去世后，如意为吕后鸩杀。颜之推认为：“赵王之戮，父实使之。”颜之推结合历史事例得出结论，偏宠儿童的父母，虽本意是要厚待之，然而实际上是为其招来祸害。意愿与效果相反，这是值得家庭教育者深思的。

四、应世经务

颜之推主张上自明王圣帝，下至庶人凡子，均须勤奋学习，学习的目的在于“行道以利世”，要掌握“应世经务”的真实本领。因此，除必读儒家的《五经》之外，还应“涉百家之书”，否则就会产生偏差。颜之推竭力反对烦琐而不得要领的学风。他批评当时许多世族子弟不学无术，饱食终日，庸庸碌碌，知识浅薄，夸夸其谈，不务实学，脱离实际。例如，他抨击了当时教育培养出来的尽是不可理事、脱离实际的人物：一类是玄学空谈家，另一类是死守章句的腐儒。他们整天“诵短章，构小策”，却完全脱离实际。这两类人才实是废才，于国家毫无用处。

颜之推主张要广泛接触社会生活，学习各种杂艺：琴、棋、书、画、数、医、射、卜等，还要熟悉农业生产知识。他特别强调要掌握一技之长，以为立身之本，所谓“积财千万，不如薄技在身”。

五、重视风化陶染

所谓风化，是指家庭中父母或其他成年人对年幼者的示范作用。颜之推认为，家长是儿童感情上最亲近的人，也是儿童心目中的权威，他们的言行常被儿童奉为榜样。父母对子女的影响远远超过他人，故为父母者必须加强自我道德修养，否则，“父不慈则子不孝，兄不友则弟不恭”。

颜之推继承孔子、孟子等儒家学者关于“慎择友”的教育思想，十分重视让儿童置身于比较优良的社会交往的环境之中。他认为家庭教育要注意选邻择友，是因为儿童的心理处于发展阶段，尚未定型，而儿童的好奇心和模仿性都很强，总在观看模仿别人的一举一动，无形之中，周围人的为人处世给儿童以潜移默化的作用。因此，邻友对于儿童的影响，有时甚至可能比父母的作用还大。这就是“必慎交游”的道理。此外，颜之推认为语言的学习应该成为儿童教育的一项重要内容。在家庭教育中，子女学习正确的语言，是做父母的重要责任。一事一物、不经查考，不敢随便称呼。学习语言应注意规范，不应强调方言，要重视通用语言。

颜之推的家庭教育思想是他整个教育思想的精华。他关于家庭教育的地位、作用、原则和方法，虽是基于使后代“立身扬名”“光宗耀祖”的宗旨而发出的一家之训，但由于他涉及了古今教育中普遍存在的问题，包含一定的合理因素，至今仍不失其价值。

第五节 朱熹的儿童教育思想

图 2－3 朱熹

朱熹（1130—1200）字元晦，一字仲晦，号晦庵，徽州婺源（今江西婺源县）人，南宋时期著名的客观唯心主义哲学家、思想家、教育家。朱熹出身于书香门第，父朱松进士出身，曾师从北宋理学家程颐、程颢的再传弟子罗从彦，朱熹天资聪颖，自幼接受儒学教育与理学启蒙，奠定了学术和思想基础。朱熹一生热衷于教育事业，从政仅14年，而专门从事教育活动的时间达40年之久。朱熹著作颇丰，主要有《诗集传》《四书集注》《周易本义》《近思录》等，后人编有《晦庵先生朱文公文集》《朱子语类》等。他的儿童教育思想除散见于一些诗文中，还见于他为儿童编写的教材《小学》与《童蒙须知》中。

一、重视蒙养教育

朱熹依据古代的教育经验，把整个学校教育的过程划分为小学与大学两个阶段，其中8～15岁为小学教育段，即蒙养教育段；15岁以后为大学教育段。他认为这是两个相互独立而又相互联系的阶段，小学教育是大学教育的基础，大学教育则是小学教育的扩充和深化。

朱熹特别重视蒙养阶段的基础教育作用。由此他认为如果儿童在幼时“不习之于小学，则无以收其放心，养其德性，而为大学之基本”。同时他从儿童的心理特点和教学的要求出发，指出只有使儿童“讲而习之于幼稚之时”，才能使其“习与智长，化与心成，而无扞格不胜之患也”，收到理想的教学效果。

为了说明蒙养教育的重要性，他还把小学阶段的教育形象地比喻为“打坯模”阶段。他说：“而今自小失了，要补填，实是难。”意指若自幼失了小学，或坯模没打好，大了要补填就十分困难。总之，在他看来，蒙养阶段的教育非常重要，必须抓紧抓好。

二、要求慎择师友

由于幼儿模仿性强，是非辨别能力弱，周围的环境对他们的影响很大，因此朱熹也与古代许多教育家一样，强调在幼儿教育中应注意慎择师友。

朱熹认为，对于普通的士大夫家庭，慎择幼儿的教师应自慎择乳母开始。因为乳母与婴幼儿接触的时间较长，对婴幼儿的影响也较大，作为婴幼儿的最初教育者，对幼儿的发展有着至关重要的作用。如何选择乳母呢？朱熹提出的条件是：必选求宽裕慈惠、温良恭敬、慎而寡言者为子师。这是对乳母的要求，实质上亦是朱熹期望儿童所应具有的品行。儿童稍长，除须慎择教师外，还应开始注意培养儿童辨别是非、交游益友的能力。朱熹曾在《与长子受之》这封家信中教育儿子：“交游之间，尤当审择，虽是同学，亦不可无亲疏之辨。”至于如何决定交游的亲疏，他指出：“大凡敦厚忠信，能攻吾过者，益友也；其谄谀轻薄，傲慢亵狎，导人为恶者，损友也。”“益友”应近之，“损友”则应远之。

普通人家的子弟要善择师友，对太子、皇孙来说，师友的选择就更为重要。作为晚年曾做过焕章阁待制并兼皇帝的老师的朱熹，对这个问题十分重视。他劝告统治者，应效仿古之圣王教世子法，选拔端方正直、道术博闻之士为太子师友。

三、强调学“眼前事”

朱熹强调学习“眼前事”，注重道德行为操作的训练，要求儿童的学习由浅入深，自近及远，这不仅符合儿童认识发展与道德形成的规律，易为儿童掌握，而且也有助于自幼儿培养儿童良好的道德习惯，养成践履笃实的作风。古语说：一室不能扫，何以扫天下？小节不拘，大德怎成？注重“眼前事”的学习，也就是要求从小事、身边事做起，至今这仍是儿童品德教育中必须遵循的原则。因此他规定小学的主要任务应当是“学其事”，学习眼前日常的事。朱熹认为儿童学习这类“眼前事”不仅符合儿童认识的发展水平，而且能够为大学“学其理”打下基础，因为“理在其中”，事事物物之中都存有一个理，“学之大小，固有不同，然其为道，则一而已”。

为使儿童“眼前之事”的学习有章可循，朱熹亲自为儿童编写了《小学》与《童蒙须知》两部教材。《小学》系将古代童蒙读物加以选择、扩充，加上古今圣贤名流的嘉言善行汇集成书，全书共分内外两篇，内篇有四：《立教》《明伦》《敬身》《稽古》；外篇有二：《嘉言》《善行》。《小学》一书对后世所产生的影响极其深远，其地位相当于《四书》。《童蒙须知》则是朱熹为儿童制定的学习“眼前事”的具体标准与要求。它依童蒙习学之序，始于衣服冠履，次及言语步趋，次及洒扫涓洁，虽然比较琐屑，但却也有不少合理成分。

四、提倡正面教育

朱熹在教育工作中一贯重视和提倡以正面教育为主，尤其是对儿童教育他更为强调多积极诱导，少消极限制，要求“多说那恭敬处，少说那防禁处”。因此在他编写的《小学》一书中，他非常重视榜样的教育作用，收录了大量古今圣贤的“嘉言懿行”，供儿童模仿学习，力求使儿童能从中“学到做人的样子”。同时在他编写的《童蒙须知》中，对儿童的日常生活行为的规定也主要着眼于进行正面的具体的指导，如他教育儿童“凡著衣服，必先提整衿领，结两衽、纽带，不可令有缺落”；“凡写文字，须高执墨锭，端正研磨，勿使墨汁污手”等。

根据正面教育为主的原则，朱熹还对教师提出指导、示范和适时启发的要求：“指引者，师之功也”“师友之功，但能示之于始，而正之于终尔”。并把教师对学生的适时启发比喻为“时雨之化”，认为“譬如种植之物，人力随分已加。但正当那时节，欲发生未发生之际，却欠了些子雨，忽然得这些子雨来，生意岂可御也”。

朱熹的儿童教育思想是他多年教育实践经验的总结，在某种程度上反映了他对儿童身心发展规律的直观理解，包含了不少有积极意义的内容，在古代学前教育理论发展史上占有重要的地位。

小链接

“孝道”作为我中华民族传统文化之精髓，是千百年来中国社会维系家庭关系的道德准则，是中华民族的传统美德。百善孝为先，关于德行的教育主要就是孝的教育。我国古代最重要的宣传孝道的通俗读物是元代郭居敬编录的《二十四孝》，由历代二十四个孝子从不同角度、不同环境、不同遭遇尽孝的故事集结而成。由于后来的印本都配上图画，通称《二十四孝图》。

【经典回味】

宋朝大学问家司马光小时候因为撒谎也受到过父亲的指责。有一次，司马光想吃核桃，但怎么也剥不下核桃皮，旁边的丫鬟舀来一碗开水，把核桃放进水里。核桃经开水一泡，果然好剥。司马光的姐姐从里屋出来，看见一大盘核桃的皮都剥完了，好奇地问：“核桃皮是你剥的？”司马光说：“当然是我剥的，我想了个办法，用开水一泡，这皮就剥下来了。”正在这时，司马光的父亲走进屋来，狠狠地训斥说：“你这孩子，怎么能说谎话！”原来，丫鬟用开水烫泡核桃的事，父亲在窗外看得一清二楚。司马光知道自己错了，马上低下了头。从此，他牢记父亲的教诲，老老实实做人，再也不撒谎了。司马光的故事告诉我们同样一个道理，谎言总会被揭穿的，一时的欺骗会使自己养成撒谎的坏习惯，可能会让一个人在今后的人生道路上处处碰壁甚至抱憾终生。可见，古人特别重视幼儿的诚信教育，要求对儿童“言语问答，教以诚实，勿使欺妄”。

【思考与练习】

1. 中国封建社会儿童教育有哪些特点？
2. 简述贾谊的太子早期教育理论。
3. 简述颜之推的家庭教育思想。
4. 简述朱熹关于培养儿童行为习惯的主张。

第三章　近代学前教育的产生与发展

［学习目标］

1. 了解中国学前教育从传统的家庭教育向社会教育转变的必然性。
2. 理解第一个学前教育制度的产生与实施。
3. 掌握蒙养院制度的确立及实施。
4. 熟悉康有为的儿童公养公育思想。

［关键词］

癸卯学制　蒙养院　儿童公养公育

引　子

“说实话，我对我祖父的认知仅仅来自于书本。但刚才看完《梦回大武汉》的短片，加上之前参观‘张之洞和汉阳铁厂博物馆’，此次武汉之行，让我对他有了越来越多的了解。”

2009 年 9 月 3 日，张之洞嫡孙女、国务院参事、我国知名的心理学研究专家张厚粲教授在张之洞督鄂 120 周年纪念座谈会上发言时，感激武汉对保护张之洞工业遗产做出的贡献。张教授还说：“当前我们年青一代对历史不太了解，这是一个遗憾。张之洞在中华民族危难关头救亡图存，自强不息的精神值得后人传承。我很期望将来建成的武汉近代工业博物馆，不仅仅是一段历史的浓缩，更是一个爱国主义教育基地。”

点评：张之洞之所以被武汉人民牢牢记住是与其历史功绩，特别是他在教育方面的功绩分不开的。张之洞是洋务派代表人物之一，其提出的“中学为体，西学为用”，是对洋务派和早期改良派基本纲领的一个总结和概括；教育方面，他创办了自强学堂（武汉大学）、三江师范学堂（南京大学）、湖北农务学堂（华中农业大学）、湖北武昌幼稚园（中国首个公立幼儿教育机构）、湖北工艺学堂（武汉科技大学）等。

［知识概述］

1840 年鸦片战争后，中国社会由封建社会沦为半殖民地半封建社会，开始了近代社会的种种变革。随着社会政治经济的变化，在教育领域也发生了深刻的变化。从 19 世纪 60 年代起开始产生了近代的学校，并逐步发展，于 20 世纪初形成了半殖民地半封建的学校教育制度，即“癸卯学制”。“癸卯学制”是当时清政府正式颁布和实施的第一个学制，在这个学制中明确规定了学前教育的地位，从此，我国的学前教育也在教育史上揭开了新的一页，开始摆脱过去基本上由家庭进行的封建传统模式，逐步向由社会专门教育机构组织实施的方向发展。

第一节 近代学前教育产生的背景

有组织的学前教育是生产力发展到一定阶段的产物。纵观世界学前教育的发展，诸如幼儿学校（1816 年欧文所办）、幼儿园（1837 年福禄倍尔所办）之类的学前教育机构制度在我国根深蒂固，它在学前教育领域的体现是以封建式家庭教育为基本形式。直到 20 世纪初期，才出现了学前教育机构。19 世纪中期以来，帝国主义为掠夺我国资源，在我国领土上大办工业，开发矿山，清政府的洋务官僚也兴办工业企业，使我国工人阶级队伍开始出现。到 19 世纪末 20 世纪初，我国民族资本主义逐步发展，据统计，1900 年完全由民族资本家举办的工矿企业，资本在万元以上的已有 122 家，资本总数为 2277 万元。民族资本主义的初步发展，又进一步壮大了工人阶级的队伍。一些妇女为生活所迫，开始走出家门、走进工厂、走向社会。这样，就使近代学前教育的产生，有了客观的需要。

帝国主义列强的入侵，震惊了中国人民，救亡图存的声浪遍及全国。一些先进的中国人士纷纷向西方寻求救国真理，企图找到一条救国救民的道路。西方的教育制度便成了他们重要的学习对象，在维新运动的推动下，效法西洋、倡办西学很快地成为风行一时的潮流。当时，维新运动领导人康有为、梁启超在学习、介绍西方教育制度时，都曾注意到了学前教育的问题。如康有为在其所著《大同书》中，第一次系统地提出资产阶级教育制度，其中就包括了学前教育阶级，梁启超在《教育政策私议》中介绍日本学制时，也提倡设立两年制的幼稚园，招收 5 岁以下的幼童。由于先进思想家们的积极宣传，便为近代学前教育的产生做了舆论和思想准备。

第二节 蒙养院制度的确立和实施

19 世纪末 20 世纪初，由于帝国主义列强对中国侵略的不断加深，民族危机更为严重，爆发了义和团反帝爱国运动。在义和团运动失败以后，腐败的清政府，一方面向帝国主义屈膝求和，表示要“量中华之物力，结与国之欢心”；一方面为了欺骗人民不得不符合潮流宣布实行“新政”，进行改革，以缓和矛盾。为此，1902 年张百熙奉命草拟了《钦定学堂章程》，即壬寅学制，但此学制虽经颁布，并未实施。1904 年初又颁布了由张之洞、张百熙、荣庆合定的《奏定学堂章程》，即“癸卯学制”。在癸卯学制中确定了更为详备的近代学制系统，其中包括了蒙养院制度。在这种情况下，我国的近代学前教育才开始产生并逐步发展起来。

一、第一个学前教育法规的颁布

《奏定学堂章程》1904 年颁布和实施。学制将整个教育过程划分为三段七级。第一段为初级教育，分蒙养院、初等小学堂（5 年）、高等小学堂（4 年）三级；第二段为中等教育，只有中学堂一级（5 年）；第三段为高等教育，分高等学堂或大学预科（3 年）、大学堂（3 年至 4 年）和通儒院（5 年）三级。

在《奏定学堂章程》中，为学前教育专门制定了《奏定蒙养院章程及家庭教育法章程》。这是中国近代学前教育的第一个法规。它的颁布和实施标志着中国的学前教育已经开始进入了一个新的发展阶段。

按照这个法规的规定，蒙养院成为国家教育体系中的一个重要组成部分，它明确指出："蒙养通乎圣功，实为国民教育之第一基址。"同时规定设蒙养院作为学前教育的专门机构。有关蒙养院制度的主要内容如下：

（一）蒙养院的对象

《蒙养院章程》规定："蒙养院专为保育教导 3 岁以上至 7 岁之儿童，每日不得过 4 点钟。"

（二）蒙养院的设置

蒙养院并不单独开设，而是附设在育婴和敬节堂内。《蒙养院章程》规定："凡各省府厅州县以及极大市镇，现在均有育婴堂及敬节堂，兹即于育婴敬老二堂内设蒙养院。"

育婴堂始建于宋代，属于慈善恤孤性质的慈幼机构，用以收养被遗弃的小儿。而清末育婴堂在各地较普遍的兴建起来。这种机构虽然收的都是幼儿，但主要目的在于救济养育孤苦无依的儿童，负责照看的是没有受过专门训练的节妇。严格说来，育婴堂并不是教育机构。《蒙养院章程》规定，利用育婴堂，开辟蒙养院，于堂内划出一院为蒙养院。

敬节堂本为收养寡妇之所，因为她们能守节，受封建社会"敬慕"，故为之设院。《蒙养院章程》规定堂内划出一院为蒙养院。

（三）蒙养院保姆的来源与培训

蒙养院的老师称"保姆"，保姆由乳媪、节妇训练而成。近代学前教育的保教人员，应该出自幼儿师范学校。但清末有幼儿教育，但却无法培养幼教师资。因为在癸卯学制颁行时，女子尚没有受教育的权利，也就无法办幼儿师范学校，合格的幼儿教育师资亦无来源。因此，保姆只得由育婴堂的乳媪（为人哺乳育儿之妇）和敬节院的节妇充任，也可适当招堂外妇人。训练保姆的方法，是在育婴堂或敬节堂中，选择一识字的妇女当教员，如堂内无识字的，可以请一识字老妇人入堂任教。

二、蒙养院制度的实施

随着第一个近代学制的颁布推行，幼教师资培训机构和中国学前教育机构开始出现。

（一）女子师范中保姆的培训

学前教育机构的创立，应该是以有幼教师资为前提的。清朝末年幼教师资的培训，经历了一个从无到有的过程。

首先是教育领域打破"女禁"。中国教育上的"女禁"最初是在洋人的大炮下轰开的。1844 年英国女子促进会会员，传教士爱尔德赛（Aldersay）在宁波创办女塾。这是中国土地上第一个女子学堂，它是新生事物，但带有殖民地性质。

1898 年 5 月 31 日，上海电报局局长经元善发起创办经正女学，设于上海城南。延请中文教习 2 人，西文教习 1 人。招收 8～15 岁女学生 20 余人。10 月末，经正女学又在城内增设分塾一所，延请中西教习各 1 人。次年初，学生增至 70 余人。学校课程分中文、西文两种，中文课如《女孝经》《女四书》《幼学须知句解》《内则衍义》、唐诗、古文等；间日讲习女红、图画、医学；西文课于读书写字之暇，兼习体操、针补、琴学等。因戊戌变法失败，这所女子学校于 1900 年停办。

资产阶级革命派为宣传资产阶级自由、平等、博爱的思想，推翻帝制，培养革命人才，也办了一批女子学堂，以实践其男女平权的主张。最有名的是蔡元培主持的爱国女学。该校 1902 年开办于上海。

继爱国女学以后，还出现了其他女子学校。1904 年，贵州同盟会在贵阳办光懿女子小学，同年，李钟珏在上海创办女子中西医学校，1905 年汤剑娥在上海办女子体操学校。同年，南京旅宁第一女子学堂开学。1906 年，天津北洋女子师范学堂开学。同年，苏州办振华女学，第二年添设简易师范科。这些女学，虽然皆为初创，但女子负笈就学，已成为现实。更有 1905 年，湖南派遣女学生 20 名赴日本，实践女校学习速成师范科，于 1906 年 7 月毕业。女子不但走出家门就学，而且走出了国门留学。

打破"女禁"已是大势所趋，1904 年慈禧太后批准在中南海内创设女学，学习东、西语言文字，并于 1906 年 2 月 21 日，面谕学部，振兴女学。1907 年 3 月，清政府正式颁布了《女子小学堂章程》和《女子师范学堂章程》，中国女子教育由此正式取得合法地位。《女子师范学堂章程》中规定："女子师范学堂，以养成女子小学堂教习，并讲习保育幼儿方法，期于裨补家计，有益家庭教育为宗旨""教授女师范生，须副女子小学堂、教科蒙养院保育科之旨趣，使适合将来充当教习保姆之用"。

其后，女子师范学堂在各地开始建立。据张宗麟在《中国幼稚教育略史》一文所述，至宣统末年（1911 年），全国女学生的数目已经有二三十万。其中也有学幼稚教育的女子。如 1907 年，吴朱哲女士在上海公立幼稚舍创办保姆讲习所。上海公立幼稚舍，是上海务本女塾于 1904 年所办。当时务本女塾经理吴馨派吴朱哲女士去日本保姆养成所学习，1907 年回国，开办了这所中国第一个私立保姆传习所。规定学习科目有保育法、儿童心理学、教育学、修身学、谈话、乐歌、图画、手工、文法、习字法、理化、博物等，有学生 36 人。

（二）蒙养院的设立

清末蒙养院可分官办和私办两种。

1. 官办蒙养院

中国最早创办的公立幼儿教育机构，是 1903 年（光绪 29 年）武昌创立的幼稚园。当时正值两湖总督张之洞在湖北执掌政务期间。在他的推动下，兴起了倡办新式学校的热潮。在这种形势的推动下，1903 年秋，湖北巡抚端方在武昌创办了幼稚园。正如在前菜中所说，张之洞平生所为最为后人称道的是其在中国教育由封建传统向现代化迈进过程中所做出的历史性贡献。1904 年 1 月，清政府颁发《奏定学堂章程》，定幼儿教育机构为蒙养院，湖北幼稚园改名为武昌蒙养院，也叫武昌模范小学蒙养院。为了促进幼稚园的发展，在张之洞主持下，附设了女子学堂，招收 15 ~ 35 岁女子，专门学习幼儿师范课程。这是中国幼儿师范教育的萌芽，但不久就停办。湖北幼稚园教员主要由日本人担任，当时聘请了户野美知惠等 3 名日本保姆。户野美知惠毕业于东京女子高等师范学校，是日本来华最早的幼教工作者，任湖北幼稚园园长。1904 年她拟定了《湖北幼稚园开办章程》。此章程规定，幼稚园“重养不在重学”，设园宗旨有三：“一、保育身体之健旺，体育发达基此；二、培养天赋之美材，智育发达基此；三、习惯善良之言行，德育发达基此。”保育幼儿包括发展身体，开发智识，培养行为习惯 3 个方面。就课程来讲，开设行仪、训话、幼稚园语、日语、手技、唱歌、游戏 7 项。所学年限招收 5 至 6 岁的一年毕业，4 岁以下的二年毕业。毕业后升入武昌模范小学。该园为官办，入园幼儿所需服装、图书、保育物品，均属官备，饭费由家庭负担。每日保有时间，以 3 点钟为度。

同年，北京的京师第一蒙养院也宣告成立，院长是日本保姆师范毕业的。师资、教材也仰给于日本。稍后，由巡抚端方创办的湖南蒙养院于 1905 年（光绪 31 年）成立，为官立。聘请日本春山、佐藤为保姆。招收 3 岁以上至学龄（6、7 岁）的儿童。课程由一位日本保姆制定，注意从德、智、体、美诸方面进行保教活动。课程有谈话、行仪、读方、数方、手技、乐歌、游戏 7 项。由此看来，湖南蒙养院保教内容已超出了奏定学堂章程的规定，更加完备了。

2. 私立蒙养院

癸卯学制颁布以后，也曾出现一些私人办的蒙养院，如天津严氏蒙养院。严氏蒙养院，是清末翰林院编修、学部侍郎严修所设。1902 年，严修在自己的家中开设严氏女塾，1905 年创办严氏女子小学，并设蒙养院和保姆讲习所。蒙养院和保姆讲习所基本采用日本的经验，聘请日本教师，吸收采用日本教材，甚至设备也是从日本购买的。严氏蒙养院保教情况与湖北、湖南官办蒙养院基本精神是一致的。

清末影响比较大的学前教育机构，还有京师第一蒙养院（1903 年）、上海公立幼稚舍（1904 年）、上海爱国女学 1907 年附设的蒙养院等。它们星星点点设在几个大城市，发展缓慢。据袁希涛所写《五十年来中国之初等教育》记载，至 1907 年，入蒙养院的幼儿生有 2613 人，1908 年有 2610 人，1909 年有 2664 人。

除中国人自己办的蒙养院以外，清末外国资本主义国家还在中国开办了不少幼儿教育机构，他们并不执行癸卯学制中关于蒙养院的规定办法，由教会办理。

清末的蒙养院是幼儿家庭教育向社会教育转化的形式，虽然有了蒙养院的建制，但幼儿教育仍主要在家庭中进行，采取的是“蒙养家教合一”的方针。“章程”规定：“蒙养家教合一之宗旨，在于以蒙养院辅助家庭教育，以家庭教育包括女学。”蒙养院的形式，不过是学前教育从家庭教育向社会教育的一种过渡。蒙养院是辅助家庭教育的组织。训练保姆的教材，也要每家散给一本，以供教育孩子使用。每个家庭都是一个蒙养院。家庭也可以雇保姆教养子女。保姆成绩合格，发给保姆教习凭单，听其自营生意，也可受聘于家庭成为家庭保姆。蒙养院，从内容看，保留了浓厚的封建色彩，从形式上看，它是在新学制产生的情况下，被迫接受了西方幼儿教育机构的样式，勉强开设的。但中国学前教育史终究是前进了一步，幼儿除在家庭受教育以外，产生了社会教育机构，并从制度上确定下来。

从清末蒙养院制度的确立和实施不难看出：

第一，中国的学前教育完全由家庭负担的历史结束了，在通向学前教育社会化的道路上，迈出了第一步。

第二，学前社会教育机构在中国产生，既反映了近代大生产的发展要求学前教育与之适应的一般规律，又反映了一种自上而下被动出现的特点，是随着中国的近代学制出现而勉强确定的。这不同于西方很多国家。

第三，蒙养院办院的纲领，体现了"中学为体，西学为用"的总原则。它既不肯放弃传统儿童教育的核心——封建伦理道德的灌输和行为习惯的训练，又具有了近代社会幼儿教育的形式。

第四，严重抄袭日本。清末蒙养院制度，基本上照搬了日本明治32年（1900年）《幼稚园保育设备规程》，在实施中，教员从日方聘任，课程、玩具、教法也多参照日本。所以说中国的蒙养院，采用的是日本的一套体制，显示出极大的半殖民地半封建教育的特点。

第三节　帝国主义国家在中国的学前教育活动

鸦片战争后，帝国主义列强凭借不平等条约，取得了在华传教、办学等特权，对中国进行文化侵略，先后在中国设立了许多教会学校，这其中主要包括学前教育机构和幼教师资培训机构。这也是旧中国学前教育的重要组成部分。

一、创办幼稚园

19世纪80年代，外国教会在中国沿海福州、宁波开始办幼儿教育机构，以后教会办的幼稚园逐渐增多。根据美国传教士林乐知所著《五大洲女塾通考》第十集记载：1902年（光绪28年）外国教会在中国设的幼教机构"有小孩察物学堂6所，学生194人（男女各半）"，小孩察物学堂即幼稚园。1913年，基督教全国会议议案中又规定，各地教会都要附设幼稚园。教会幼稚园数目大增。根据1921—1922年中华基督教教育调查团的报告，基督教教会学校在"五四"运动前夕共7382所，其中幼稚园139所。南京一女师1924年的调查，全国有幼稚园190所，其中教会办的156所，占全国总数的80%。可见，外国人在中国办的幼稚园远远超过了中国人自办的数目。这些幼稚园还通过各种途径对中国人自办的幼稚园施加影响，造成幼稚教育的"洋化"。

帝国主义在华办教育，其目的就是要培养治华代理人和使中国基督化。学前教育自然也离不开这个总目标，尤其重视对幼儿心灵的熏陶，使其接受基督精神，为培养殖民地国民打下根基。这些幼稚园宗教色彩浓厚，使儿童从小忠于基督，成人以后便可以服服帖帖地受洋人摆布。牧师梅因就曾颇有把握地讲，如果给他机会训练儿童一直到7岁，便可以保证使儿童以后对教会一直保持忠诚。

外国人在中国办的学前教育机构，大致可分为两种：一种是日本式的，一种是宗教式的。

日本式的幼稚园兴办于清末民初。清末的“癸卯学制”和民初的“壬子癸丑学制”，主要借鉴于日本。当时学前教育与其他教育一样，受日本影响较深。这种日本式的幼稚园很像小学校，也可叫作小学式的幼稚园。教学内容有游戏、谈话、手工、唱歌、识字、算术、图画、排版、检查身体、习字、积木等。把这些都视为功课，像小学校一样，明明白白地把各科规定在逐日的功课表里，不许混杂。保姆就像小学里的教员，高高地坐在讲台上，孩子一排一排整齐地坐在下面，不许乱说乱动。可见，这种教育学龄前儿童的办法，忽视了儿童自身的心理特征。但由于中国传统礼教的影响，如此呆板的教育形式，很容易被中国人接受，蒙养院及蒙养园时期的教育主要仿效这种形式。

另一种是欧美国家在中国办的学前教育机构。它是先于日本在华办的幼稚园，但兴盛时期在日本之后。“五四”运动以后，中国新教育，主要受欧美的影响，特别是美国影响占首位。日本的学前教育影响逐渐减弱。这种学前教育，都由教会掌管，所以也被称为教会式的幼稚园。这些幼稚园一般都有美丽的教室，小巧的桌椅，精致的玩具。孩子在幼稚园的活动要较日本人办的幼稚园自由得多，课程排得也不那么死板。在安排自由活动以后，工作以前，孩子们要闭一会儿眼睛，嘴中还要唱一支祷告的诗曲。早晨相见，放学话别，都要唱出“上帝祝福”诗一样的调子。教会办的幼稚园，保姆都是教徒。他们教孩子的目的是培养新教徒。因此，这种幼稚园，虽然有好的设备，也很难受社会欢迎。由于设备过于奢靡，一般家境的孩子也无法进入。

二、培养师资，兴办幼稚师范

中国人出国接受幼教专业训练的国家，首先是日本。中国女学生赴日最早在1901年。到1920年，已有留日女学生十余名。最初就学的学校有日本实践女学校附属中国女子留学生师范工艺速成科。师范科科目有：教育、心理、理科、历史、算术、体操、唱歌、日语、汉文。工艺科科目有：教育、理科、算术、体操、唱歌、日语、汉文、刺绣、编物、图画等。这所学校，虽分此两科，但均有幼稚园保姆的训练。

1905年，湖南省派20名女生到日本学速成师范科。1907年奉天（今辽宁省）女师范学堂，派21名学生到日本学习，就读于日本实践女学校师范科。江西也派出10名官费女学生赴日留学。到1907年，仅日本东京一地，便有中国女留学生近百名。她们回国后，不少从业于幼儿教育。如1904年上海务本女塾经理吴馨派吴朱哲女士到日本保姆养成所学习。1907年，吴女士回国，在上海公立幼稚舍开办了保姆讲习所，学生36人，学习内容和管理办法全是日本式的，课程除一般文化课外，有保育法、儿童心理学、教育学等。

除日本以外，欧美国家也积极争取中国留学生。1907年出洋考察的清朝大臣端方访美，美国耶鲁大学、康乃尔大学及卫理斯尼（女子）学院，便与端方协商，每年可派免费留学生赴美。

1844年，美国女子教育协进会会员、传教士爱尔德赛在宁波创办女塾。这是近代外国人在华设立的最早的教会女学，也是中国最早出现的女子学堂。以后各国在中国办的女学逐渐增多。这些女学，很多都肩负培养幼稚园保教人员的任务。

三、翻译教材，出版幼儿读物

外国教习在中国官办、私立的学前教育机构中任职，自清末蒙养院诞生起就很盛行。最初多为日本教习，管理和任教于中国蒙养院。如前所述的湖北武昌蒙养院和湖南蒙养院。私立的严氏蒙养院最初也是聘请外国教员（包括日本的和西方的）。在中国幼稚园中任教的办法，一直持续到新中国建立前。以日本为例，几乎官办、私立的蒙养院都有日本教习任教，此外还有女学、女子师范学堂，也都要请日本人当教员，学校中主要文化课和专业课都由日本教习任教。

学前教育所用书籍，包括幼稚园读本、幼稚师范生教材等也多由外国进口。对此，东、西洋也是十分积极地向中国施加影响，他们很重视利用教材影响中国，认为为中国编辑教科书是传播西方“文明”的极好形式。传教士默多奚说：“把你们所要加于这个国家生命之中的东西，放在学校里，就可以达到目的”，“达到这个目的之最有效的办法是把它放进学校教科书里去”。到 1937 年，翻译的日本书籍中，教育一类的书就有 140 余种。西洋的教育书籍就更多。

四、兴办各种“慈幼机构”

在设立幼稚园和幼稚师范的同时，帝国主义还以兴办“慈善”事业为名，到处设立孤儿院、慈幼院、育婴堂之类慈幼机构。早在 19 世纪 40 年代，教会就在湖南衡阳开办了一所慈幼院，此后其他地方的教会也陆续举办了一些这类“慈善”机构。在这些“慈善”机构中，儿童们长年被关在高楼深院里，与世隔绝，生死大权完全掌握在“慈善家”手里，由于饥饿、疾病、体罚不知夺去了多少无辜的中国小生命。据调查，武昌花园山育婴堂、南京圣心儿童院以及广西、西安、芜湖等地的类似机构中儿童的死亡率，少则占 60%，多者竟达 99%。有的孤儿院还设有剥削和压榨童工的工厂。帝国主义除从肉体上摧残儿童外，还从精神上腐蚀、毒害中国儿童，使之感恩戴德，长大了死心塌地为之传教服务。

帝国主义的卑劣行径，不能不激起中国人民的无比愤慨，许多爱国有识之士严正指出育婴堂是杀婴堂，并愤起抗议。如 1868 年，外国传教士在扬州设立的育婴堂，有不少婴儿因虐待致死，引起群众极大的愤慨。1870 年的天津教案中，群众也愤怒地焚毁了法国教堂、育婴堂、领事馆。但是，由于当时和以后的反动政府甘心投靠帝国主义，卖国为奴，致使这种摧残毒害婴幼儿的罪恶行径一直延续到中华人民共和国成立以后才最终结束。

五、收回教育权的斗争

鸦片战争后，外国在华办的文化教育事业，不断地受到中国人民的抵制，尤其是一些传教士，利用他们办学的合法机构，从事危害中国人民利益的侵略活动和宗教宣传，引起中国人民的强烈不满。清朝学部颁布的《咨各省督抚为外人设学无庸立案文》，纯属开门揖盗，以后各帝国主义国家更毫无顾忌地在中国办学，从幼稚园至留学教育，从普通教育到师范教育、技术教育、盲聋哑教育等，形成独立的教会学校网。这些学校不受中国政府管辖，不必在中国政府立案。

这种侵犯中国教育主权的情况，激起教育界和青年学生的极大愤怒。为反对学校内的宗教活动，蔡元培1917年提出“以美育代宗教”的主张，更有恽代英撰文《打倒教会教育》，反对外国利用宗教办学，破坏中国教育主权，压制学生。反对帝国主义奴化教育的热潮逐渐高涨，终于在1923年爆发了非基督教运动。北平（即现在的北京）发起组织全国“非基督教大同盟”，李大钊、蔡元培、陈独秀、吴虞、胡汉民、汪精卫等都参加了。蔡元培在非宗教同盟第一次大会上发表演说，提出大学不必设神学科；各学校，均不得有宗教教义课程，不得举行祈祷式，以传教为业的人，不必参与教育事业。

1924年，随着中国革命形势的发展，首先由广州开始，成立“广州学生收回教育权运动委员会”。当时有影响的全国性教育团体，如中华教育改进社、全国教育会联合会等都开会、撰文支持和参加收回教育权的斗争。中华教育改进社要求政府制定注册条例，全国教育会联合会通过《学校内不得传播宗教案》《取缔外国人在国内办理教育事业案》。1925年“五卅”运动前后，一场轰轰烈烈的收回教育权运动在全国范围内达到高潮。许多教会学校学生退学、教员辞职，不少教会学校关闭或改组，数量上大大下降。

在运动的推动下，当时的北洋政府于1925年12月公布了《外人捐资设立学校请求认可办法》，共6条：“（一）只外人捐资设立各学校，遵照教育部所颁布之各等学校法令规程办理者，须依照教育部所颁关于请求认可之各项规则向教育官厅请求认可；（二）学校名称上冠以私立字样；（三）学校之校长须为中国人，如校长原系外国人者，必须以中国人充任副校长，即为请求认可时之代表人；（四）学校设董事会者，中国人应占董事名额之半数；（五）学校不得以传布宗教为宗旨；（六）学校课程必须遵照部定标准，不得以宗教科目为必修科。”

收回教育权运动取得了一定的成绩，这是中国人民反对外国强夺中国教育主权斗争的成果。此后，凡外国在中国办的幼稚园，幼稚师范学校或幼师培训班，都要向中国政府注册，课程也要大致符合中国教育部所颁发的课程标准的要求。课程设置与中国教育部的规定也比较接近。20世纪20年代收回教育权的斗争，虽然取得了一定胜利，但也多少流于形式，真正收回教育主权只能在收回政治、经济、军事权之后。

第四节　康有为的学前公育思想

康有为（1858—1927），广东南海人，清末著名的政治家、思想家、教育家、资产阶级改良派领袖，后为保皇派首领。康有为出生在一个世代为官的家族里，早年接受了严格的家学熏陶。康有为是19世纪末向西方寻求真理的著名代表人物，1898年戊戌变法运动的领导者。康有为一生写下了许多在当时和以后都极有影响的著作。他在“万木草堂”讲学期间所完成的《新学伪经考》和《孔子改制考》为维新变法奠定了理论基础，而他在《大同书》里，则设计了一个理想社会的蓝图，该书计30卷，共20万字，分为《人世界观众苦》《去国界合大地》《去级界平民族》《去种界同人类》《去家界为天民》等10个部分。

一、论儿童公养公育

康有为早在1884年写的《礼运注》中，就提出了对儿童从出生前到出生后一律实行公养公育的儿童公育思想。以后，在《大同书》中，他又在《去家界为天民》这一部分更充实地阐发了他的上述思想。首先，他用较大篇幅揭露了封建社会中“家”的种种罪恶和黑暗，认为一家人之间意见不合而强制地生活在一起，不符合平等自由的原则。认为有家则人性不能善，人体不能健，人格不能齐，还会产生私狭、奸诈、贪盗等恶行，阻碍社会福利的扩大，影响教育正常地进行。更无从使私产变公产，对世界之人，尤其是贫苦之人实行公养。所以他主张“去家界为天民”，即消灭家庭，解除封建伦常对人们的束缚，他认为只有这样才能使人得到自由平等，人人成为大同世界的公民，才能实现天下为公、太平大同、世界极乐。

图3-1 康有为

至于消灭家庭的方法，他指出应由公立政府办理婚姻、生育、教养、医病、老死诸事。就儿童的教育而言，他认为应当使父母对子女“无鞠躬顾复之劬，无教养縻费之事”，完全由公立政府“公养人而公教之”。可见，康有为主张对儿童实行公育，是服从于实现大同世界必须消灭家庭这一出发点的。尽管这是不可能实现的空想，但他反对封建社会男尊女卑思想及主张铲除封建社会最害人的宗法家族制度，毕竟反映了新兴资产阶级的要求，具有民主主义思想的进步性。康有为设计的儿童公育体系，包括儿童在出生前从母亲怀孕时起，在人本院接受胎教，从出生至断奶后入育婴院、慈幼院接受公育，满6岁后进入小学接受公教，直至中学和大学。

二、论胎教

康有为首先论述胎教的重要性，指出“生人之本，皆在胚胎，人道之始，万化之原也”，必须“教之于未成形质之前”，才能“正生人之本，厚人道之原”，从而使人能成为“至善”之人。因此，胎教的好坏，直接关系着人一生教育的成效。他说：“胎教既误，施教无从。”同时，康有为不但将胎教视为教育最基本的一环，还肯定了胎教是“人种改良之计”，这种优生学观点是很有远见的。

其次，为了实施胎教，康有为对专为孕妇设立的人本院的环境、建筑、设备、医疗、卫生、保健、教育、服务等方面提出了40多条要求。他十分强调外感影响的作用，因此他主张胎教之地一定要选择温冷带间，平原广野，水泉环绕之地。这里康有为能够注意到环境对胎教的影响，应当说是有积极意义的。但他过分强调地理环境的作用，并有种族歧视之意，这是不可取的。

为了保证胎教的正确实施，康有为还要求孕妇入院后，一切衣食住行都应由医生安排、照顾，有专门的女傅为其讲课，使孕妇学习“人类公理”“育儿之法”等知识，还要为孕妇选取所看之画、所读之书，注意交往的人，使乐音不绝于耳。总之，一切以能使胎儿得到良好的生长发育为前提。

康有为的胎教思想既来源于我国古代及民间的传统，又吸收西方资产阶级的民主和科学思想，因此，他的胎教思想尽管也有不足之处，但与古代的胎教思想相比，又无疑是前进了一步，增加了一定的科学成分。

三、论婴幼儿教养

凡婴儿出生后，满 6 个月即断奶，产母离开本院，婴儿则被送到育婴院养育，满 3 岁后，移入慈幼院或怀幼园教育，如不设慈幼院，则仍在育婴院受教育，直到 6 岁入学为止。这样就免去了母亲生育孩子后怀抱与抚育孩子的责任，一律由公立政府另请专人负养育之责。康有为非常重视婴幼儿阶段的教育，并提出了 17 条措施其内容可以概括为以下几方面：

首先，对工作人员的任用提出了具体要求，拟订了分工和奖惩制度。如要求选择德性慈祥、身体强健、资禀敏慧的女子做“女保”。规定 2 岁以下的幼儿每位女保专抚 1 人，2 岁以上的幼儿则可以每位女保看护 2 ~ 3 人。由于女保负有代母之任，有大公德于公众，应以殊荣异礼对待她们。女保 2 年满任，在其满任后可视其表现赠以仁人慈保宝星，宝星越多则越光荣。

其次，对院址的选定和院舍的布置做了规定。在规定中他特别强调“不得在山谷狭隘倾压、粗石荦确、水土旱湿之地”，更不能靠近市场、戏院、坟地、作厂、车场等哗嚣和污秽之处。同时要求院内应楼居少而草地多，爽垲而通风，多植花木，多蓄鱼鸟。

再次，对教育目标、内容也做了明确的规定。他把“养儿体、乐儿魂，开儿知识”作为教育目标。教育的内容有语言、歌谣、常识、手工等，特别重视手工制作对日后谋生或从事管理工作的作用。

此外，他还非常重视婴幼儿的保健工作，规定早晚由医生巡视两遍，穿衣、饮食、游戏都要适度。小儿有病，则每日诊视 3 次，重者则特殊护理。

综上所述，康有为在我国学前教育史上，首次提出了一整套儿童公育思想，设想了从胎教到幼教的完整的学前公共教育体系。他的理想虽然是永远实现不了的空想，却反映了新兴资产阶级的要求，吸取了西方资产阶级教育思想的某些合理因素，对我国近代儿童公育思想的发展以及学前教育机构的产生都起了促进作用和奠基作用。

小链接

康有为在其代表作《大同书》中首次提出了系统的儿童公育思想，设想了从胎教到幼教的完整的学前公共教育体系。该思想主张消灭家庭，由公立政府公养儿童。这一思想虽具有空想性，幼教主张也欠缺科学儿童观的指导，在当时条件下不可能实现，但却具有深刻的启蒙价值，对我国近代儿童公育思想的发展以及公共学前教育机构的产生都起到了奠基和促进作用。

【经典回味】

康有为，为公养、公教和公恤分别设计了相应的设施。“养”者“育”也，公养即是公育。而他设计的公养阶段的设施为人本院、育婴院、慈幼院或怀幼院（如不设慈幼院，则总归于育婴院），所以康有为关于人本院、育婴院、慈幼院或怀幼院的思想，才属于他的儿童公育思想。至于公教和公恤思想，不属于本文讨论的范围，故不赘述。关于公育阶段的设施，康有为的设想如下：

公养之如何？

一曰人本院。凡妇女怀妊之后皆入焉，以端生人之本；胎教之院，吾欲名之曰人本院也，不必其夫赡养。

二曰公立育婴院。凡妇女生育之后，婴儿即拨入育婴院以育之，不必其母抚育。

三曰公立怀幼院。凡婴儿三岁之后，移入此院以鞠之，不必其父母怀抱。

慈幼院（或怀幼院）可单独设立，也可总归于育婴院。育婴院单设，就相当于今天的托儿所，子女断奶后，母亲出人本院，婴儿入育婴院。慈幼院（或怀幼院）单设，则类同于当今的幼儿园，入院年龄为 3 岁，出院年龄为 6 岁。总之，育婴院和慈幼院是进行学前教育的主要承担机构。

【思考与练习】

1. 简述第一个学前教育制度的产生与实施。
2. 简述蒙养院制度的实施。
3. 简述康有为的学前教育思想。

第四章 “中华民国”时期的学前教育

[学习目标]

1. 了解壬戌学制、壬子癸丑学制的内容。
2. 理解幼稚园课程标准的内容、意义。
3. 了解蔡元培“五育”并举的教育方针论。
4. 理解陶行知的生活教育理论和“艺友制”。

[关键词]

蒙养园制度　壬戌学制　幼稚园课程标准　“五育”　生活教育理论　“艺友制”

引　子

集美幼稚园的创办人陈嘉庚，1874 年出生于福建省同安县，早年去新加坡经商，后来成为精明强干的实业家和具有远见卓识的教育家。他认为“教育为立国之本，兴学乃国民天职”。1913 年起，他在家乡大力普及教育，创办集美小学堂、集美师范及水产、航海、商业等各级各类学校以及图书馆、医院等，将家乡渔村建成规模宏大的学校区——集美学村。后又创建福建省第一所高等学府——厦门大学。为了办学，陈嘉庚将其在南洋所有的不动产全部捐给集美学校，作为永久基金，被人誉为“毁家兴学”，著名职业教育家黄炎培曾称赞他说：“发了财的人而肯全拿出来的，只有陈嘉庚一个人罢了。”毛泽东称他为“华侨旗帜，民族光辉”。

点评：陈嘉庚所创办的集美幼稚园作为当时国内较大影响的私立幼稚园，其办园思想充分体现了“五四”时期新教育的要求。据张克勤于 20 世纪 30 年代初对上海、南京等 7 市幼稚园概况之调查，当时私立幼稚园明显多于公立幼稚园。当时私人办理的幼稚园，不仅在园数、儿童数、教职工数等方面绝对多于公办园，并且还出现了不少由知名人士创办的在国内有较大影响的幼稚园，除了陈嘉庚的集美幼稚园以外，还有熊希龄的香山慈幼院、陈鹤琴的鼓楼幼稚园、陶行知的燕子矶幼稚园等。这意味着“五四”运动以后，特别是新学制颁行以后，随着幼稚园制度的确立，我国的学前教育事业比初创时期又有了新的发展。

[知识概述]

1911 年，辛亥革命爆发，以孙中山为首的资产阶级革命派推翻了满清王朝，结束了中国两千多年的封建帝制，于 1912 年建立了资产阶级民主共和国——“中华民国”。民国时期，随着西方幼儿教育思想的传入，两次学制改革，重视女子教育并兼及学前教育，使学前教育机构正式纳入学制系统，学前教育比清末有了较大发展。

第一节　学前教育制度的发展

这一时期，南京临时政府和北洋政府在教育制度上先后进行了两次学制改革，推动了学前教育制度的发展。

一、蒙养院制度的建立

1912 年南京临时政府教育部成立，著名的民主教育家蔡元培任教育总长，对教育进行全面改革：

1. 颁布新的教育宗旨内容

注重道德教育，以实利教育、军国民教育辅之，更以美感教育完成其道德。新的教育宗旨是一个资产阶级的教育方针，其所注重的道德教育，是指以资产阶级自由、平等、博爱的思想，灌输于新一代，取代了忠君、尊孔的旧道德。实利主义教育是指要量儿童之力，给其有实用价值的知识教育。军国民教育即体育。这个教育方针，体现了德、智、体、美和谐发展的精神，强调美育、体育，这都为学前教育改革奠定了思想基础。

2. 制定学制系统

1912 年 9 月，教育部公布《学校系统令》，称“壬子学制”，不久教育部又陆续颁发了各种学校令，与“壬子学制”相结合，称“壬子癸丑学制”，这个学制实行到 1922 年。按此学制规定，学校系统分三段四级，小学一段二级，中学大学各一段一级。初小一级，为义务教育，4 年，毕业入高小三年或师范、实业学校。中学 4 年，毕业入大学预科或高等学校、高等实业学校、高等师范学校。大学本科 3 年或 4 年。这个学制的框架结构与癸卯学制相近，基本上也是仿照日本。

3. 改革课程

改革课程主要是改革中小学课程，废除读经，增加自然科学课程和实用课程及美术、音乐等，体现对学生德、智、体、美诸方面的培养。

4. 改革教学原则和方法

废除封建专制主义的遗毒，强调教学应适应儿童身心发展的特点，不得用体罚，主要教育内容与儿童实际生活相联系。

5. 蒙养园制度的规定

按“壬子癸丑”学制的规定，学前教育机构的名称为蒙养园。蒙养园是学制体系上的教育机构，但与大学院（今研究生院）一样，不占学制年限，并未单独成为学制系统中的一级。它的建置是其他教育机构的附属部分，附属在小学和女子师范学校、女子高等师范学校内。蒙养园已纳入真正的教育机构中。这也是学前教育地位提高的标志。

二、幼稚园制度的确立

在资产阶级教育和教育团体的推动下，1922 年 9 月，教育部通过《学制改革系统案》，11 月教育部《学校系统改革令》，又称“壬戌学制”或称“新学制”。这个学制受美国实用主义教育思想影响，没有规定教育方针，是根据“七项标准”制定的。

这七项标准是：(1) 适应社会进化之需要；(2) 发挥平民教育精神；(3) 谋个性之发展；(4) 注意国民经济力；(5) 注意生活教育；(6) 使教育易于普及；(7) 留各地方伸缩余地。这个学制与癸卯学制、壬子癸丑学制不同，不再采用日本的模式，而是采用美国的“六·三·三”制的框架。即小学六年，分初小四年，高小二年；初中三年；高中三年。与中学平行的有师范学校和职业学校。中学受美国教育影响，实行综合中学制，即将职业教育、师范教育纳入高中，作为高级中学附属的师范科或职业科。大学4～6年。学校系统总说明中，提出要以儿童身心发展为根据，采取纵横活动主义，教育以儿童为中心，顾及学生个性及智能，高等、中等教育之设课采用选科制，初等教育的升级采用弹性制。这个学制规定的学前教育，在小学下设幼稚园，并把幼稚园正式列入学校系统，确定了学前教育机构在学制系统中作为国民教育第一阶段的地位。新学制的颁布，促进了我国学前教育的发展，1927 年在陶行知领导下先后在南京郊区燕子矶、晓庄、和平门、迈高桥等地创办了我国第一批乡村幼稚园。

第二节　幼稚园制度的实施

一、幼稚园课程标准的颁行

1929 年 9 月《幼稚园课程暂行标准》拟定完成，并由教育部令各省市作为暂行标准试验推行。于 1932 年 10 月由教育部正式公布，称《幼稚园课程标准》，1936 年又增修正。这个“标准”，是我国第一个自己制定的统一的幼稚园课程标准。《幼稚园课程标准》分幼稚教育总目标、课程范围、教育方法要点三部分。关于幼稚教育总目标，“标准”指出：

（一）增进幼稚儿童身心的健康；

（二）力谋幼稚儿童应有的快乐和幸福；

（三）培养人生基本的优良习惯（包括身体、行为等各方面的习惯）；

（四）协助家庭教养幼稚儿童，并谋家庭教育的改进。

“标准”的第二部分是课程范围，规定的幼稚园的课程有：音乐、故事和儿歌、游戏、社会和常识、工作、静息、餐点，共 7 项。每一项都是分别阐述的，各项均列目标、内容及最低限度的要求。“标准”的第三部分是教育方法要点。共列 17 项，说明幼稚园具体的教育方法。

《幼稚园课程标准》是我国第一个由国家颁布的幼稚园课程标准，它的基础是幼稚园制度确定以后幼稚园数量上的较大发展和各种实验活动的开展，它是由我国的专家和学者在总结自己实践基础上，吸收和借鉴了西方学前教育思想与教育方法，因此，它既体现了民族性，又体现了洋为中用的精神。它要求寓知识于娱乐中，教育内容和方法，都比较符合儿童的接受能力，符合儿童的年龄特点和教育的要求，因此有较强的科学性。从教育的内容看，对儿童的训练是多方面的，不仅开发了儿童的智力、身体、德性、美感，而且注意了儿童社会化的培养，这点至今不失其意义。在教育方法上比较灵活多样，运用团体、分组和个别的方式，组织儿童的各种活动，儿童放任活动有相当的自由。这些都反应了这个“标准”具有中国化、科学化的特点，而这两化正是当时幼教界开展各种试验活动的宗旨，它既是这一宗旨的体现，又推动了学前教育向中国化、科学化方向发展。这个标准产生在半殖民地半封建的大社会背景下，存在一点封建主义的余毒和西方教会的影响是难免的。

二、各类幼稚园的建立与发展

“五四”运动以后，特别是新学制颁行以后，随着幼稚园制度的确立，我国的学前教育事业比初创时期又有了新的发展，先后创建了一大批各种不同类型的幼稚园。其中有公立的，也有私立民办的；有附属于其他学校机关的，也有单独设立的；有普通性质的，也有实验性质的；有设在城市的，也有设在农村的。

（一）厦门集美幼稚园

该园为爱国华侨陈嘉庚创办的集美学校的一部分，成立于1919年2月。它是一所具有西班牙楼屋特色，又有我国民族风格的园舍。园内场地宽敞，设备齐全，有体操场、游戏场、花圃、假山、水榭、小桥，适宜分班活动。该园有明确的办园指导思想，把幼稚教育当成立国之根本的基础，认为有了健康的儿童才能有健全的国民；教师为儿童的伴侣，幼稚教育是爱的教育；教育应以儿童为中心，建立在儿童的需要与生活的经验上；幼稚园应成为“儿童的乐园”，幼稚教育是求孩子的解放与幸福；幼稚园教育有改造家庭教育的责任。

集美幼稚园在学习编制上，曾试行以年龄、智力为分级标准，取代仿照美国幼稚园的学年编级制。在课程实施上，分两步拟定计划，即一个月的活动计划，一周的活动计划。该园的教学内容有：故事、音乐、游戏、自然和社会、识字与计算、工作、餐点、静息、家庭联络工作，共9项。在课程实施上，有严格的教学要求。该幼稚园在设备、管理、教学、科研和实验方面在当时都是一流的。

该园的教养目标及课程实施则按“幼稚园课程标准”进行，现为厦门市集美幼儿园。

（二）南京高等师范附属小学下设的幼稚园

该园成立于1919年。招收3~6岁的幼儿，多半系教员子女。游戏、运动、器具等设备齐全。在教学中以生活为作业，没有明显分科目，以谈话、游戏、手工、音乐为主要活动。每日上课约135分钟，每周上课13小时15分钟。

该园的教育目的是使幼儿渐渐习惯于社会生活，练习建设的本能和自发活动。所以作业内容大部分是来自幼儿直接感兴趣的生活经验，包括自然生活和社会生活。这两方面的内容均按时令季节排列。

作为带有示范性和试验性的高师附属幼稚园来说，该园的教育内容比较丰富，活动形式多样，这是其可取之处；但是收费较多（每半年交大洋2元），又是半日制。

（三）北京香山慈幼院

该院1919年10月正式成立，收受因水灾而遭难的孤儿、弃婴和附近的贫儿。该院主办者熊希龄（1870—1937），湖南凤凰人，民国初年曾出任财政部长、国务总理等职，晚年主要办理教育和慈善事业，从事社会公益并积极投身抗日救亡活动。熊希龄一向热心幼教，曾于1909年在湖南常德创办蒙养院。香山慈幼院主旨在济贫托孤，属慈善性质。开办1年后，感到贫苦儿童中不乏天资聪颖者，于是决定以施行教育、造就人才为主。全院共分五个部分，其中第一校是婴儿教保院（出生至4岁）和幼稚园（5、6岁），第三校是幼稚师范（即北平幼稚师范学校）。该院的教育内容和方法是欧美式的；生活照管和卫生保健在当时全国儿童教养机关中首屈一指，被称作孤苦儿童的幸福乐园。

（四）南京鼓楼幼稚园

陈鹤琴创办于1923年春，是一所实验性质的幼稚园，以研究幼儿心理与教育为中心。陈鹤琴任园长，聘请东南大学教育科毕业的张宗麟为研究员，开展了幼稚园教育改革的全面实验。该园也是东南大学教育科的幼儿教育实验园地，开创了在大学进行幼儿教育的实验研究活动。该园创办的主旨是：试验中国化的幼稚教育，并以试验所得供全国采用。该园的实践活动包括课程实验、行为习惯的培养、技能学习、幼稚生生活历的安排、幼稚园设备等。实验总结了音乐、游戏、工作、常识、故事、读法、数法、餐点、静息九项课程。这九项课程成为以后教育部制定幼稚园课程标准的基础。通过对儿童行为习惯的探索，总结出了对儿童进行卫生习惯、做人习惯等方面训练的内容。在技能训练方面，总结出了生活技能、游戏运动技能、表达思想的技能和日常常识等的内容。在幼稚生生活历方面，总结了入园儿童一天、一个星期、一个月、一年的生活历。该园的实践经验和出版物在全国颇有影响，其实验研究成果奠定了我国幼儿教育中国化和科学化的基础。1952年由南京教育局接办改名为南京市鼓楼幼稚园。

（五）南京燕子矶幼稚园

这是中国第一个乡村幼稚园，由人民教育家陶行知于1927年11月11日创办。该园办园宗旨为建设中国的、省钱的、平民的幼稚园。该园结合农村实际，确定保教内容，选取教学材料，草订幼儿生活纲要，分全年的、一月的、每周的、当天的四种。其教育总目标是使幼儿具有健康的体魄，劳动的身手，科学的头脑，艺术的兴趣，改造社会的精神，为将来成为新时代的创造者打好基础。为此，对幼儿实施健康教育、劳动教育、科学教育、艺术教育、集体教育。将社会生活、自然现象、家乡土产、风土人情……都作为教材。在教学方法上，继续试验“设计组织”的方法，尤其注意户外生活多，室内生活少；注意卫生；注意读法；看护极小的儿童。

在幼稚师资教育上燕子矶幼稚园用艺友制的办法训练艺友成为幼儿园教师。在燕子矶幼稚园的影响下，当时很多地方出现了创办乡村幼稚园的活动。

上述所举幼稚园实例，反映了不同类型的学前教育机构的创办情况，也说明当时我国的学前教育的极大发展。另外，这些幼稚园都不同程度地开展了教育实验研究活动。形成了19世纪二三十年代以后幼稚园教育实践与研究的风气，带动了全国幼教工作者的研究兴趣，这是新中国成立前我国学前教育发展最好的时期。

三、幼稚园师资的培训

1922年制定了师范学校和女子师范学校可附设幼稚师范科的规定。但在相当长的时间内，幼稚师范教育还没能得到人们应有的重视。1932 年国民党政府颁布《师范教育法》，1933 年教育部颁布《师范学校规程》，对附设幼稚师范科做了若干规定，规定师范学校要附设幼稚师范科，修业年限三年或二年，招收初中毕业生。1928 年全国教育会议以后，幼稚师范教育得到一定发展，幼稚教育的师资不断增加。1929 年，全国幼稚园教职员为 1580 人，到 1936 年，增长到 2607 人。在此期间公立幼稚师范科有了一定的发展，私设幼稚师范也不断出现，还出现了省立实验幼稚师范和国立幼稚师范专科。

（一）北平幼稚师范学校

该校是香山慈幼院的一部分，创建于 1930 年，张雪门为校长。该校以培养幼稚师资为己任，最终目的是为实现全民的幼稚教育。教学酌采道尔顿制，但又较之灵活，尤其是重视学生教室外的活动，学校重视实行教学做的方法，实习的内容有：幼稚园实习，实行先参观、次参与、后实习的制度，还有家政实习、自然实习、儿童文学实习、手工实习、游戏实习等。还在校内设第一中心幼稚园，学制三年，但可分年结业。一年制为速成科，可任教幼稚园教师或助教；二年制为幼师科，可任教幼稚园主任；三年制毕业后，可兼任小学低年级及婴儿园教师。

（二）江西省立实验幼稚师范学校

这是中国第一所独立设置的公立师范学校。1940 年 10 月，由陈鹤琴创立于江西泰鹤县文江村，附有小学、幼稚园、婴儿园。1943 年改为国立幼稚园师范大学，并添设幼稚师范专科。该校的办学宗旨有三：一是培养幼稚园的师资与造就幼稚教育的人才；二是开展幼稚教育的理论和教材教法方面的研究；三是进行陈鹤琴创立的活教育理论的实验。从课程内容看，可分为精神训练、基本训练和专业训练三项。在训导工作方面，是要培养学生不厌不倦的态度和敬业、乐群、专业、创造的精神，基本目标是培养学生“做人，做中国人，做现代人，做现代中国人”。学校有优良的校风，充满自由平等的空气，实行着“纯爱”的教育。

小链接

香山慈幼院是一所慈善机构，主要收养教育孤贫儿童，为他们提供免费教育。推行学校、家庭、社会“三合一”的教育体制。香山慈幼院的校训是：“勤、谦、俭、恕、仁、义、公、平”，并以这八个字命名学校校舍。

熊希龄院长与香山慈幼院学生在一起

第三节 蔡元培的儿童教育思想

一、生平和主要教育活动

蔡元培（1868—1940），浙江绍兴人，著名的民主革命家和教育家。他为发展中国新文化教育事业、建立中国资产阶级民主教育制度做出了巨大的贡献。由于蔡元培一生为发展中国教育文化事业做出了重大贡献，勋劳卓著，毛泽东称誉他为“学界泰斗，人世楷模”。周恩来概括其一生为：“从伪满到抗日战争，先生之志在民族革命；从五四到人权同盟，先生之行在民主自由。”1912 年“中华民国”成立，蔡元培任南京临时政府教育总长。任职期间，废除了封建旧学制，制定了资产阶级性质的教育宗旨和学制。1917 年任北京大学校长，实行“囊括大典、网罗众家、思想自由、兼容并包”的办学方针，对学校进行全面整顿和改革，使北大成为五四运动的发祥地、新文化运动的中心、享誉海内外的著名高等学府。1927 年先后任大学院院长，中央研究院院长等职务。蔡元培的教育思想涉及面广，从教育方针、学制到教学方法；从高等教育到学前教育；从家庭教育到社会教育，他都有过许多论述，他的儿童教育思想主要体现在《新教育与旧教育的歧点》《贫儿院与贫儿教育》《美育的实施方法》《美育》等著名篇章中。

图 4－1　蔡元培

二、“五育”并举的教育方针论

1912 年，蔡元培发表了《对于教育方针之意见》的重要文章。在批判封建主义教育宗旨的基础上，根据资产阶级的需要，为养成“共和国民健全之人格”，提出了“五育”并举的教育方针。五育是指：军国民教育、实利教育、公民道德教育、世界观和美感教育。后来蔡先生又把它概括为体育、智育、德育、美育四育，而尤视德育为教育之根本。

（一）军国民教育即军事体育

蔡元培鉴于当时国家屡遭强邻交逼、亟图自卫的国情，认为非提倡军国民教育不能强兵，并且要举国皆兵，进行军事训练。同时也十分重视体育锻炼，他指出：人的健康，不仅靠饮食，尤靠运动。他强调，学校体育的任务，在于“发达学生的身体，振作学生的精神”。他视体育为培养共和国民健全人格的重要环节，他说：“健全的精神，必宿在健全的身体。”

（二）实利主义教育即智育

蔡元培认为，“今之世界传以竞争者，不仅在武力，而尤在财力”。实利主义教育能给人以各种普通的科学文化知识，发展实业的知识和技能，以及一定的职业训练。这对发展国民经济、强国富民有着重要意义。他对基础教育非常重视，认为基础教育关系到国家人才的培养和成长，他认为小学教员责任重大，在社会上的位置最重要。此外，他还重视学生智力的发展，他反对注入式的教学，主张学生应自觉、自动地学习，养成独立思考的能力和习惯。

（三）公民道德教育即德育

蔡元培认为德育是完全人格教育的核心，是“五育”的“中坚”。他认为如果仅有军国民教育和实利主义教育，则很可能产生智欺愚、强凌弱的现象，造成贫富悬殊，军国民教育和实利主义教育必须以道德为根本。他把法国资产阶级革命时期提出的要求，作为道德教育的内容——自由、平等、博爱，并将此内容与中国儒家的“义”“恕”“仁”相对应。所谓自由，就是孔子的“匹夫不可夺志”，孟子的“富贵不能淫，贫贱不能移，威武不能屈”，即为“义”；所谓平等，就是孔子的“己所不欲，勿施于人”，即为“恕”；所谓博爱，就是孔子的“己欲立而立人，己欲达而达人”，即为“仁”。从上可见，蔡元培提倡资产阶级新道德，是他反封建的进步性表现；但他把它与旧道德相对应，又反映了他反封建的不彻底性。关于道德教育的方法，他认为“道德不是熟记几句格言，就可以了事的，要重在实行”，身体力行是他道德教育的重要原则。

（四）世界观教育

蔡元培认为军国民教育、实利主义教育、公民道德教育是“隶属于政治之教育”，而“世界观则统三者而一之”。世界观的教育则是“超轶政治之教育”，其主要任务是培养人们超轶现世之观念，而达于实体世界之最高精神境界，使人生变得更有价值，人格更趋完善。这是蔡元培教育理论的最高目标。

（五）美感教育即美育

他认为美育的作用在于“陶养吾人之感情，使有高尚纯洁之习惯，而使人我之见，利己损人之思念，以渐消沮者也”。在他看来，只有通过美育才能有效地进行世界观的教育，因为“美感者”介乎现象世界和实体世界之间，可以起“津梁”的作用。

以上“五育”，蔡元培认为尽管它们各自的作用不同，然而均是培养“健全人格”所必需的，是统一整体所缺一不可的。对五育不可偏废其功能，总之，蔡元培五育并举的思想，是以公民道德教育为中心的德智体美和谐发展的思想。它体现了辛亥革命后资产阶级改革封建教育的需要，反映了发展资本主义对人才提出的要求，顺应了当时社会变革的潮流，为中国资产阶级创建新教育体制提供了思想武器，也是改革学前教育的指导方针。

三、“尚自然”“展个性”的儿童教育主张

1918 年，蔡元培发表了著名的讲话《新教育与旧教育之歧点》中对新旧教育的不同作了明确的论述。他认为教育要顺应受教育者身心发展的实际，指出“守成法”与“尚自然”“求划一”与“展个性”是新旧教育的分水岭。他对违反自然，束约人个性自由发展的教育深恶痛绝。他主张新教育应反其道而行之，新教育“在深知儿童身心发达之程序，而择种种适当之方法以助之”。为此，提倡教育科学的实验研究要摈弃注入式的教学方法，强调用启发式进行教学，特别是学生自动、自学、自己研究的方法。总之，在

他看来，“教育者，与其守成法，毋宁尚自然；与其求划一，毋宁展个性”。蔡元培这种崇尚自然、尊重儿童，让儿童自由发展的主张，也是在学前教育领域内批判封建儿童观的思想武器。

四、学前儿童公育思想

1919 年，蔡元培在《贫儿院与贫儿教育的关系》这篇演讲中，提出了他的学前儿童公育的理想。首先，他揭露了封建家庭的黑暗及对儿童产生的不良影响。其次，他强调“教育是专门的事业，不是人人能担任的”。

蔡元培正是针对上述情况提出他的学前儿童公育理想的。他主张：不论哪个人家，要是妇女有了身孕，便进胎教院。生了子女，便迁到乳儿院。一年以后，小儿断乳，就送到蒙养院受教育，不用他的母亲照管。所以他的理想是：“一个地方必须于蒙养院与中小学校以外，有几个胎教院、几个乳儿院，都由专门的卫生家管理。”同时他还提出这些机构的设备，如饮食、器具、花园、运动场、装饰的雕刻与图画、陈列的书报，都是有益于孕妇或乳儿的母亲的身体与精神。蔡元培的公育理想显然是受到康有为公育思想的影响，但他比康有为实际。他清楚地看到“现在还没有这种组织，运动别人，别人也不肯信”。依据这一事实，于是便“想先从贫儿院下手。要是贫儿院试办这种事情很有成效，那就可以推广到不贫的儿童了”。可见，蔡元培试图通过贫儿院的试验和推广，逐步以学前公共教育替代现行的家庭教育，最终实现其学前儿童公育的理想。他对封建家庭教育的批判无疑有进步性，但其公育理想显然也是空想。

五、倡导学前儿童的美育

蔡元培是我国近现代美育的首倡者。他倡导美育，是学习和研究我国古代和西方国家的美学思想史、教育思想史以及哲学、伦理学、心理学之结果。1922 年，他发表《美育实施的方法》一文，对实施美育的范围和时期、内容和方法做了全面、系统地论述。其中有关学前儿童美育的实施，他提出以下几点意见：

首先，他主张从家庭教育、学校教育、社会教育三方面实施美育。就学校美育而言，除建筑和陈设都要合乎美的条件外，学校应开设音乐、图画、运动、文学等美育课程，并通过一切课程贯彻美育的精神，还可经常组织音乐会、展览会、纪念会并开展各种艺术活动，以便向所有的学生进行普通美育的教育。此外，学校美育还包括专门美育，即开设各级音乐学校、戏剧学校、美术学校等，以便把有艺术天赋的学生培养成为专门的艺术人才。学校美育这两个部分都是不可或缺的：普通美育面向全体，并为专门美育孕育苗子、打好基础；专门美育是在普通美育基础上的提升，肩负着为国家、为社会输送艺术工作者和艺术家的重任。社会美育方面，要专设美育机关，如美术馆、剧院、影戏馆、博物馆等，要利用一切建筑物、公园、道路、古迹、景观等，经常举办展览会和开展各种艺术活动。家庭美育也是实施美育的重要方面，应创设物质和精神的美育环境，将美育寓于家庭生活之中。蔡元培关于家庭、学校、社会三结合的美育思想，对学前儿童美育起着导向作用。

其次，他设想通过胎教院、育婴院、幼稚园三级机构实施学前儿童美育。蔡元培把胎教作为美育的起点。他认为："我们要做彻底的教育，就要着眼最早的一步。虽不能溢出范围，推到优生学；但至少也要从胎教起点。"并"要从公立的胎教院与育婴院着手"，要让婴儿及其母亲生活在自然美和艺术美构成的环境之中。

蔡元培把幼稚园视为"家庭教育与学校教育的过渡机关"。他认为此时"儿童的美感，不但被动领受，并且自动地表示了"。因此，在幼稚园里应该开展各种美育活动，使儿童不仅感受美，而且能表现美。幼稚园的美育，一方面通过舞蹈、唱歌、手工等"美育的专课"进行；另一方面则充分利用其他课内涵的美育因素。

蔡元培上述关于学前儿童美育方面的主张虽有脱离实际的地方，但是他重视学前儿童美育的基本思想和他所提出的一些合理要求，至今仍可作为我们向学前儿童进行美育的借鉴。

第四节　陶行知的学前教育理论与实践

一、生平和主要教育活动

陶行知（1891—1946），原名文睿，安徽歙县人，是我国现代教育史上伟大的人民教育家。陶行知在五四新文化运动中，力主改革旧教育，批判中国传统教育。曾一度着力介绍美国教育家杜威的学说。但他也反对简单地"仪型他国"，反对盲目崇拜外国地洋化教育。五四以后，在平民教育思潮影响下，他总结平民教育的经验，指出平民教育是："要用最短的时间，最少的银钱，去教一般人民读好书，做好人。"他的乡村活动对当时社会影响很大。1927 年创办南京晓庄学校，以晓庄学校为中心，设小学师范院、幼稚师范院、晓庄小学，还有乡村医院等。1931 年，陶行知回到上海，发起科学下嫁活动，办"自然科学园"主持编辑《儿童科学丛书》。1932 年在上海大场办山海工学团。1936 年陶行知发起国难社教育，开展国难教育运动。1939 年在重庆创办育才学校，在育才学校实施生活教育理论。

图 4－2　陶行知

陶行知的教育思想和教育实践是留传后人的宝贵财富。他提出了"生活即教育""社会即学校""教学做合一"三大主张，生活教育理论是陶行知教育思想的理论核心。著作有《中国教育改造》《古庙敲钟录》《斋夫自由谈》《行知书信》《行知诗歌集》。

二、生活教育理论

（一）生活教育理论的产生和确立

针对中国传统教育中"两耳不闻窗外事，一心只读圣贤书"，学生是"读死书，死读书，读书死"，先生是"教死书，死教书，教书死"的现状，陶行知先生主张学生要积极参加社会生活，强调学生积极参与社会实践，在实践中掌握知识受到教育。陶行知创立的生活教育理论，是在批判传统教育、吸收改造杜威实用主义教育思想，探索普及大众教育的实践中产生的。在批判传统教育基础上，陶行知曾接受了杜威的教育主张。因为杜威主张教育即生活，而不是生活的预备，主张将学生的学习与实际生活联系，这观点对反传统教育很有意义，在五四运动前后有很大影响。他在实践中认识到传统教育是新教育的绊脚石，就是被称为进步教育的实用主义教育也无法解决中国的教育问题，必须从中国实际出发，探寻新路。他逐步酝酿一个新的教育理论体系，这便是在办晓庄学校时期所形成和确立起来的生活教育理论。

（二）生活教育的主要内容

在批判杜威“教育即生活”的基础上，陶行知提出“生活即教育”“社会即学校”“教学做合一”主张，形成“生活即教育”的教育思想体系。

1. 生活即教育

强调寓教育于幼儿的一日生活之中，使生活无时不含教育的意义。包括以下含义：首先，生活就是教育。其次，生活决定教育。最后，教育能改造生活。因此，教育只有和生活结合在一起才能成为真正的教育。

2. 社会即学校

“社会即学校”来源于杜威的“学校即社会”，是在对杜威教育思想批判的基础上得出的。他认为学前教育机构的教育不能仅局限于狭小的教室里，大自然、大社会都是学前教育的场所、范围和内容。这是陶行知苦心探索大众教育的“穷办法”。

3. 教学做合一

陶行知主张“教学做合一”，这是使教与学都以做为中心，以行求知，手脑并用。学前教育很适宜用“教学做合一”的方法，让儿童在活动中通过操作进行学习，使教育切实有效地促进幼儿的发展。这是生活教育理论的教学论。“教学做合一”用陶行知的话说，是生活现象之说明，即教育现象之说明，在生活里，对事说是做，对己之长进说是学，对人之影响说是教，教学做只是一种生活之三方面，不是三个各不相谋的过程。“教学做是一件事，不是三件事。我们要在做上教，在做上学。”他用种田为例，指出种田这件事，要在田里做的，便须在田里学，在田里教。在陶行知看来，“教学做合一”是生活法，也是教育法，它的含义是教的方法要根据学的方法，学的方法要根据做的方法，“事怎样做便怎样学，怎样学便怎样教。教而不做，不能算是教；学而不做，不能算是学。教与学都以做为中心”。由此他特别强调要亲自在“做”的活动中获得知识。

“教学做合一”就是以生活为中心——怎样做，就怎样学，怎样学就怎样教。所有的问题都是从生活中发出来的。从生活中发出来的困难和疑问，才是实际的问题；用这种实际的问题来求解决才是实际的学问。对学前儿童的教育切忌空口说教，而应将教与学统一在做上，教师在儿童的活动中进行教育、教学。这就要求教师要转变长久以来教授式的教学方式，明确学才是教的出发点，应做到以学定教，以学足教。

在目前的幼儿园教学中，教师往往过多强调自己成人的姿态，将自己的想法灌输给幼儿，忽视了幼儿的想法。比如在建构游戏中，幼儿在为思考怎么摆放下一个积木而犹豫时，在一旁的教师往往会按捺不住的指示幼儿该如何摆放，以为这样是帮助幼儿解决活动中的困难，却没想到幼儿因此而失去了学习怎么做的机会。在这种灌输式的教学方式下，幼儿的“学”被教师的“教”淹没，教师的“教”也往往停留在原地，没有教学上的创新。陶行知的“教学做合一”思想告诉我们，教师应该关注幼儿的能力，充分激发幼儿的创造力。

三、论学前教育的意义

陶行知十分重视学前教育，他认为“出世就是破蒙”，他说：“人格教育，端赖六岁以前之培养。”“六岁以前是人格陶冶最重要时期，这个时期培养得好，以后只需顺着他继长增高的培养上去，自然成为社会优良的分子；倘使培养得不好，那么，习惯成了不易改，倾向定了不易移，态度决了不易变。”形象通俗地阐明了学前教育的重要性。陶行知继承了我国古代“教儿婴孩，教妇初来”的朴素教育思想，并从儿童心理学的角度加以论证说明。他在《创造乡村幼稚园宣言书》中指出：“从福禄倍尔发明幼稚园以来，世人渐渐地觉得幼儿教育之重要；幼儿学者告诉我们，凡人生所需之重要习惯、倾向、态度多半可以在六岁以前培养成功。”他还指出“小学教育是建国之根本，幼稚教育尤为根本之根本。小学教育应该普及，幼稚教育也应当普及。”因此，绝不能漠视小孩子的需要、能力、兴味、情感，从而不知不觉地漠视了对他们的教育。陶行知先生大声疾呼：“我们必须唤醒国人明白幼年的生活是最重要的生活，幼年的教育是最重要的教育。”陶行知在论述“生活即教育”的理论时认为教育与生俱来，与生同去，出生即是破蒙，进棺材才算毕业。这是一种终身教育的思想，其中尤其重视学龄前这段教育，他发挥了我国古代“教儿婴孩”的传统，强调了儿童早期教育。陶行知主张普及教育，不仅要普及小学教育，也要普及幼儿教育。陶行知从人类自身发展的需要和国家前途的双重意义出发，阐发了学前教育的重要意义。

四、论学前教育的服务方向

陶行知学前教育思想的着眼点是人民大众的需要，他从工农大众的需要出发，论述学前教育的重大意义。在《幼稚园之新大陆》一文中，开头就指出：“最需要幼稚园的地方是什么？最欢迎幼稚园的地方是什么？幼稚园应当到而没有到的是什么地方？幼稚园还有什么新大陆可以发现？”接着他旗帜鲜明地指出：工厂和农村最需要幼稚园。陶行知认为幼儿教育最应该服务的对象是广大工人和农民，最应该办幼稚园的地方是工厂和农村。

陶行知对旧中国学前教育的抨击，表现了他对“三座大山”统治中国的强烈不满，也表现了他对劳苦大众及其子女的深切同情。为此，他针对旧中国学前教育的三大弊病（外国病、花钱病、富贵病），提出了一整套为劳苦大众子女服务的学前教育理论。他倡导建设中国的、省钱的、平民的幼稚园，并论述工厂附近开办幼稚园是幼稚园的第一新大陆。陶行知开辟幼儿教育新大陆的思想，是他坚持了幼儿教育要为工人农民而服务的方向，他号召应该开展一个幼稚园下厂、下乡的运动。要办好中国的工厂和农村的幼稚园，他认为最关键的问题是要打破对外国的盲目崇拜，要建立中国式的幼稚园，使幼稚教育适合国情。在陶行知倡导的幼稚园必须向农工开门、为农工服务方针的指引下，他带领其助手张宗麟等于 1927 年 11 月，创办了我国第一所乡村幼稚园即燕子矶幼稚园。

五、论创造的儿童教育

陶行知指出，儿童具有很强的创造力。解放儿童的创造力，他认为首先要认识儿童的创造力。陶行知认为教育工作者要把自己摆进儿童的队伍里，成为孩子当中的一员，加入到儿童的生活中去，这便可以认识到小孩子有创造力。

陶行知认为，我们发现了儿童有创造力，认识了儿童有创造力，就须进一步把儿童的创造力解放出来。具体的他曾提出六大解放：

1. 解放儿童的头脑

让他们自己去思考、去想。儿童的创造力被固定的迷信、成见、曲解、幻想层层包缠着。我们要发展儿童的创造力，就要把儿童的头脑从迷信、成见、曲解、幻想中解放出来。

2. 解放儿童的双手

让他去做、去干。他指出了自古以来不许儿童动手的错误。批评中国对于儿童一直是不许动手，动手要打手心的做法，因为这样摧残了儿童的创造力。

3. 解放儿童的眼睛

要让儿童自己去看，去观察。要引导和培养儿童的观察力，否则世界上的事物将在他面前白白流过。

4. 解放儿童的嘴巴

儿童有问题要允许他问。使他们有足够的言论自由，特别要有问的自由，从问题的解答中，可以增进他们的知识，充分发挥他们的创造力。

5. 解放儿童的空间

把儿童从牢笼式的学校解放出来，让他们去接触大自然、大社会，要解放他们的活动空间，扩大认识眼界，以发挥儿童内在的创造力。

6. 解放儿童的时间

使儿童做支配时间的主人。给他们一些空闲时间消化所学的，学一点自己渴望要学的学问，干一点自己高兴干的事情，使他们不致失去学习人生的机会，养成无意创造的意向。

那么具体应该如何培养儿童的创造力呢？包括以下几个方面的措施：①需要充分的营养。儿童的体力与心理都需要适当的营养。有了适当的营养，才能发生高度的创造力，否则创造力就会被削减，甚至夭折。②需要建立良好的习惯。③需要因材施教。要认识他们，发现他们的特点，有针对性地教育和培养，切忌一刀切，一律化，要扬其长而补其短。④在民主的环境中培养创造力。

六、论艺友制的幼稚师范教育

幼稚师范教育思想是陶行知普及教育理论的重要组成部分，也是实施“生活教育”理论的重要方面。陶行知认为：“普及教育的最大难关是教师的训练。”为了解决这一难题，陶行知提出了培养幼儿教育师资的两种途径：

（一）大力创办幼稚师范学校

陶行知提出“幼稚师范必须根本改造，才能培养新幼稚园之师资”。旧的幼稚师范培养的学生理论脱离实际，连一所像样的幼稚园都办不起来，这是旧幼稚师范的最大缺憾。而新型的幼师，是招收中学生，以幼稚园为中心，学生既在课堂上学习基本的理论知识，又在幼稚园中学习如何办幼稚园。在《试验乡村师范学校幼稚师范院简章》中陶行知提出，乡村幼稚师范的宗旨在于造就能与乡村儿童妇女共甘苦，以谋乡村儿童妇女幸福之增进的幼稚园教师。在师范教育课程内容的设置上，他主张安排儿童文学、园艺、美术、音乐、自然科学、医疗卫生、家庭伦理以及幼稚园活动等。通过“教学做”的方法，使幼儿师范生获得实际有用的知识，培养出“看护的身手，科学的头脑，儿童的伴侣，乡村妇女的朋友和导师。”陶行知认为，唯有这样，方能在全国较早地普及幼稚教育。

（二）采用“艺友制”培训幼儿教师

在幼稚师范教育方面，陶行知运用了“艺友制”培养幼教师资。何为“艺友制”呢？陶行知是这样解释的：“艺是艺术，或可作手艺解。凡用朋友之道教人学做艺术或手艺便是艺友制。”“艺友制”便是学生（称艺友）与有经验的教师（称导师）交朋友，在实践中学习当教师，方法是边干边学。“所以要想做好教师，最好是和好教师做朋友，凡用朋友之道教人学做教师，便是艺友制师范教育。”在他看来，这种办法不但是最有效力之教师培养法，也是解除乡村教师寂寞和推广普及幼儿教育师资之重要途径。的确，在当时，这种“艺友制的师范教育”培养了一批乡村幼儿教师。该办法大致过程是：第一步为参观，第二步为参与，第三步为实习。即以乡村幼稚园为基地，由有经验的老师带两三个妇女做徒弟。按做中教，做中学的道理，徒弟跟师傅学习幼稚园的各项教学活动，并辅以必要的教育理论知识和管理幼儿的技能、技巧。大约经过一年半至两年的时间便可以独立工作，担任乡村幼稚老师。而且，她们同师范学校培养出来的幼稚园老师一样具有“看护的身手，科学的头脑，儿童的伴侣，乡村妇女运动之导师的素质”。该方法针对旧中国经济与教育落后的现状，在历史上曾起过积极的作用。但在社会高速发展的今天，对幼儿教师的要求已越来越高，昨天那种师傅带徒弟的培训师资的方法，已很难适应社会的需要。然而，从实际来看，取得一定学历的幼儿师范生参加工作后，还需较长一段时间的适应，而且业务的提高，必须经过更长时间的实践积累。可见，陶行知当时提倡的“艺友制”于今同样具有重要的价值。

“艺友制”有以下几个特点：

第一，学用结合，理论密切联系实际。艺友不仅在实践过程中学习基本理论，而且能学习到许多实际的技能，克服了学用分家的弊端。

第二，在不可能迅速建立大批师范学校的情况下，亦能培养有质量的师资。

第三，“艺友制”培养师资学习时间以半年为限，周期短，比较经济，是一条结合当时中国农村实际，用穷办法来解决幼教师资不足问题的好途径。

陶行知认为，艺友制的幼稚师范教育，不是培养师资的唯一方法，应与普通幼稚师范学校“相辅而行”，两者可起一种相互补充的作用，不是拿来替代师范学校。师范学校不能废除，而应当根本改造。

综上所述，陶行知留给我国学前教育的遗产是全面、丰富、宝贵的。他的学前教育思想的特色：一是主张人民第一、教育为公，坚持为工农大众服务的方向。他是我国为工农服务的乡村和工厂学前教育事业的开拓者。二是重视儿童生活力和创造力的培养，要求根据“生活教育”的精神，采用“教学做合一”的方法。陶行知是中国现代教育史上著名的人民教育家、思想家，他的教育思想和教育实践活动，不仅在当时有很大影响，而且对今天的教育事业也有很大的借鉴意义。毛泽东赞誉他是“伟大的人民教育家”。

【经典回味】

教育家陶行知当小学校长时，有一天看到一个学生用泥块砸自己班上的同学，当即制止他，并令他放学时到校长室去。放学后，陶行知来到校长室，男生早已等着挨训了。可是陶行知却笑着掏出一颗糖果送给他，说：“这是奖给你的，因为你按时来到这里，而我却迟到了。”男生惊疑地接过糖果。随后陶行知高兴地又掏出第二颗糖果放到他的手里，说：“这是奖励你的，因为我不让你打人时，你立即住手了，这说明你很尊重我，我应该奖你。”男生更惊疑了。这时陶行知又掏出第三颗糖果塞到男生手里，说：“我调查过了，你用泥块砸那些男生，是因为他们欺负女生；你砸他们说明你很正直善良，且有跟坏人做斗争的勇气，应该奖励你啊！”男生感动极了，他流着眼泪后悔地喊道：“陶校长，我错了，我砸的不是坏人，而是同学……”陶行知满意地笑了，他随即掏出第四颗糖果递过来，说：“为你正确地认识自己的错误，我再奖给你一块糖果，我没有多的糖果了，我们的谈话也可以结束了。”

点评：陶行知用奖励的办法让孩子认识到自己的错误，这充分说明他是一个富于爱心和智慧的教育家，他的教育是艺术。他的教育方法以表扬和鼓励为主，尊重学生，理解学生，热爱学生，设身处地去体会学生的感受和需求，同样一种教育场景，从不同的角度处理问题，教育效果大不相同。“四颗糖果”的故事之所以在教育界传为佳话，并为后来的教育工作者所推崇，就在于它折射出一种高超的教育艺术。它看起来平淡无奇，却触及了孩子的心灵；听起来缺乏力度，却起到了“润物细无声”的作用。

【思考与练习】

1. 简述民国时期各类幼稚园的创办及实验的主要内容。
2. 简述蔡元培“五育”并举的教育方针论。
3. 简述陶行知的生活教育理论和“艺友制”。

第五章　老解放区的学前教育

[学习目标]

1. 了解苏区托儿所制度的建立与实施。
2. 理解抗日战争和解放战争时期保育院制度的建立与实施。
3. 掌握老区学前教育的基本经验。

[关键词]

托儿所制度　保育院制度　保育结合

引　子

在坐落于北京市东城区安德里北街27号的总政幼儿园的展览室里，陈列着一双并不鲜亮的银筷子。正是这样一双曾经是镯子“化身”的筷子，在1946年的大转移中保护了孩子们的一路平安。大转移时，为防止敌人在食物中下毒，丑子冈将女儿丑松亮手腕上的一对银镯子打制成了一双银筷子，以检验孩子们的饮食。这对镯子曾是丑子冈的嫁妆，从女儿手上取下它时，她曾经允诺进京后买一对更漂亮的补给女儿，可直到丑子冈去世，这对镯子也没补上。

丑子冈当年受命担当中央托儿所所长、被孩子们亲切唤作“丑妈妈”。从中央托儿所的初创到1949年进入北京，丑子冈一直生活在这个托儿所，直到1963年3月离世。在现在可寻找的资料记载中可以读到，丑妈妈25岁成了革命烈士家属继而守寡一生。这位杰出女性，在延安的早期幼儿教育中凭借自己刚烈的意志与性格为那个动乱年代的孩子们开辟了一片童年的乐土。她的柔情与爱都成为后来从这里走出的革命后代们弥足珍贵的美好回忆。

点评：正是因为有了许多像“丑妈妈”一样充满爱心的幼教工作者，才让马背上的孩子们在那个特殊年代得以平安。可见，老解放区的学前教育把“一切为了孩子”作为工作的出发点和落脚点，积极培养并造就了一批党性觉悟高、专业技能强、勇于奉献的保教队伍。

[知识概述]

老解放区的学前教育是在中国共产党的领导下建立起来的农村革命根据地、抗日根据地、解放区的学前教育。它的工作经验，是我国学前教育发展中十分宝贵的财富。老解放区的学前教育在特定的历史条件下，坚持为革命战争和阶级斗争服务，教育与生产劳动紧密结合的方针，采取多种形式办学，尝试探索幼儿教育发展的新模式，这为新中国成立后的学前教育的发展奠定了基础。

第一节　苏区的托儿所制度

老解放区的学前教育机构是在经济落后、战争不断的情况下逐渐建立起来的。为了适应当时的历史环境，构建了多种形式的学前教育机构。

一、内务部颁发的《托儿所组织条例》

苏区中央人民政府内务部于 1934 年 2 月颁布了《托儿所组织条例》（以下简称“《条例》”）。《条例》指出：“①组织托儿所的目的是要改善家庭的生活，使托儿所来代替妇女担负婴儿的一部分教养的责任，使每个劳动妇女可以尽可能地来参加生产及苏维埃各方面的工作，并且使小孩子能够得到更好的教育和照顾，在集体的生活中养成共产儿童的生活习惯；②小孩进托儿所的条件：凡是有选举权的人生下来，过 1 月至 5 岁的小孩都可以进托儿所，但是有传染病（疥疮、梅毒、肺病、瘟疫等）的小孩都不收；③托儿所以大屋子或附近的几个屋子为单位来组织，每个托儿所收容小孩至多不能超过 20 个，同时最少须有 6 个小孩以上才能建立托儿所。各托儿所，总的领导属于乡苏维埃及女工农妇代表会议；④托儿所指定一些能脱离家庭生活的妇女专门来做看护，负责管理小孩的事情，每人至少要管理 3 个小孩，每所设主任 1 人，托儿所的工作人员得享受优待，除了代他耕种土地之外，在群众自愿的原则下，每年可给他一些谷子；⑤托儿所的房子要选择比较清洁，光线充足及空气好的地方。托儿所的用具，由群众的力量设法购置，在特殊情况下，苏维埃政府可津贴一部分……”同时，《条例》还对小孩的入托时间、小孩的卫生和健康、托儿所的管理等方面做了明确的规定。它是红色政权颁布的第一部关于学前儿童教育的指导性、纲领性文件。

《条例》的颁布开创了苏区的托儿所制度。《条例》对托儿所的管理作出了较全面的规定，虽有不尽完善的地方，但这是老解放区学前教育制度建设的开端，为学前教育随后的发展打下了良好的基础。

二、托儿所机构的建立

1934 年 2 月《条例》颁布后，江西瑞金下周村创建了上屋子托儿所和下屋子托儿所。这是解放区最早成立的托儿所。每个托儿所有 4 个看护人，且看护人都是由群众中有威信、年纪大一些的人担任。托儿所的房子，光线还好，设备有睡床、箩、椅子等，适合于不同年龄阶段的孩子。此外，还有群众募集的许多玩具。1934 年 4 月在一个多月的时间里，仅兴国、瑞金两县就建立托儿所 249 所，其中兴国 227 所。在设立的托儿所中主要有两种类型：一类是全日制托儿所，主要招收红军家属子女，也有部分劳动群众的子女；另一类是季节性托儿所，主要是在春播、夏收、夏种、秋收时建立，使大批劳动力解脱出来，参加生产。

抗日战争和解放战争时期的学前教育机构得到了长足的发展，出现了兴盛期。1938 年战时儿童保育会成立后，全国各地相继成立了 20 多个分会，抗战八年先后建立了 53

所战时儿童保育院，如著名的延安第一、第二保育院。到解放战争时期学前教育机构的规模进一步扩大，除新建的托儿所之外，原有的托儿所规模也不断扩大。

第二节　抗日战争和解放战争时期的学前教育

一、中国战时儿童保育会及其分会的成立

抗日战争爆发后，有的幼稚园毁于炮火，有的被迫停办，幼稚园数量急剧下降。很多儿童在敌人的残暴进攻下遭受痛苦，也有不少儿童成为失去父母的孤儿。为拯救和教育大批无家可归的儿童，同时为了全力支援前线，解除后顾之忧，中国共产党明确提出了“重视保育事业，抚养革命后代”的学前教育方针，并要求专门建立儿童保育机构。1938 年初成立了中国妇女慰劳自卫抗战将士总会战时儿童保育会。该组织是抗日民族统一战线下国共两党合作的产物。8 月，宋庆龄、蔡畅、邓颖超、康克清等在延安成立了战时儿童保育会陕甘宁边区分会，此后，全国各地相继成立了 20 多个分会，抗战八年先后建立了战时儿童保育院。

二、陕甘宁边区政府关于保育儿童的决定

1941 年陕甘宁边区政府工作报告中，将实行儿童保育列为中心工作。同时又颁发了《陕甘宁边区政府关于保育儿童的决定》，主要内容有：建立管理（保育行政）组织；保育人员的训练；建所的具体条件，此外还对孕母、产妇的保健待遇等作了十分具体的规定。《陕甘宁边区政府关于保育儿童的决定》是继《托儿所组织条例》之后老区又一重要的学前教育法规文件，它对抗战时期和解放战争时期学前教育的发展起了极大的推动作用。

三、多种形式保育机构的建立与发展

抗日战争时期和解放战争时期是老解放区学前教育机构发展的兴盛期和过渡期。自战时儿童保育会及其在各地区的分会成立以后，随即建立了一批著名的保育机构。抗日战争和解放战争时期，学前教育机构有多种类型：

（一）寄宿制托幼机构

寄宿制托幼机构由边区政府主办，一般设立在环境较稳定的后方，各项条件比较优越，主要招收前方将士子女、烈士遗孤和后方干部子女，也有部分难童。如陕甘宁边区第一保育院、第二保育院、洛杉矶托儿所。

（二）单位日间托儿所

单位日间托儿所是指由某一机关、工厂、学校、部队等单位自己办理的托幼机构。一般设在单位内部，招收本单位子女入托，孩子白天入托，晚上接回家。当时中央党校、中央组织部、延安鲁迅艺术学院、十八集团军留守处部队、印刷厂等都办起了这样的托

儿所。

（三）母亲变工托儿所、哺乳室

母亲变工托儿所、哺乳室主要是在保育委员会的要求下，各机关、学校、工厂的母亲们自发组织起来的托幼机构，实行母亲轮流值班，一般没有专职保育人员。如中国女子大学、边区银行、中央党校三部、中招所等都办过这样的幼儿园。

（四）小学附设幼稚班

小学附设幼稚班专为不到入学年龄的5、6岁的儿童创办。哥哥、姐姐上学时可以顺便带着他们去幼稚园。儿童接受完一年到一年半的学龄前教育后可以正式进入小学。如陕甘宁边区米脂、绥德分区的三所小学和清涧城关完小、延安完小等学校都办过此类幼稚班。

（五）化整为零型托儿所

化整为零型托儿所一般建在局势不稳，敌情变化大的地区。是经常化整为零，分散在人民群众家中的托儿所，在敌后解放区较多，他们的流动性很大，经常转移搬家。如晋、冀、鲁、豫托儿所，冀南保育院都几次掩蔽在老百姓家中。

老解放区的学前教育因地制宜、因府制宜，采取灵活多样的形式，建构各式新的学前教育机构，既保证了儿童的安全和教育，又支援了革命，解放了劳动妇女，使他们能够安心工作和生产，并且也解除了前方战士的后顾之忧，同时在战火纷飞的年代也锻炼了一批优秀的、特殊的教师队伍，为新中国成立后学前教育事业的发展培养了骨干力量，奠定了基础。

四、保育院的教育与教学

（一）学前教育的目的

学前教育始终以保育儿童身体、培养儿童良好习惯、发展儿童智力为目的。

老解放区的学前教育机构注重对幼儿的保育，但力求使幼儿获得较为全面的发展，对幼儿进行品德教育和智力教育。教育儿童了解父母参加革命的苦心，继承艰苦朴素的精神，认识中国革命的敌人，培养对敌人的仇恨，热爱劳动，热爱劳动人民，团结友爱，吃苦耐劳，自我管理，等等。

土地革命时期颁布的《条例》中指出："组织托儿所的目的，一使小孩子能够得到更好的教育和照顾，在集体生活中养成共产儿童的生活习惯。"到抗日战争时期学前教育的目的更加明确，如第一保育院中提出教育的目的是要在各种课业的陶冶中，增进孩子的身心健康和快乐，培养其优良的习惯和行为，使他们成为抗战建国中优良的小国民。解放战争时期提出的教育目的是锻炼儿童革命的观点和作风，培养儿童活泼愉快的心情、健康坚实的体格，陶冶勇敢老实的个性，增进儿童智识训练，手脑并用，使成为未来新中国健全的主人公。由此看出，保育儿童身体，培养良好习惯，发展儿童智力是老解放区学前教育保教的内容和目标。

（二）婴幼儿的保育

老解放区的托幼机构中收托的孩子大多是干部、军人、烈士的子女或难童、孤儿。

因此这些机构不仅是社会教育的机构，而且还要担负起家庭保教的责任。保证孩子的身体健康，是学前教育的首要任务。主要是：

1. 尽一切努力保证孩子的营养

给幼儿提供必要的、合理的营养是年幼孩子健康成长的重要问题。因此，老解放区非常重视这一点，并且提出了“一切为了孩子”“孩子第一”的口号。

2. 制定合理的作息时间和管理制度

有秩序的生活是儿童健康的保证。老解放区的保教机构充分考虑到它的重要性，根据孩子的不同年龄和季节制定了合理、规律的生活作息制度。

3. 贯彻“预防为主、治疗为辅”的方针

老解放区很多地处边远地区，在经济困难，医药缺乏的情况下，对于疾病的防治大多采取预防为主的方针，结合治疗。采取“早发现、早隔离、早治疗、早恢复”的措施。

（三）婴幼儿的教育

1. 思想品德教育

老解放区的托幼机构非常重视孩子的思想品德教育，很多托幼机构都对思想品德教育进行了研究，并付诸实施。如陕甘宁边区第一保育院在这一方面就做得很好，具体如下：

（1）思想品德教育的实施目标：

①教育儿童了解父母参加革命的苦心，并继承其艰苦奋斗的精神。

②教育儿童认识中国革命的敌人，并培养其对敌人仇恨的心理。

③教育儿童热爱劳动、敬爱劳动人民，并特别关心帮助劳苦群众。

④培养吃苦耐劳、勇于自我批评的精神。

⑤启发儿童养成团结友爱，互助互让的优良作风。

⑥启发儿童学习自己管理自己的能力，并关心团体利益。

（2）思想品德教育的主要内容：

①培养良好习惯，训练基本技能。

②培养热爱劳动的良好品质。

（3）思想品德教育的基本方法：

①从母爱出发对孩子进行情感教育。

②能与实际结合对孩子进行生活教育。从儿童实际生活体验中，给以启示与教育。

③要采用潜移默化的暗示法对儿童进行教育，并经常给以鼓励和表扬。

④坚持正面教育的方法。

⑤要采用积极诱导的方法教育孩子。

2. 知识技能的培养

（1）知识方面达到的标准：

①认识农作物 60 种，动物 40 种，颜色 12 种，形状 12 种。

②会单独表演唱歌，表达心里的话，讲简单故事和担任指挥唱歌。

③能从 1 数到 100，并能心算“3 +5 =8”之类单位加法。

④识字50个，并会写自己名字。

⑤对各种常识发生兴趣，并能简单地知道太阳、月亮、雨、雪；知道谁是咱的朋友、敌人；吃、穿、用的东西是谁创造的。

（2）教学活动的组织原则：

①计划教育与兴趣教育配合进行。

②实行单元教育。

（3）教学方法：

①直观教学法。这种教学方法是以实际事物教育儿童，使儿童获得明确观念的一种教学法，一般多着重触觉，但是听觉、味觉、视觉、嗅觉等也是直观中的重要部分。

②比较教学法。这种教学方法能使儿童所学的东西、认识格外正确，印象格外深切，记忆格外持久。相似的事物主要采取这种方法。

③三化教学——教学故事化、教学游戏化、教学歌曲化。故事是适合儿童学习心理的，他们根据教学单元，通过故事形式，编成教材，进行教育，能激发儿童的情感，引起学习的兴趣。

老解放区的学前教育机构注重对幼儿的保育工作，力求使幼儿获得较为全面的发展，对幼儿进行思想品德教育和知识技能的培养。在长期探索的基础上积累了一些教学经验。老解放区学前教育锻炼了幼儿的身体，又丰富了幼儿的头脑，为新中国培养了大批社会主义建设的主人翁，所积累的经验也值得进一步学习。

第三节　老解放区保育队伍的建设

提高教师队伍素质是提高幼儿园保教质量的基础，是完成幼儿园保教任务的根本保证。老解放区非常重视师资队伍建设，采取各种形式，有计划地培养和训练保教人员，提高保教人员各方面的素质。

一、提高素质，全力培训保教人员

老解放区的保育员，主要都是农村妇女，大部分人为文盲，不仅文化程度低，而且也不了解保育工作在学前教育中的重要性。因此，全面提高保教人员的思想认识，着力培养保教人员的专业技术素质成为工作的重中之重。

（一）提高保教人员的政治思想觉悟

老解放区非常重视保教人员政治思想觉悟的提高。为调动广大保教人员的工作积极性，加深对保教工作的认识，党政领导人经常给保教人员做报告，同时党还非常关心保教人员的待遇问题。老解放区还非常重视保教人员的政治待遇和地位的提高，优秀的保教人员同样可以入团、入党、进党校学习。生活上，保教人员可以享受高于一般工作人员而与技术人员相同的优惠待遇。边区政府规定，每月要给保育人员发津贴，没有特殊情况，不得停发。同时还要给保姆发夏衣两套，轮流值夜班的还要增发夜餐费。由此可见，边区政府对保教人员的重视程度。保教人员充分认识到自己工作的意义，极大地提高了爱岗敬业的工作积极性。

（二）提高保教人员的业务素质

提高保教质量关键要提高教师的业务素质。当时老解放区的保教人员很多是农村妇女，文化水平较低，虽说很多也曾经带过孩子，但对于保教业务却知之甚少，所以，当务之急是提高保教人员的业务素质。如陕甘宁边区第一保育院每周组织一次业务课，讲授初步的保育卫生和儿童教育方法诸问题。这些措施对于提高保教人员的业务素质取得了明显的成效。

（三）提高保教人员的文化水平

洛杉矶托儿所要求保教人员学习的技术课程包括：儿童一般生活管理的技术、一般的卫生常识、急救法、营养学、护病技术、妇婴卫生等。有的单位编了《保育法教材》，有的成立了保育培训班，为期一年或半年。1941 年边区民政厅，曾办保育培训班，为期一年，所学课程主要有医药卫生、接生保育等。鉴于当时老解放区保教人员的实际情况，提高他们的知识水平是非常有必要的。通过以上措施，老解放区保教人员各方面的水平都有了很大的提高，即提升了思想觉悟、业务素质、文化水平，使得老解放区的学前教育向着更高的方向发展。

二、明确责任，建立健全相关制度

老解放区学前教育机构逐步建立了科学合理的管理制度，在保育工作制度中规定：保育员的责任主要是从儿童生活管理上保证儿童的健康，防治疾病，了解儿童健康、生活、智力的发展；幼稚教师的任务是培养孩子的良好习惯，开发其心智，采取有效的方法教育儿童；医生和护理员的任务是为儿童防病、治病，提供预防疾病的方法，关心儿童饮食、卫生等。保育员、幼稚教师和医护人员要互相配合，实行“保教卫合一”。同时，托儿所、保育院都有严格的干部分工和明确的责任规定。

总之，老解放区学前教育积累了许多宝贵经验。

1. 坚持为革命战争和生产建设指明服务的方向。

这一服务方向主要是通过解放妇女、解除父母的后顾之忧来实现的。

2. 贯彻依靠群众和勤俭办学的原则。

人民对学前教育的支持主要通过包括房屋、玩具设备、事务、医疗、人力、师资、掩护等多种不同的方式来提供。

3. 实施“保教结合”促进儿童全面发展的教育。

4. 建立一支“一切为了孩子”的保教队伍。

小链接

陕甘宁边区第一保育院十条教养原则：

健康第一　真爱儿童　尊重儿童　学着做事　分辨是非

反对威迫　积极鼓励　诱导启发　贯彻一致　保教合一

【经典回味】

洛杉矶托儿所于1940年在延安开办，是一所寄宿制托儿所，为感谢美国洛杉矶爱国华侨及美国友好人士的热情资助而以洛杉矶命名。托儿所贯彻“保教合一”的培养目标，认为儿童“不只是养得胖胖的就够了，并且要使得他们在智力上日渐增强，生活能力上日渐提高”。根据儿童年龄和智力，体力不同编班：5～6岁为幼稚大班；4～5岁为幼稚二班；3～4岁为幼儿大班；2～3岁为幼儿二班；2岁以下为婴儿班。教育内容分为幼稚教育、生活教育、卫生教育三大类。每种班级的课程内容照顾到不同阶段儿童的身心发展特点。教育原则强调热爱孩子，了解孩子的创造性，注意培养孩子的劳动习惯和良好的品德。托儿所有较完善的教育设备，有游戏场、动物园、小农场、课室、玩具等，对儿童的营养卫生也有严格的要求，儿童的生活管理制度严格，对保育员的培训也有计划有制度，成为当时一所较完善、正规的学前教育机构。后因国民党军队进犯，托儿所撤离延安，后辗转到了北京，改称为万寿寺幼儿园，现为中国人民解放军总政治部幼儿园。

【思考与练习】

1. 简述苏区托儿所制度的建立与实施。
2. 简述抗日战争和解放战争时期保育院制度的建立与实施。
3. 简述老解放区学前教育的基本经验。
4. 老解放区是怎样建设保教队伍的？

第六章　中华人民共和国的学前教育

[学习目标]

1. 了解新中国成立初期学前教育改革与实施。
2. 理解十年动乱对学前教育破坏的教训。
3. 掌握张雪门的幼稚园行为课程。
4. 熟悉陈鹤琴的活教育思想和“五指活动”课程。

[关键词]

《幼儿园教育纲要》　《幼儿园工作规程》　幼稚园行为课程活教育思想　“五指活动”课程

引　子

在1966—1976年的“文化大革命”中，家长工作的指导也受到了冲击：一些具有爱心和责任心的教师受到批判；“慈母心”被诬为是错误的；“母爱”被认为是在拉拢工农家长、腐蚀家长。于是，教师与保育员工作职能大换位，教师进厨房、保育员进课堂，课堂上“放羊”，家长对幼儿园也没有什么要求。难能可贵的是，广大幼儿教师仍然忠于职守，园长、教师与家长的关系依然纯洁、紧密：园长和教师白天或表面上遭到红卫兵的批判，是个“当权派”；晚上或暗地里，却常常能得到家长的同情、支持。教师仍然全心全意地为幼儿服务，幼儿病了不是打电话请家长来，而是赶快把孩子送到医院去看病，和家长是以情换情，以心换心。

点评：这一时期的幼儿家庭教育指导，被迫服从当时社会“阶级斗争”的需要；与“文化大革命”前相比，家庭访问、来园接待、家长会这些基本的家庭教育指导形式运用的频率大幅度的下降。

[知识概述]

1949年10月1日，中华人民共和国成立。由此，我国的学前教育事业确立了面向工农，为社会主义革命和建设服务的方针；明确了向全体幼儿实施全面发展教育的任务；逐步建设和发展相当数量的各种类型、不同层次、多种形式的学前教育机构；不仅培养了一支德才兼备的学前教育工作者队伍，而且积累了丰富的学前教育事业的经验。

第一节　新中国成立初期学前教育改革（1949—1957年）

新中国的成立，将学前教育推入了一个崭新的发展阶段。政府和主管业务部门为我国学前教育的发展制定了发展方针和一系列的条例规程，使学前教育沿着正确的轨道前进。

一、确定学前教育的性质，任务及发展方针

（一）确定幼儿教育在基础教育中的重要地位

1949年底，教育部召开第一次全国教育工作会议，确定了全国教育工作的总方针，明确了改革旧教育的方针、步骤和发展新教育的方向。会议确定建设新教育要以老解放区新教育经验为基础吸收旧教育某些有用的经验，特别是借助苏联教育建设的先进经验。教育必须为国家建设服务，学校必须向工农开门。教育工作的发展方针是普及与提高的正确结合，在今后相当长的时期内以普及为主，教育着重为工农服务。对中国人办的私立学校，采取保护维持、加强领导、逐步改造的方针。

1951年10月1日，中央人民政府政务院命令颁布了新中国成立以来的第一个学制，即《关于改革学制的决定》。该学制规定了当时我国的教育体系与教育机构，其中包括幼儿教育：实施幼儿教育的组织为幼儿园，收3～7岁的幼儿，使他们的身心在入小学前获得健全的发育。新学制的颁布，使中国人民自己的学校系统以法令的形式明确地建立起来了，它标志着中国劳动人民在文化教育上的新胜利，也标志着人民教育走上了有计划、有系统发展的新阶段。幼儿教育被列入学制体系之中，成为小学教育的基础。至此，自1922年壬戌学制定名的、沿用了30年的“幼稚园”，从此改成了“幼儿园”。

（二）明确幼儿教育的双重任务和教育方针

1952年3月18日中央人民政府颁发试行的《幼儿园暂行规程（草案）》规定：“幼儿园的任务是：根据新民主主义教育方针教育幼儿，使他们的身心在入小学前获得健全的发育；同时减轻母亲对幼儿的负担，以便母亲有时间参加政治生活、生产劳动、文化教育活动等。”据此，新中国幼儿园承担着抚育儿童，使其身心健康发展和便利妇女参加社会建设的双重任务。

为了调动社会各方面力量发展幼儿教育事业，1956年2月，内务部、教育部、卫生部发出《关于托儿所幼儿园几个问题的联合通知》。其中指出：“随着国家经济建设和文化建设的日益发展，今后将有更多的妇女参加生产劳动和社会工作。为了帮助母亲们解决照顾和教育自己孩子的问题，托儿所和幼儿园必须有相应的增加……在城市中由厂矿、企业、机关、团体、群众举办。在农村提倡农业生产合作社举办（主要是季节性托儿所和幼儿园）。教育行政部门在可能的条件下，应有计划地办一些幼儿园。卫生、教育部门并应办好几个托儿所和幼儿园，使他们起示范作用。”

在新中国成立初期，我国经济比较落后，幼儿教育事业的发展单靠国家投资是不可能的。因此确定了公办和民办并举的发展方针，依靠群众动员社会各方面的力量，采取多种形式兴办幼儿园，逐步解决广大人民群众的需要，从而有力地促进了我国幼儿教育事业的发展。

二、学前教育的改革与实施

根据新中国成立初期确定的学前教育的性质、任务、发展方针，对学前教育有计划

地进行了整顿和改造的工作，制定了一系列政策和办法。

（一）接管外国在我国设立的学前教育机构，收回教育主权

中华人民共和国成立后，本着教育独立自主的原则，收回了被帝国主义掠夺的教育主权。1950 年 12 月和 1951 年 1 月，政务院相继颁布了《关于处理接受美国津贴的文化教育机关及宗教团体登记条例》和《接受外国津贴及外资经营之文化教育救济机关及宗教团体登记条例》。按此决定和条例，我国各地接管了美国和其他资本主义国家在我国开办的幼稚园、孤儿院，育婴堂、慈幼院等机构 200 余所，把许多孩子从奴化枷锁下解放出来。收回了儿童教育、儿童福利事业的主权，全面结束了一百余年来帝国主义对中国学前教育事业特权的掠夺。

（二）停办私立幼儿园，向工农子女打开幼儿教育机构的大门

根据 1952 年 9 月教育部《关于接办私立中小学的指示》精神，1952 年至 1954 年期间，教育部陆续接办了全国私立幼儿园，并改为公立。如南京陈鹤琴主办的鼓楼幼儿园、重庆刘文兰主办的景德幼儿园等，都由私立改为公立。

为使劳动人民子女享有受教育的权利，中央教育部采取的主要措施有：1. 废除幼稚园的招生考试制度，经报名登记和核实情况即可，父母双方因工作家中无人照顾的幼儿得以优先录取；2. 日常在园时间从过去的半天予以延长，以利劳动妇女正常工作，并取消寒暑假制度；3. 家庭经济困难的劳动人民子女保教费用可以减收或免收；4. 支持在工人住宅区设立幼儿园。

（三）制定颁布幼儿园规程和幼儿园教学纲要

为切实改革幼儿教育，1951 年中央教育部制定了《幼儿园暂时规程》（以下简称“《暂时规程》”），并于 1952 年 3 月颁布试行。这是新中国发展幼儿园教育的具体纲领。其中规定：

幼儿园的培养目标：培养幼儿基本的卫生习惯，注重其营养，锻炼其体格，保证幼儿身体的正常发育和健康；培养幼儿正确运用感官和语言的基本能力，增进其对于环境的认识，以发展幼儿的智力；培养幼儿爱国思想，国民公德和诚实、勇敢、团结、友谊、守纪律、有礼貌等优良品质和习惯；培养幼儿爱美的观念和兴趣，增进其想象力和创造力。

幼儿园的教养原则：使幼儿全面发展；使教养内容和幼儿生活实际相结合；使幼儿有独立活动完成简单任务的机会，使幼儿习惯于集体生活；使必修作业、选修作业以及户外活动配合进行；使幼儿家庭教育和幼儿园密切配合。幼儿园教养活动项目有：体育、语言、认识环境、图画手工、音乐、计算等。

在学制方面规定：以收 3 足岁到满 7 岁的幼儿为标准；以全日制为原则，幼儿每日在园时间以 8 小时至 12 小时为准；根据需要可办寄宿制幼儿园和季节性幼儿园。为便利妇女工作，以不放寒、暑假为原则，工作人员轮流给予休假。

为了更好地贯彻《暂行规程》，使幼儿体智德美儿方面都得到良好发展，建立幼儿园的保教制度。1952 年 7 月，教育部印发了《幼儿园暂行教学纲要》（以下简称“《暂行纲要》”）。其主要内容包括：各班幼儿的年龄特点和教育要点；体育、语言、认识环境、图画手工、音乐、计算教学纲要。各科教学纲要均包括目标、教学大纲、教学要点和设

备等 4 个方面。

《暂行规程》和《暂行纲要》的制定和试行，明确了幼儿园的双重任务和教养并重的方针，为全面改革旧教育，为逐步建立社会主义学前教育新体系奠定了理论基础。

（四）学习苏联学前教育的理论和经验

新中国成立初期，中央发出了全面向苏联学习的号召。在教育上，也积极学习苏联的经验，进行教育改革。1950 年 9 月，苏联幼儿教育专家戈琳娜被聘为中央教育部幼儿教育顾问，1954 年，由马努依连柯继任。两位幼教专家定期参与教育部对全国幼儿教育情况分析工作，赴上海、天津、南京等地对幼儿师范学校和幼儿园工作进行考察指导，并在北京师范大学开设讲座。苏联幼教理论和经验在我国得到系统而广泛的传播。

在吸收苏联幼教理论的过程中，对我国旧的幼稚教育进行了批判。1919 年前的幼稚教育被全盘否定，如陶行知的“生活教育”理论、陈鹤琴的“活教育”理论受到批判。这种简单化的全盘否定，对继承我国近现代丰富的教育思想遗产危害很大，在一定程度上也阻碍了幼儿教育的发展。

三、学前教育管理体制的建立

1949 年 11 月，中央人民政府教育部成立，在初等教育司内设置幼儿教育处。幼儿教育事业在中央教育部直接领导下迅速发展。

1956 年内务部、教育部、卫生部下发了《关于托儿所幼儿园几个问题的联合通知》。通知决定：各类型托儿所幼儿园的经费、人事、房屋设备和日常行政事宜，均由主办单位（包括教育行政部门、厂矿、机关、团体、部队、学校、群众、私人等）各自负责管理；有关方针、政策、规章、制度、法令、教育计划、教育内容、教育方法、儿童保健等业务，在托儿所方面，则统一由卫生行政部门领导，幼儿园统一由教育行政部门领导。至此，我国的幼儿教育便形成了全国统一的领导管理体系。

四、学前教育事业的蓬勃发展

（一）幼儿园的发展

新中国成立后最初几年，由于领导重视，幼教发展方针积极稳妥，符合国情，切合实际，并与我国当时的经济发展的步调相适应，因而幼儿园以及各级各类幼教专业学校发展逐年稳步上升。不仅教育事业稳步发展，办园的形式也灵活多样，如有整日制、寄宿制、半日制、季节制和临时性的等。说明在这一时期，我国的幼儿教育的发展方针是符合当时我国经济发展水平和幼儿教育发展的现实需要的。

（二）幼儿师范学校的发展

良好的师资队伍是办好幼儿园、发展幼儿教育的关键。为此，新中国成立后，各级教育行政部门十分重视幼教干部与师资的培养与培训工作。一方面，建设从高校到幼师的专业人才培养体制；另一方面，大力开展在职教师培训。

1952 年 7 月颁发的《师范学校暂行规程》规定了“培养幼儿教师的师资”是师范学校的任务之一。幼儿园师资培养工作有了保障。同年，教育部颁布的《关于高等师范学校的规定》中指出：高等学校设置的教育系分设学前教育组，培养中等幼儿园师范学校的专业课教师。根据教育部关于高等学校院系调整的精神，将分散于一些高校的有关专业，适当合并，调整为学前教育专业或幼儿教育系，以便集中力量，切实形成幼儿师范学校师资培训基地。由于政府对幼儿园师资培养的重视和制定了切合实际需要的多种政策，使正规幼儿师范学校与各种培训相结合的手段产生了良好的社会效益，造就了一批中级和高级的幼儿教育的生力军，提高了原有幼教干部和教师的专业水平，对我国幼儿教育起步与发展起着奠定基础作用。1956 年幼儿师范学校由 1950 年的 1 所增加到 21 所，这一批幼儿师范学校后来发展成为全国重点培养幼儿师范的基地。

第二节　学前教育盲目发展与调整巩固（1958—1965 年）

1958—1965 年间，我国的学前教育事业经历了一个曲折的发展过程，出现了盲目发展、教育质量大幅度下降的情况，也阻碍了学前教育理论研究的顺利开展。

一、学前教育的盲目发展阶段

（一）关于学前教育方针的讨论

1957 年，毛泽东在《关于正确处理人民内部矛盾的问题》的报告中，明确提出了社会主义教育方针：“应该使受教育者在德育、智育、体育几方面都得到发展，成为有社会主义觉悟的有文化的劳动者。”1958 年 9 月，中共中央在《关于教育工作的指示》中明确地、系统地提出党和国家的教育工作方针，即“党的教育工作方针，是教育要为无产阶级的政治服务，教育要与生产劳动相结合；为了实现这个方针，教育工作必须由党来领导”。

这两条方针，前者指出了培养目标，后者确定了教育工作的方向。学前教育也必须贯彻党和国家的教育方针。在培养目标上，曾有人提出幼儿园把体育放在首位，是“没有以德育挂帅”的资产阶级教育方针。经过学习和讨论，坚定了结合幼儿特点的体、智、德、美全面发展的方针；在工作方向上，普遍加强了为生产服务的措施和对幼儿的劳动教育。总之，在贯彻教育方针的过程中，既有积极的方面，如想方设法为家长服务；也存在消极的一面，如思想品德教育的成人化，脱离了幼儿的年龄特点等。

（二）幼儿园的迅猛发展

1958 年 5 月，中国共产党第八届全国代表大会第二次会议通过了“鼓足干劲，力争上游，多快好省地建设社会主义”的总路线。继而又发动了“大跃进”运动和农村人民公社化运动，使得高标准、瞎指挥、浮夸风和“共产风”为主要标志的“左倾”错误泛滥。

幼儿教育在“大跃进”中，出现了盲目发展的现象。短时间内，各地幼儿园，特别是农村幼儿园急剧增加，有些地方还将小园合并成几百人的大园。于是在有些城市街道和乡村中，托儿所、幼儿园不顾条件，一哄而起，有的地方提出了“三天托儿化”“一夜托儿化”“实行寄宿制，消灭三大差别”等口号。由于没有足够的物质和资金支持，又脱离了群众的需要，这一大批新发展的幼儿园设施普遍简陋，缺少经费来源，教师水平低下。

（三）师资培训发展迅速

自1955年，教育部决定幼儿园师资由地方教育行政部门设立的幼儿师范学校负责培养，在全国范围内增设了中级和初级幼儿师范学校，增加了幼儿园教师的培养基地。在“大跃进”时期幼儿园师范学校呈畸形的快速发展。在“大跃进”年代的1960年，学校数比1957年增长3.5倍，达89所；在校生69278人，增长了3.5倍多。

（四）学前教育学术进展受阻

1958年出现的“左倾”错误不仅促使了学前教育事业规模和速度的盲目大发展，还导致了矛头指向各学科教学以及在知识分子中开展批判资产阶级的运动。

1958年8月，教育部主办的《学前教育》杂志和《教师报》《人民教育》同时停刊。北京师范大学教育系学前专业的学生还发起了对《幼儿园教育工作指南》（以下简称“《指南》”）批判，《指南》（初稿）是教育部组织编写，经过征询意见，即将作为我国幼儿园教育工作的指导书印发全园使用。此时突然地遭到否定性的批判，导致了幼儿教育的理论与实践的极度混乱，是非、正误混淆。此后在理论教学及幼儿园教育中大量出现了口号化、成人化、形式化的错误，幼儿教育几乎失去了它自身的特点，教育质量显著下降。

在批判中还错误地牵连、伤害了一些教师，影响了学术研究与学术争鸣。南京师范学院院长陈鹤琴教授被强加上“文化买办”“冒牌学者”等污蔑之词，他的儿童教育思想被全盘否定和批判。南京师范学院附属小学的优秀教师斯霞所倡导的“母爱教育”也遭到批判，认为“母爱”“童心”就是抹杀教育的阶级性，不要无产阶级方向，不要阶级教育。这对幼儿教育界一向强调的教师对幼儿要有“爱心”，也起到了干扰作用。

1961—1962年，虽然对《指南》（初稿）重新做了评价，认为应该重新认识根据儿童年龄特点进行教育的必要性，但批判时出现的大量口号化、形式化、成人化的错误，对幼儿教育学术研究的影响则是长远的。

二、学前教育的调整巩固阶段

为促进经济形势的根本好转，中央一方面对“左倾”错误思想和行为进行了适当的纠正，另一方面提出了“调整、巩固、充实、提高”的方针。在此方针指引下，学前教育机构根据经济、师资等实际条件采取了保留、撤销、充实等手段，朝着巩固和提高的目标逐步恢复正常发展秩序。

（一）幼儿园的调整与发展

教育部提出：幼儿园的发展，宁可慢些、少些，但要好些。在城市中的幼儿园以提高质量为主，条件不成熟时民办园要调整、收缩。

经过切实的调整工作，到1961年幼儿园数比1960年下降92.3%，1965年的幼儿园数和入园幼儿人数，比1962年分别增加了9%和18%，略高于1957年的数字。调整后，幼儿园重新开始了逐年稳步地回升发展。

（二）师范学校的调整与发展

1961 年 10 月 25 日—11 月 2 日，教育部召开全国师范工作会议。1962 年 1 月《教育部党组关于全国师范教育会议的报告》明确指出要重视幼儿园师资培养，“3 年制的幼儿师范，主要是培养大、中城市重点幼儿园的教养员，目前不能多办”，“应该多办初级幼儿师范，招收相当于高小毕业程度的青年，培养成为城镇和农村幼儿园内教养员，学习时间的长短，可以因地制宜”。经过调整和整顿，1963—1965 年期间，中级幼儿师范学校稳定在 19 所，每年在校生 5000 人左右。从此，培养幼儿园教师由初级幼儿师范转为以中级幼儿师范为主（1958 年初级幼师生占在校生总数 62.2%，1959 年下降为占 45%，1962 年下降至只占 3%），幼儿园教师的水平得到逐步提高。

三、调整巩固阶段存在的问题

自 1961 年开始的调整工作，纠正了幼儿教育中一些“左”的错误，但同时也出现了一些新问题。例如，主管全国幼儿园工作的领导机构——中央教育部幼儿教育处被撤销，仅保留一名原幼教处干部在普通教育司综合处处理有关日常事务。此后在相当长的一段时间内，教育部基本上没有对幼儿教育工作下发文件指示，幼儿教育的发展与提高受到相当程度的影响。再如，我国当时仅有的 5 所师范院校中的学前教育专业于 1962 年后相继停止招生，致使高层次幼教专门人才培养中断，大大影响了我国幼教理论的提高与发展。

第三节　学前教育遭受全面破坏（1966—1976 年）

“文化大革命”自 1966 年 5 月开始，至 1976 年 10 月告终，在这十年中，幼儿教育被视为推行修正主义路线的典型，受到空前的摧残，给我国学前教育的发展，造成严重损失。

一、教育方针被严重歪曲

“文化大革命”的十年中，对新中国 17 年的教育，进行了彻底否定与批判。把学前教育视为推行修正主义路线的典型，对全面发展的学前教育方针进行严重的歪曲，对四育的任务和内容全面地横加批判。

首先歪曲体育，把原先科学、合理的各种体育设施和措施都当作资产阶级生活方式予以批判。对幼儿园体育工作的科学内容全部加以抛弃，致使幼儿园失去了科学的生活管理，合理的生活制度不要了，营养计算、体格检查不做了，幼儿的生活卫生习惯培养也被取消了。普遍将饭后使用餐巾擦嘴，用水漱口这样一些对幼儿讲卫生、保健康十分必要的措施，统统作为资产阶级生活方式加以取消。幼儿的体育活动和基本动作训练也被“集体放羊”而取代。一时间兴起了供成人欣赏，不利儿童身体健康的大型体操表演和大型运动会。

在智育方面，把传授知识、发展智力都作为智育第一加以批判。《人民日报》等报刊对《园丁之歌》进行围剿，儿歌、故事、童话等文艺作品均被视为封建主义、资本主义、修正主义的糟粕。幼儿园中不进行智育，不引导幼儿认识周围环境与生活，更不启发幼儿的智力活动，例如，幼儿园中不进行自然常识教育，不玩智力游戏，批判直观教具为脱离实际，不予使用。由于否定智育，造成幼儿生活贫乏，智力发展受到阻碍。

在德育方面，以空头政治代替德育的全部内容，以“极左”的政治口号代替日常行为规范。例如，幼儿园增设了“政治课”，让幼儿大量地死记硬背他们并不能理解的毛泽东语录和诗词，让幼儿和成人一样参加所谓“革命大批判”“批林批孔”“评法批儒”，对幼儿讲路线等，幼儿鹦鹉学舌般地转述，常常由于不理解而笑话百出，这些德育内容更无法使幼儿付之行动。对那些能指导幼儿行为的德育内容，如文明礼貌、互助友爱、五爱教育等均被排斥于德育内容之外，因而根本不向幼儿进行基本行为品德的培养和性格的塑造。

在美育方面，把美育视为资产阶级教育的内容，将追求美视为资产阶级思想的表现。幼儿教育中凡涉及美的教育统统禁止，如不讲环境布置，不讲仪表装束，音乐、美术、文学的活动只能作为政治教育的工具被使用，而不能发挥其美育的功能，不去引导幼儿欣赏、领会各种艺术品，极大地阻碍了幼儿美丑的辨别力，美的感受力和美的创造力的发展。

二、管理体制遭到彻底破坏

广大幼教工作者在工作中长期积累形成的幼教管理制度，被视为“管、卡、压的手段”进行批判；幼儿园中人员的合理岗位分工被扣上“资产阶级法权”的帽子而取消，园内各类工作由勤杂工、保育员、园长轮流担任；把园长作为走资本主义道路的当权派批斗，把优秀教师作为修正主义黑干将、反动学生权威进行人身攻击，政治和专业条件并不强的工作人员获取幼儿园的领导权。有的幼儿园园舍、场地被占用，人员被任意调离，幼儿园惨遭解散。幼儿园脱离了科学管理的轨道，处于混乱状态，严重危害了幼儿身心健康发展。

三、师资培训被全面取消

在“文化大革命”中，全国19所幼儿师范学校统统被取消，有的改为普通中学，房舍被占，图书、钢琴等教学设备被毁坏，教师被迫改行，正规的中级幼儿教育师资的培养中断了10多年。全国当时只剩下一所浙江幼儿师范学校，该校在经过了“停课闹革命”后，至20世纪70年代初才开始举办短期培训班。高等师范学校的学前教育专业，也只有南京师范学院保留了全部人员，并于70年代初开始为工厂、农村培养幼儿师资。可见在“文化大革命”期间，幼儿教育的师资培养几乎处于停滞和消亡的状态。

四、幼儿教育生机缓慢回升

“文化大革命”的十年使我国幼儿教育事业遭到空前灾难。不过，值得欣慰的是，有的地区在重重困难之中，仍然本着对幼教事业的忠诚，坚持着正确的办园道路。随着计划生育政策的执行，优生优育同幼儿教育事业联系了起来，促进了幼儿教育事业的回升。

1975 年，卫生部妇幼局在江苏省如东县召开了妇幼保健、优生优育、幼儿教育座谈会。此后，江苏省乃至全国推广了如东县三项工作一齐抓的工作经验。江苏省委宣传部通知南京师范学院幼教系教师赴如东县辅导和培训幼教师资，1972 年如东县幼儿入园率已达 80%，成为全国农村幼儿教育发展的一面旗帜。有的地方逐渐恢复或重建幼儿师范学校，北京市幼儿师范学校在 1975 年恢复。全国幼儿园从 1965 年的 1.92 万所增加到 1973 年的 4.55 万所，在园幼儿从 171.3 万人增加到 245 万人。到 1976 年，全国幼儿园增加到 44.26 万所，在园幼儿增加到 1395.5 万人。

第四节　学前教育的拨乱反正与改革振兴时期（1976—1989 年）

1976 年秋，党中央粉碎了“四人帮”结束了十年混乱动荡的局面。1978 年 12 月，党的十一届三中全会召开，国家进入了社会主义建设发展的新时期，学前教育也进入振兴和发展的新阶段。

一、政府加强对学前教育工作的领导和管理

党和政府为了大力加强对学前教育的领导和管理，采取了一系列行之有效的措施。

（一）恢复与建立学前教育管理机构和体制

1978 年原教育部恢复后，在普教司中恢复了幼儿教育处，对全国城乡各类型幼儿园实行方针、政策及业务上的工作指导。省（自治区）、市、县、街道或乡镇的教育部门，陆续设立了幼儿教育的专门机构或设专职人员负责幼教工作。有的农村乡镇设幼教辅导员，一些大城市还设有幼儿教育教研室。

1987 年 10 月，国务院办公厅转发的国家教委等部门《关于明确幼儿教育事业领导管理职责分工请示》中规定幼儿教育事业“必须在政府统一领导下”，实行“地方负责，分级管理”和“有关部门分工负责的原则”。并规定“有关幼儿教育工作中的重大政策问题，由国家教委牵头，有关部门参加，共同研究”“属于各部门分工的工作，又需同其他部门共同研究的重要问题，由主管部门牵头，有关部门参加”，既突出了幼教事业的教育属性，又显示了计划经济体制下依靠行政加强领导，多渠道发展幼儿教育事业的特点。

我国的托幼工作已建立了由上至下实行统一领导，地方分级管理的领导体制，兼设托幼工作的有关业务部门，则按其分工责任，对托幼工作给予指导和支持。今天我国托幼工作能够健康发展，正是得益于这一整套较为健全的管理体制。

（二）颁布多种学前教育法规

为使我国学前教育沿着规范化、科学化的发展道路健康发展，“十一届三中全会”以来，党和政府采取了各种措施，制定了一系列的法规。

1979 年 11 月 8 日教育部颁发了《城市幼儿园工作条例（试行草案）》（以下简称“《城市条例》”）。《城市条例》包含总则，卫生保健和体育锻炼，游戏和作业，思想品德

教育，教养员、保育员和其他工作人员，组织、编制及设备等6个部分。

1980年卫生部、教育部联合颁发了《托儿所、幼儿园卫生保健制度（试行草案）》，1985年卫生部进行了修订。该制度就托儿所、幼儿园合理的生活制度、饮食营养、体格锻炼、健康检查、卫生消毒与隔离、防病工作、安全制度、儿童健康记录及与家长进行卫生保健联系等多项工作，做出了详尽、明确的规定，促使托儿所、幼儿园的卫生保健工作有章可循，确保幼儿的健康与安全。

1981年10月31日，教育部发出《关于试行幼儿园教育纲要的通知（试行草案）》，作为“各类幼儿园进行教育工作的依据”，要求各地幼儿园结合实际试行。此通知包括幼儿年龄特点与幼儿园教育任务，幼儿园教育的内容与要求，教育手段及注意事项等三大部分。此通知将1952年的“教学纲要”改为“教育纲要”，这一字之差更体现了幼儿园根据幼儿的年龄特点，突出其主要工作是“教育”而不仅仅是“教学”；教育内容扩展为生活卫生习惯、思想品德、基本动作发展、常识、语言、计算、美工、音乐8个方面；强调教育任务、内容、要求应通过游戏、体育活动、上课、观察、劳动、娱乐和日常生活等教育手段来完成，以防止幼儿教育小学化和成人化。此纲要使幼儿园教育有章可循，起到了拨乱反正、提高教育质量的作用。

1987年3月，劳动人事部、国家教育委员会联合颁发《全日制、寄宿制幼儿园编制标准（试行）》。规定班级的规模，小班（3~4岁）20~25人，中班（4~5岁）26~30人，大班（5~6岁）31~35人。教职工与幼儿的比例，全日制幼儿园为（1:6）~（1:7），寄宿制幼儿园为（1:4）~（1:5）。主要教职工的配置比例，园长：3个班以下的幼儿园设1人，4个班以上设2人，10个班以上的寄宿制幼儿园设3人；专职教师：平均每班配2~2.5人；保育员：全日制幼儿园平均每班配0.8~1人，寄宿制幼儿园平均每班配2~2.2人；还规定了炊事员、医务人员、财会人员的比例。关于示范和实验性幼儿园的编制，可参照上述标准具体掌握。

1987年9月，城乡建设环境保护部、国家教育委员会颁布《托儿所、幼儿园建筑设计规范》，规定了生活用房、服务用房、供给用房和游戏场地的面积标准与要求，以及给水与排水、采暖与通风、电气等的标准与要求。

1989年6月颁布《幼儿园工作规程》（以下简称“《规程》”）。此《规程》是幼儿园内部的工作法规，对全国各类别幼儿园均属有效。在《规程》中贯穿了国家对幼儿教育的基本指导思想，把儿童发展放在首位，创造和谐的环境，实行保育与教育相结合的原则，对幼儿实施体、智、德、美全面发展的教育，促进每个幼儿身心和谐发展。《规程》充分考虑了我国幼儿园差别的明显存在，条款中体现了原则性与灵活性的结合，从而对推进工作更具指导意义。

（三）编写幼儿园教材及幼儿园教师培训教材

在《幼儿园教育纲要（试行草案）》颁布以后，为配合纲要的贯彻实施，教育部便组织全国幼儿园优秀教师与幼教理论工作者编写幼儿教师用书一套共7种，由《体育》《语言》《常识》《计算》《音乐》《美术》《游戏》各册组成。上海教育出版社还为《纲要》配印了全套教学挂图。人民教育出版社也编写了有关读物。这样重视和有计划地出版幼儿园教材及有关教学用书，在新中国成立后还是首次。

针对农村幼儿教师多数未经过系统专业培训的实际，原教育部初等教育司于1984年组织有关力量编写了一套12种13册的农村幼儿园教师培训教材，包括幼儿教育学、幼儿教育心理、幼儿卫生、语言教学法、常识教学法、计算教学法、体育教学法、音乐教学法、美术教学法、幼儿园玩具教具制作、音乐基础知识（两册）、幼儿园舞蹈和歌曲。由人民教育出版社1987年后陆续出版。

二、多渠道、多层次、多形式地发展学前教育事业

从1976年到1989年的十几年里，在各级政府的高度重视和正确的学前教育方针及法规的指导下，幼教改革振兴的成果是显著的。幼儿园的数量和质量的发展，幼儿教师的数量发展和水平提高，都是前所未有的。

（一）幼儿园的发展

在学前教育的拨乱反正与改革振兴时期，各类幼儿园得到了较快的发展，特别是厂矿、机关、学校和农村幼儿园的较快发展。

统计数字说明，除1981—1983年减少外，10年来幼儿教育出现了稳步发展的大好形势，幼儿园数一直稳定在17万余所，而入园幼儿数却一直保持增长的趋势。如1989年的入园幼儿数1847.66万人，比1979年的879.23万人增加了一倍以上。此期间幼儿入园率是逐渐提高的，如1983—1989年，历年的入园率为17.2%、19.6%、21.5%、23.9%、28.2%。

（二）师资队伍的建设

十年动乱造成了幼儿师资的严重不足，对幼教事业的恢复和发展带来极大的困难，为此，必须积极发展幼儿师范教育，同时抓紧在职教师的培训工作。十年来经过各级政府和师范院校的努力，我国的幼教干部和师资培训工作有了较大的发展。

1. 高等师范院校学前教育专业的发展和改革

高等师范学校，学前教育专业以培养幼儿教师为目标。据1987年统计，共有22所师范院校设置了学前教育专业。另在上海幼儿师范学校的基础上，成立了上海幼儿师范专科院校，实行三、二分段（即中专3年，大专2年），培养幼儿园的骨干教师。从20世纪80年代初起，北京师范大学和南京师范大学学前教育专业设有2个硕士点，培养高校教师及科学研究人员。

教育改革主要反映在：（1）改革招生制度，除招普通高中生外，从20世纪80年代末起招收有5年以上工龄的有实践经验的幼儿教育工作者。（2）改革课程设置，改变以往高师、中师都是以“三学六法”一贯制的情况，增加了比较教育、研究方法以及操作技术方面的工程，并注意吸收国内外最新研究成果，更新教学内容。（3）增强实践环节，包括结合教学的调查、观察、实践等以及集中进行社会调查、教育实习等，以培养学生理论与实践相结合的能力。（4）加强教材建设。从20世纪70年代末起，教育部即组织力量编写高师学前教育专业的各种教学用书，并分别纳入国家的“六五”和“七五”规划。这在中国学前教育史上是一项开创性的工作。

2. 中等幼儿师范学校的发展与改革

幼儿师范学校是培养幼儿教师的主要阵地，党和政府要求迅速恢复原有的幼儿师范学校，并要做到每个省和直辖市至少有一所独立的幼儿师范学校。几年来，各地教育行政部门对恢复与发展幼儿师范学校给予重点资助，因而发展迅速，从1978—1979年，幼儿师范学校从1所恢复到22所，以后逐年增加。1989年独立的幼儿师范学校63所，为1965年19所的2.3倍；在校学生35498人，为1965年5267人的5.7倍；毕业生10956人，为1965年861人的11.7倍。各地幼儿师范学校均有较完善的教学设备，师资力量经过几年的增添与培训已达到合格水平，幼儿师范学校承担了为地区培养骨干幼儿师资的任务，同时还承担了在职幼儿教师培训和幼教教研任务。幼儿师范学校在各地培养幼儿园新师资的工作中起着示范作用。

此外，20世纪80年代初还出现了一种新颖的师训机构，即职业高中幼师班，以弥补幼儿师范和普通师范附设幼师班的不足。这类幼师班同样招收初中毕业生，学制2~3年，学生毕业后自谋出路，不包分配。

3. 在职教师的进修与提高

由于幼儿园的迅速发展，新师资的培养跟不上幼儿园发展的需要，致使大多数教师未经过专业训练。同时，培训幼儿园师资的教师也需增补和提高。

1986年底，各地教育行政部门开始对幼儿园教师进行考核。根据规定，不具备国家合格学历的幼儿园教师，应参加《教材教法考试合格证书》和《专业合格证书》的考试，这为幼儿园教师评定职称打下了基础，同时又促使幼儿园教师全面提高自己的文化、业务水平。据1987年统计，全国取得《专业合格证书》的有5765人；到1988年，共有21952人；1989年为35366人。

总之，经过多方努力，教师队伍逐年扩大，学历层次逐渐提高，通过专业培训大批在职幼儿教师教学能力逐步提高，培养出了一大批深受社会欢迎的优秀教师。

三、开展科学研究，促进学前教育改革

幼儿教育科学研究的发展，是幼儿教育发展水平的重要标志。十年动乱前，我国的幼教科研只在较小的范围内进行，没有专门的幼教科研机构和群众性的幼儿教育组织，科研的开展是比较落后的。20世纪70年代末开始建立专门的科学研究机构和群众性的科学研究组织，开展了某些课题的研究。经过十几年的努力，取得了一定的成果，对繁荣学前教育科学、提高学前教育工作者的理论水平和实际教育工作质量，起着积极的推动作用。

（一）学前教育科学研究机构的建立

1978年7月，恢复了中央教育科学研究所，设立了“幼儿教育研究室”。这是我国第一个国家级的幼儿教育研究机构。除了中央教育科学研究所的幼儿教育研究室外，在全国先后建立的36个省（市）、自治区及计划单列市的教育科学研究所中，辽宁等7个省、市都设有幼儿教育研究机构；北京等13个省（市）、自治区的教育科学研究所内设有专职幼儿教育科研人员。各级幼儿教育科学研究机构及教育行政部门还相互协作，从而培

养了科学研究人才，推动了全国学前教育科学研究工作的开展。

（二）学前教育学术团体的成立

1979 年 11 月 3 日，中国教育学会幼儿教育研究会在南京成立，紧接着举行第一届学术会议。幼儿教育研究会于 1982 年和 1985 年相继召开了第二届和第三届全国学术年会，学术交流的主题有新中国成立以来的幼教经验，幼儿园的爱国主义教育，幼儿园教育改革等。地方省市也纷纷建立本省、市的幼儿教育研究会，定期召开学术年会。不论全国还是地方的幼儿教育研究会，在组织科研队伍和推进群众性幼教科研活动方面，都起了积极的促进作用。

（三）学前教育主要研究课题及成果

20 世纪七八十年代所研究的主要课题及成果举例介绍如下：

1. 总结我国幼儿教育的经验，重点总结“新中国成立以来的幼儿教育”

1979 年中央教科所幼儿教育研究室主持“建国 32 年来幼儿教育的历史经验和教训”的课题研究。1982 年由中央教科所幼儿教育研究室撰写成论文《回顾与展望》。

2. 对我国现代教育家陶行知、陈鹤琴、张雪门、张宗麟等人幼儿教育思想的研究

先后出版了《陶行知幼儿教育的理论和实践》《陈鹤琴教育文集》（上下卷）、《陈鹤琴全集》（第一卷、第二卷）、《张雪门幼儿教育文集》及《张宗麟幼儿教育论文集》等书。

3. 加强对幼儿体、智、德、美教育方面的研究

体育方面的课题有“我国幼儿形态、机能、基本体育活动能力的调查研究”“幼儿园幼儿膳食营养调查与实验研究”，这两项由中央教育科学研究所与各省、市协作进行。《幼儿一日生活组织》的研究，是全国幼儿教育研究会组织的，其他如幼儿体育课的密度、三浴锻炼等的研究，也取得显著效果。智育方面的课题有“幼儿园 3 ~ 6 岁儿童言语发展的特点和教育的研究”，由中央教育科学研究所与 10 个省市协作进行，该研究成果已写成综合论文编入《中国儿童青少年心理发展特点和教育》一书；以发展幼儿观察力和创造力为中心的实验研究，由北京师范大学学前教育专业和该校实验幼儿园合作进行，成果已发表。在德育方面的课题有幼儿友好关系爱祖国教育、劳动教育和“幼儿德育大纲”，北京师范大学学前教育专业研究的“幼儿园德育大纲”先后在 27 所幼儿园进行为期 3 年的验证、实验研究，已有成果。美育方面的研究，无论在美术教育和音乐教育方面，还是在发展幼儿的审美情操及创造力的培养等方面都做了重点研究，上海和南京师范大学学前教育专业已有不少论文和专著。

4. 农村幼儿教育的调查和实验研究

中央教育科学研究所幼儿教育研究室于 20 世纪 80 年代初期开始调查农村幼儿教育，1987 年开始与河北省教委合作，对农村幼儿教育进行宏观和微观的研究，以探索农村幼儿教育事业发展和提高的特殊规律。

5. 幼儿园课程结构的实验研究

1983 年起南京、北京、上海等地先后开始课程改革的实验研究，旨在克服现行幼儿园课程结构的弊端，探索新的课程结构，以利于幼儿身心得到充分的发展。他们学习中、

外历史上和当代的课程理论，借鉴系统论、认知建构理论及人类发展生态学等理论，结合中国的国情，探索多种课程模式，目前主要有以下几种：南京师范大学与南京市实验幼儿园的“幼儿园综合教育结构”；中央教育科学研究所与北京市崇文区教育科学研究所等协作进行的“幼儿园综合教育”；上海长宁区教育科学研究所与愚园路第一幼儿园合作进行的“幼儿园综合性主题教育的实验”；南京师范大学与鼓楼幼儿园协作进行的“活动教育课程”；东北师范大学教育系与该校实验幼儿园的“整体教育课程”等。

这些科研对我国的幼教改革实践产生了深刻而广泛的影响，对于探索有中国特色的学前教育新局面具有重要意义。

第五节　张雪门的学前教育理论与实施

一、生平和主要教学活动

张雪门（1891—1973），浙江鄞县人，我国著名的学前教育专家。他是 20 世纪三四十年代我国幼教界的“南陈北张”中的北张，对北方和台湾的幼教影响很大。1918 年，张雪门创立了星荫幼稚园，这是宁波市第一所中国人自办的幼稚园。1920 年 4 月，办了宁波市第一所两年制的师范学校，亲自担任校长。1924 年，在北平大学任职期间，译著了《福禄倍尔母亲游戏辑要》和《蒙台梭利及其教育》两本书。1926 年拟定了“幼稚园第一季度课程”，并在《新教育评论》上发表。1932 年，到北平民间大学、中国大学、天津女子师范学院讲授《幼稚教育》。1947 年，任台北育幼院院长。之后，陆续写下《幼稚园课程活动中心》《幼稚园行为课程》《实习三年》《幼儿的发现与创作》《幼教论丛》等十几本专著，为幼儿教育理论的建设做出了重要的贡献。

张雪门一生为幼儿教育留下了 200 多万字的著作，其主要的专著和论文已收入《张雪门幼儿教育文集》，分上、下两卷，由北京儿童出版社于 1994 年出版。

图 6－1　张雪门

二、论幼稚园教育的目的

张雪门根据教育目标的不同，把中国幼稚教育分为 4 类：

（一）以培植士大夫为目标的幼稚教育

他认为清末仿效日本办理的蒙养院就是属于这一类。他们向孩子灌输的是陈腐的学问和忠孝道德，管理是严格而刻板的，完全是为造就士大夫服务。他在 1933 年发表的《我国三十年来幼稚教育的回顾》一文中，对这类日本式蒙养院在管理上严肃主义的弊端揭露得非常具体。

（二）以培养宗教信徒为目标的幼稚教育

张雪门指出，教会办的幼稚园，都是以宗教为本位的，他们在教育目标方面，总是以基督教教徒为标准，力图通过宗教教育毒害幼儿，使之将来成为虔诚的信徒和奴隶。他指出此类教育不顾孩子的天性，完全把幼儿当做教徒来培养。张雪门对这种侵略式的教学深恶痛绝，在他的教育著作中抨击了这种奴化教育。

（三）以发展儿童个性为目标的幼稚教育

他指出从意大利和美国传入我国的儿童本位思想完全不适应我国当时的国情和时代的需要，认为教育如果不考虑社会需要，那就没有多大效果。

（四）以改造中华民族为目标的幼稚教育

张雪门认为教育是改造中国的关键，而幼稚教育应居首位。他强调目前的儿童，便是下一代的民族，就要肩负起中华民族应负的使命，儿童虽小，也决不例外。这也是他所倡导的幼稚教育的目的。他提出了改造民族幼稚教育的4项具体目标：“一是铲除我民族的劣根性；二是唤起民族的自信心；三是养成劳动与客观的习惯态度；四是锻炼我民族为争中华之自由平等而向帝国主义做斗争之决心与努力。”基于这种认识，他主张幼稚教育必须根据三条原则：一是中国的传统文化；二是国家民族的需要；三是儿童的心理发展。因为这样才能培养儿童的伦理观念、民主生活和科学头脑。他认为幼稚教育的目标必须随时代的前进而改变，应符合时代的需求和造就中华民族优秀的新一代的要求。

三、论幼稚园的行为课程

张雪门于1966年出版了《增订幼稚园行为课程》一书，初步形成了他的“行为课程”的理论和实践体系。在70年代出版了《中国幼稚教育课程研究》，对幼稚课程做了进一步探讨。

（一）幼稚园行为课程的含义

什么是课程？张雪门认为：“课程是经验，是人类的经验。用最经济的手段，按有组织的配置，用各种方法，以引起孩子的反应和动作。”什么是行为课程？他说：“生活就是教育，五六岁的孩子们在幼稚园生活的实践，就是行为课程。”可见，生活和实际行为是行为课程的两大因素。首先，他认为这种课程“完全依据于生活，它从生活而来，从生活而展开，也从生活而结束，不像完全限于教材的活动”。在他看来，行为课程应自然地融合在儿童的生活中。可见，行为课程理论中贯穿了幼稚园教育以生活为中心，使教育生活化的理论。其次，他认为行为课程应当注意实际行为（即行动、活动、做事）并把生活和行动看作相互联系的整体。通过个体与环境的接触产生直接经验。人生下来本是一无所知的，通过与环境的接触，获得人生的基本经验，在此基础上才能扩充儿童的生活学习的知识。所以他要求教师要运用自然和社会的环境来扩充儿童的知识。教材的目的在于扩充儿童的生活，但是仅凭抽象的言语或线条的图画，幼儿是很难掌握并领悟的，而运用自然和社会的环境作为辅助将会改进这种情况。

（二）实施行为课程的实施

如何按照上述行为课程的要求组织幼稚园的课程呢？他认为幼稚园课程是为幼儿所

设计和准备的，其课程的组织与小学、中学和大学各级学校的课程不同，它有自己的特点和要求，应能促进儿童健康活泼的发展。其特点有三：

1. “幼稚生对于自然界和人事界没有分明的界限，他看宇宙间一切的一切，都是整个儿的。”所以编制课程时如果分得太清楚、太有系统，反不能引起儿童的反应。

2. “在幼稚生时期，满足个体的需要，实甚于社会的希求。”所以编制课程时，应兼顾社会和个体两方面的需求。

3. “幼稚园的课程，须根据儿童自己直接的经验。”虽然这种经验不如传授式的经济和整齐，但对于幼儿来说，意义重大。可见他十分注重幼稚园课程的整体性、个体性和直接性。

此后他于20世纪70年代初出版的《中国幼稚园课程研究》一书中，又在总结40多年研究经验的基础上，进一步提出了组织幼稚园课程的一些标准和要求，如：“课程须和儿童的生活联络，是有目的有计划的活动，事前应有准备，应估量环境，应有相当的组织，且需要有远大的目标。各种动作和材料全须合乎儿童的经验能力和兴趣。”

幼稚园的行为课程在实施上，应注意以下几个原则：（1）课程的设置要经过人工的精选。在设置课程时需要考虑，儿童在这一活动中能够学到什么，能够提高儿童哪方面的能力，是否具有一定的代表性等。（2）他主张“在劳动上劳心”要求儿童在活动的同时，也要注意培养智能和感情的东西。（3）课程应来源于儿童的生活，但又要高于儿童的生活，也要有远大的客观目标。由于儿童的生活范围有限，又加上有些现象由于环境关系，接触的机会比较少，所以要把儿童培养成下一代的主人翁，有必要进一步扩充儿童的生活。

（三）幼稚园行为课程的教学法

他指出行为课程的要旨是以行为为中心，以设计为过程。所以行为课程的教学方法应当是起于活动而终于活动的有计划的设计。行为课程既经设计，则应根据设计精选有助于幼儿生长进步的自然的良好行为，指导进行。同时在进行中须把握住远大而客观的标准，并注意劳动中亦须劳心的原则。由于行为课程的教学方法系采取单元教学，它一般是先根据幼儿的学习动机，决定学习目的，再根据目的估量行为的内容。行为课程的内容可以包括幼儿的工作、游戏、音乐、故事、儿歌，以及常识等科的教材。但在实施时，则应彻底打破各学科的界限。在活动进行中，教师应在各科教材中选择与学习单元有关的材料，加以运用，适当配合幼儿实际行为的发展，使各科教材自然的融会在幼儿生活中，力求做到从生活中来，从生活中发展，也从生活中结束。采用行为课程教学法，教师在课程进行前要准备教材、布置环境、详拟计划；在课程进行中，教师要随时巡视指导，不重讲解，而着重指导幼儿行为的实践，使幼儿在活动中养成负责守法、友爱互助等基本习惯。行为课程的教学结束后，评量与检讨也是重要的一环，教师能以此了解幼儿的知识、思考、习惯、技能、态度、理想、兴趣等方面的成就，作为改进教学的参考。至于单元的选择，则须配合教育宗旨、教育政策、社会需要及幼儿的能力 。

综上所述，张雪门的幼稚园行为课程的基本思想是“生活即教育”“行为即课程”。其目标兼顾个体和社会的需要，其内容来自周围生活环境，其方法采用单元设计教学法，其实施则以行动为中心，反对成人的灌输知识的方法，主张尊重儿童的特点，联系儿童的生活，引导儿童在自然和社会环境中学习，培养儿童的生活能力。

四、论幼稚师范教育

幼稚师范教育思想是张雪门的幼稚教育思想的重要组成部分。张雪门的幼稚师范教育思想和实践有一个十分鲜明的特点，就是他非常注意实践，从一开始起就从“骑马者应从马背上学”这一基本指导思想出发把见习和实习放在突出的重要地位。对于幼稚师范的见习和实习张雪门曾做过系统的论述：

（一）关于见习、实习的场所

他认为幼师生的实习场所应有 4 种单位：

1. 中心幼稚园

幼稚师范设立的中心幼稚园是供幼师生获得教育幼儿的实际经验的重要实习基地。中心幼稚园的教师，既是幼儿的教师，也是幼师生的导师。幼师生通过在中心园的实践，可以奠定学习幼稚教育、从事幼稚教育、热爱幼稚教育事业的基础。

2. 平民幼稚园

这是幼师生第二学年实践的主要场所。当时北平幼稚师范校内外共有平民幼稚园五六个之多。它们均是借用正规幼稚园的园舍设立的，于是幼师生的实习活动便从商借园舍开始，然后进行生源的社会调查，宣传动员经济贫困的家长送幼儿入园来免费受教育。在幼儿入园后，幼师生则在园内轮流担任园长、教师、会计、采购等工作，通过这种实习可以使幼师生具有独立从事幼稚园各种工作的能力。

3. 婴儿教保园

当时香山慈幼院的婴儿教保园，收托初生到四周岁的儿童，规模较大、设备讲究，对婴儿的保健、营养、教育都很重视。在这里幼师生通过卫生保健、儿童营养、膳食烹饪、婴幼儿服装裁剪制作等方面的实习，可以了解婴幼儿的身心特点及婴儿保教的基本常识。

4. 小学

通过在小学的参观和实习，可以使幼师生了解幼儿在入小学前在知识、行为、兴趣、态度等方面应如何做好准备，为入学打好基础。

除以上几种实习和见习之外，他还主张组织学生下乡举办乡村幼稚园，使学生了解农村迫切需要幼稚教育的情况，进一步体会幼稚教育的社会价值，从而坚定其要百折不挠地为幼稚教育事业献身的决心。

（二）关于见习、实习的时间安排

在三年中，他规定第一学年每周实习为 9 学时，分 3 次进行。先参观本校中心园的园址、园舍、设备、教具、教学设计、各科教学、游戏，以及教师的态度、技能、兴趣、习惯、仪表，教师对幼儿发生问题的处理等，使幼师生对幼稚园有个基本概念。然后参观各类型的幼稚园，使师范生开阔眼界、扩充知识，研究、比较、探讨适合我国国情的幼稚教育。最后是参与实习，每周有三个上午到中心园实习教育教学活动，以形成幼师生的基本观念和教学能力。第二学年的实习时间则主要由学生自己支配。在平民幼稚园里，从建园到管理，都让幼师生独立完成。第三学年的第一学期，一半时间在婴儿园实习，另一半时间到小学实习，使幼师生对幼稚园的两端都有所了解，知道如何使各阶段教育相互衔接；第二学期则全班下乡，开办农村幼稚园，使幼师生确立为城市平民及乡村农民的幼稚教育而献身的志向，忠诚于贫苦的劳动人民的教育事业。

（三）关于实习的组织

张雪门把上述这种实习计划，称为“有系统组织的实习”，他认为这种有系统组织的实习必须符合以下几个条件：“第一须有步骤，第二须有范围，第三须有相当时间，第四更须有适合的导师与方法。”

同时，他指出这种实习的进行步骤大体上可分为 4 大阶段：第一是参观，时间为一个学期，其对象为建筑、教具、工具、材料等设备，师生的仪表、态度与兴趣，对幼稚生习惯积极或消极的处置，工作、游戏、文学等教学过程以及整个的设计。在这一时期指导的教师，应以担任实习的导师为主，幼稚园教师为辅。……在参观时期的师范生，唯一注重的是培养对幼稚园的基本观念。第二是见习，时间也是一个学期，从供备材料开始，一直到整个设计活动中的参与。在这一时期指导的教师，应以幼稚园教师及担任实习的导师为主。……见习的地点，也以自己的中心或附属幼稚园为宜。第三是试教，这一时期定的是一个学年。凡指定幼稚园中的招生、编级、选材、组织课程、指导活动、编制预算决算，以及一切教学上、教师业务上、幼稚园行政上的处理，都由二年级的师范生来担任，担任实习的导师反退居于顾问地位。第四是辅导，时间也是一个学年。辅导在纵向方面是由儿童的队伍出发，向儿童家庭推进的是家庭访问，亲职教育；同时更由个案工作求得整的联络向学校单位前后延伸到托儿所和小学低年级。横向方面是向广大的社会联系，包括社区调查、营养站、卫生站、辅导会、导生班。这些工作，一律由三年级的师范生负责，他们要自己计划，自己分配工作，自己检讨并改进，这一阶段的实习不但要了解儿童的发展情况，而且要进一步主动地展开全面的儿童福利工作，培养地方师资，以求达到幼稚教育的合理和普及。

根据以上所述我们可以清楚地看到张雪门提出的实习计划与传统师范学校的实习有明显的不同：一是在空间上，它把幼师生的实习场所从幼稚园扩大到婴儿园和小学，从校内扩大到校外，从城市扩大到农村；二是在时间上，它从只集中在三年中的最后一学期，增加到三年六个学期中均有实习；三是在内容上，它从仅有实习幼儿教育扩展到婴儿保育、小学教育，从只有实习教育和教学扩展到实习行政管理以及缝纫、炊事等。

第六节　陈鹤琴的学前教育理论与实践

一、生平和主要教育活动

陈鹤琴（1892—1982），浙江上虞县人，我国现代著名的教育家、儿童心理学家和儿童教育专家，我国现代幼儿教育事业的开拓者。从1920年起以长子一鸣为研究对象，进行儿童身心发展的观察和记录，写成了《儿童心理之研究》一书。同年，出版了《家庭教育》一书，通过对儿童心理研究的成果，解释了家庭教育的意义、内容和方法。1923年，陈鹤琴创建了中国第一所幼稚园——南京鼓楼幼稚园。1927年陈鹤琴发表了《我们的主张》一文，刊登在《幼稚教育》杂志上，提出了适合中国国情的幼稚教育的15条。1927年，为宣传和推广儿童教育，积极组织幼稚教育研讨会，创办了儿童教育刊物《幼稚教育》。1940年10月1日，江西省立实验幼稚师范学校正式成立。他提倡“手脑并用，文武合一”，带领学生边学习边劳动，形成和实践了他的“活教育”理论。

陈鹤琴为中国幼儿教育事业做出了重要贡献，创立了中国化的幼儿教育和幼儿师范教育的完整体系。他所留下的400万字的著作，是我国幼儿教育史上的宝贵遗产。《陈鹤琴教育文集》上、下卷，《陈鹤琴全集》均已出版。

图6－2 陈鹤琴

二、儿童的家庭教育

家庭教育理论是陈鹤琴教育思想的一个重要组成部分。陈鹤琴根据对长子一鸣多年的观察、记录和研究，并吸取他人教育子女的经验撰写了《家庭教育》一书。在书中，提出了家庭教育的101条原则，内容涉及儿童家庭教育的方方面面。陶行知曾称赞此书是“中国做父母的必读之书也不为过”。其家庭教育的思想主要有以下内容：

（一）家庭教育对儿童个体成长发育的作用

儿童早期的家庭教育在人一生的成长发展过程中起着非常重要的作用。陈鹤琴在《家庭教育》中说到：“幼稚期（出生至7岁）是人生最重要的一个时期，什么习惯，语言，技能，思想，态度，情绪，都要在此时期打一个基础，若基础打得不稳固，那健全人格就不容易形成了。”总之作为家长要充分重视家庭教育，自觉地做好儿童的教育工作，尽好家长的责任与义务，使儿童健康快乐地成长。

（二）家庭教育的内容

家庭教育作为人最初的教育和终身教育，从古至今一直担负着使人身心和谐发展的任务。陈鹤琴在《家庭教育》一书中，同样也对儿童的家庭教育、家庭德育、家庭智育等方面的任务和内容，做了详细的介绍：

1. 在身体健康方面，培养儿童养成良好的卫生习惯，如穿衣、刷牙、洗脸、饭前洗手、午间睡觉、吃饭定时定量等；还要让孩子玩游戏、锻炼身体，并创造条件让他们画图、剪图、穿珠、浇花、玩沙（泥）等，绝不能恐吓或随便打骂。

2. 在品德教育方面，教育孩子要心中有他人，要富有同情心，要尊重别人的劳动，要对人有礼貌，要诚实，不可强横霸道，要适当参加家务劳动，要爱父母、爱别人。

3. 在智育方面，陈鹤琴不主张让孩子过早地读书写字，应该从孩子的实际情况出发，创造条件，增长孩子对周围事物的感性认识，丰富其日常生活，开阔眼界，激发求知欲望等，并提出了以下具体要求：丰富孩子的生活常识，增进生活经验；鼓励孩子的探索精神，支持孩子的探索；鼓励孩子的好问精神，激发求知欲望；给孩子创造阅读的条件和环境，激发阅读的兴趣。

（三）家庭教育的原则

1. 以身作则

“做父母的教养子女第一条原则，就是要尊重‘以身作则’这条原则”，这是陈鹤琴家庭教育的重要原则之一。婴幼儿时期的孩子缺乏独立生存和独立生活的能力，在生活上对父母有很大的依赖性，他们对外界的一切都感兴趣，父母是他们第一个直接模仿的对象，是孩子心目中的理想人物，他们的一举一动都直接或间接地影响着孩子。父母对生活的态度，对事物的评价标准都会成为孩子模仿的对象。因此，做父母的必须处处以身作则。

2. 教养态度一致

在家庭教育中，所有的成年人对于儿童来说都是教育者。这就要求在教育儿童的问题上要观点态度一致。陈鹤琴说：“做父母的对于子女的教育应有一致的措施。如果父母施教的方法不一致，宽严不同，孩子就无所适从，教育也就失去了它应有的作用，并且还有可能向相反的方向发展。”

陈鹤琴对家庭教育的研究是非常深入和透彻的，他所提出的很多家庭教育的原则和方法对于今天父母教育子女也是非常有意义的。他的家庭教育原则除了以上几条外，还包括：宽严适度、责罚慎重、及早施教、正面教育等。

三、幼稚园教育

陈鹤琴说：“现在中国所有的幼稚园，差不多都是美国式的。幼稚生听的故事是美国的故事，看的图画是美国的图画，唱的歌曲是美国的歌曲，玩的玩具、用的教材，也有许多是从美国来的，就连教法，也不能逃出美国化的范围。”对于这种“全盘西化”的倾向，陈鹤琴指出，要建立适合中国国情的幼稚园教育。1927 年，在《我们的主张》一文中，他提出了幼稚园发展的 15 条主张，具体内容如下：

1. 幼稚园要适合国情

要适合中国的国情，就要以中国的儿童为对象、为中心。他反对照搬照抄外国的东西，因为它不适合中国的儿童，但也不反对吸取外国有用的经验，为我所用。

2. 幼稚园要与家庭合作

陈鹤琴指出：“幼儿教育是一件很复杂的事情，不是家庭一方面可以单独胜任的；也不是幼稚园一方面可以单独胜任的；必定要两方面共同合作方能得到充分的功效。”所以，幼稚园应与家庭密切合作，共同承担起教育儿童的重任。

3. 凡是儿童能学的而又应当学的，我们都应教他们

陈鹤琴认为，幼稚园教给儿童什么样的知识，有 3 条标准：①“凡是儿童能够学的东西就有可能作为幼稚园的教材”；②“凡教材须以儿童的经验为根据”；③“凡能使儿童适应社会的，就可取为教材”。

4. 幼稚园的课程应该以自然和社会为中心

陈鹤琴说："大自然、大社会都是活教材。"他认为，学前儿童是在周围的环境中学习的，应该以大自然、大社会为中心组织课程。因为，学前儿童周围的环境不外乎两个方面：大自然和大社会。

5. 课程设置应该做到计划性与灵活性相统一

6. 课程首先应该考虑的是儿童的健康

儿童健康是幼稚园课程居首位的。强国需先强种，强种先要强身，强身先要重视儿童的身体健康。幼稚园的教育应注意儿童的健康。

7. 幼稚园要使儿童养成良好的习惯

幼稚园应注意培养儿童良好的行为习惯。陈鹤琴认为："人类的动作十分之八九是习惯，而这种习惯又大部分是在幼年养成的；所以幼年时代，应当特别注意习惯的养成。"

8. 幼稚园应特别注意音乐

音乐可以陶冶儿童的性情，鼓励儿童进取。

9. 幼稚园应有充分适宜的设备

10. 幼稚园应采用游戏式的教学方法

游戏是儿童最喜欢的活动，是儿童生活的重要组成部分。儿童在游戏中学习，可以达到事半功倍的效果。

11. 幼稚生的户外活动要多

户外活动不仅可以使儿童在接触自然中学到各种经验，还可以使他们呼吸到新鲜的空气，沐浴到充足的阳光，活跃儿童的精神，强健儿童的体魄。户外活动是保证和促进儿童健康的有力措施。

12. 幼稚园应多采用小团体式的教学法

由于儿童都是具有差异的不同个体，每个儿童都是相对独立的，他们的智力发展水平和兴趣不同，采用小团体式教学，可以使不同发展水平的儿童都得到进步。

13. 幼稚园的教师应当儿童的朋友

教师与儿童玩乐可以增进师生的感情，有利于教师更好地教育儿童。

14. 幼稚园的教师应当有充分的训练

幼稚园教师要很好地胜任自己的工作，充分的训练是必要的。

15. 幼稚园应当有种种标准，可以随时考察儿童的成绩

这些标准是教师针对儿童的情况进行合理教育的依据。

陈鹤琴指出，课程结构以"五指活动"为基本成分。五指活动中的五指"是生长在儿童的手掌上的……是指要注意儿童心理和生理的发展，但是不脱离社会实际，领导儿童做合理的活动，予以适当的教养"。他认为，五指活动包括以下 5 个方面：①健康活动，即饮食、睡眠、早操、游戏、户外活动、散步等；②社会活动，即朝夕会、周会、纪念日、集会、每天的谈话、政治常识等；③科学活动，即栽培植物、饲养动物、研究自然、认识环境等；④艺术活动，即音乐（唱歌、节奏、欣赏）、图画、手工等；⑤语文活动，即故事、儿歌、谜语、读法等。这五个方面是相互联系的，就像人的五个手指，学前教育课程的全部内容包括在这"五指活动"之中。同时，这五个方面是有主次之分

的，是相互联系的整体。

陈鹤琴还提出了适合儿童发展的课程组织法——“整个教学法”。整个教学法就是把儿童所有该学的东西整个地、有系统地去教儿童学。这种教学法是把各科功课打成一片，所学的功课是无规定时间学的；所用的教材是以故事或社会和自然为中心的，或是做出发点；但是所用的故事或关于社会自然的材料，总以儿童的生活、儿童的心理为根据。陈鹤琴认为，幼稚园的课程是不应该分科的，应该把各科教法有机地联系起来，融为一体，以达到教育儿童的目的。

四、“活教育”理论

陈鹤琴自1940年在江西办幼师时开始提出“活教育”思想。他根据陶行知批评传统教育“教死书，死教书，教书死；读死书，死读书，读书死”的名言，提出要把这种死气沉沉的教育变为前进的、自动的、活泼的和有生气的教育。为此，就要“教活书，活教书，教书活；读活书，活读书，读书活”。并指出，要根据这个宗旨“检讨以往，策励将来，把所有的教材重新估量，把所用的教法重新研讨”，真正做到教师教活书，儿童读活书。他围绕着“做人，做中国人，做现代中国人”；“大自然，大社会都是活教材”；“做中教，做中学，做中求进步”的基本观点，形成了比较完整的“活教育”理论体系。

（一）“活教育”的目的论

陈鹤琴认为：“活教育的目的就是在做人，做中国人，做现代中国人。”他认为做一个人，做一个中国人，做一个现代中国人是要有一定的条件的：①要具备健全的身体；②要有建设的能力；③要有创造的能力；④要有合作的态度；⑤要有服务的精神。抗战期间，陈鹤琴提出“做人，做中国人，做现代中国人”的教育目的，体现了他热爱祖国的精神。抗战胜利之后，并指出“做人，做中国人，做世界人”。他提出做“世界人”，要“爱国家、爱人类、爱真理”。他的“活教育”的目的体现了爱国主义的精神，也反映了他具有“世界眼光”。

（二）“活教育”的课程论

陈鹤琴认为，“大自然，大社会，都是活教材”“活教育的课程是把大自然加大社会做出发点，让学生直接对它们去学习”。他认为“大自然 + 大社会”才是活的书，书本上的知识却是死的，活的书要比死的书好。他还说：“现在我们在这里主张大家去向大自然和大社会学习，就是希望大家能把过去‘书本万能’的错误观念抛弃，去向活的直接的知识宝库探讨研究。”

（三）“活教育”的方法论

陈鹤琴说：“活教育的教学方法也有一个基本的原则。什么原则呢？就是‘做中教，做中学，做中求进步’。”“活教育”的教学过程分为4个步骤：实验观察，阅读参考，发表创作，批评研讨。要求每个学生备一个工作簿，在工作簿上编他自己的教材。教师的责任是：引发、供给、指导、欣赏。

陈鹤琴的“活教育”理论中所提出的很多观点和看法对于幼稚教育的发展有着不可埋没的作用。但也有其局限性，如在强调“做”的方面时，往往忽视了系统知识的教学，忽视书本知识的学习，否认间接经验的作用等，所以在运用时要有所选择。

在特殊的历史时期，以蔡元培、陶行知、张雪门、陈鹤琴为代表的早期教育家，为改变当时幼稚园存在的严重的“外国病”“花钱病”和“富贵病”，盲目地全盘西化脱离中国实际的情况，开始了学前教育中国化的探索历程。他们积极吸收外国先进教育思想，特别是杜威的“教育即经验，教育即生长，教育即生活”，让儿童做中学等思想结合中国的国情，努力探索中国学前教育的理论与实践。他们坚持主张尊重儿童的天性，发展儿童的内在才能，主张解放儿童，培养儿童健康、活泼、独立、积极向上的性格，主张学以致用，坚决反对照抄照搬外国教育经验。他们理论联系实际，提出了“生活教育理论”“活教育”思想、“单元设计法”“整体教学法”等，既符合中国的国情，又适合中国的儿童。他们的教育理论和实践，曾产生过重要影响，对中国学前教育的发展做出了重要贡献。他们的许多观点对今天的学前教育仍然具有指导意义。

小链接

教育部幼儿教育处首任处长张逸园

张逸园（1899—1987），出生于河北省一个中医家庭。毕业于北平燕京大学教育系，曾往北平师大女中、保定第二女师任教。1933年，接受张雪门聘请担任北平香山慈幼院幼稚师范学校教育主任，兼任国文、教育概论、社会学等科教学工作。抗日战争爆发后，奔赴冀南抗日民主根据地。新中国成立后，张逸园担负起宏观管理全国幼儿教育的重任，直至1961年幼儿教育处撤销。此后，年逾花甲的她远赴甘肃，支援大西北建设，1976年以77岁的高龄离休。

【经典回味】

美育·童心·创造力

童心绝不是婴儿般倒退的标志，它是生命力和创造潜能存在的来源和证明。然而，在个体成长与接受教育的过程中，由于社会束缚、外诱动机、逻辑思维、从众行为的影响，个体的童心大多衰退，甚至丧失了。美育作为一种感性教育，在呵护儿童童心的同时，也在发展他们的创造力，连贯性的美育可以使个体在成年之后仍然保持怡然活泼的童心，并使其创造力得到持续发展。

【思考与练习】

1. 了解新中国成立初期学前教育改革与实施。
2. 我们从十年“文化大革命”中，对学前教育发展应吸取哪些经验与教训？
3. 简述张雪门的幼稚园行为课程。
4. 简述陈鹤琴的活教育思想。

第七章 当代中国学前教育发展概述

[学习目标]

1. 了解当代有关学前教育事业的政策性文件的指定及实施。
2. 理解《幼儿园教育指导纲要（试行）》的颁布对我国幼儿教育改革的重大历史意义。
3. 掌握《幼儿园教师专业标准（试行）》的基本内容与特点。

[关键词]

素质教育　《幼儿园教育指导纲要（试行）》　《3～6岁儿童学习与发展指南》

引　子

尿裤子这个问题在小班常常出现，不同时代老师的处理方式是不一样的：

第一幅画面：20世纪70年代末，遇到孩子尿裤子，老师会带着一些指责的神情，很不高兴地走到孩子面前。在拿一条干裤子给孩子换上后，抱怨地对孩子说："瞧你，喝点水就尿，漏斗似的。"老师的横眉冷对让受了指责的孩子忐忑不安。

第二幅画面：20世纪80年代中期，倡导职业道德，要求老师像妈妈一样，甚至比妈妈还要热爱孩子。遇到孩子尿裤子了，老师就会像春姑娘一样拿着一条干净的裤子走到孩子面前，并且热情洋溢地说："呀，宝贝，你尿裤子了，没关系，老师给你换上吧!"老师固然很热情，孩子则会疑惑老师为什么当着大家的面把自己的裤子扒下来，因而感到恐惧和一些尴尬。

第三幅画面：1989年《幼儿园工作规程》颁布之后，老师知道要尊重孩子的人格了。老师看到孩子尿裤子了，就会静悄悄地走到他的身边，静悄悄牵着他的小手到卫生间等没人的地方帮孩子处理好，并且对孩子进行心理安抚，让孩子在生理上舒服了的同时，心理上也得到了保护。

第四幅画面：新千年以后，老师们开始反思这样的问题：怎么才能不让孩子尿裤子？怎么才能让老师的教育跟孩子的成长同步？让孩子能够舒服地、快乐地、有尊严地生活。于是，老师深入到孩子中间，分析、观察孩子们喝水次数、排便次数并记录下来。然后根据孩子不一样地排便频率，分别在适当时候小声提醒孩子。这种提醒可以让孩子避免因贪玩而忘记上卫生间，减少了尿裤子尴尬，并形成了良好的排便习惯，使孩子得到真正的自尊。

点评：上述四幅画面是北京教育科学研究院早期教育研究所的梁雅珠所长在自己30多年的幼教生涯中观察并感悟到的。从四幅画面里，可以看到我们幼教事业的进步，可以看到幼儿教师的成长。可以说，这些都是和我国颁布的一系列幼教政策密切相关的。随着《国家中长期教育改革和发展规划纲要（2010—2020年）》《国务院关于当前发展学前教育的若干意见》的颁布实施，教育部又公布了《幼儿园教师专业标准（试行）》和《3～6岁儿童学习与发展指南》等指导性文件，其中都明确提出了“终身教育”“幼儿为本”“能力为重”的幼儿教师专业发展理念和“实施科学的保育和教育，促进幼儿身心全面和谐发展”的教育理念。这为21世纪我国幼儿教育事业的健康发展指明了方向。

[知识概述]

20世纪90年代，中国的学前教育进入了稳步快速发展的阶段。幼教机构的数量迅速扩大，幼教机构在城市及乡村得到了很好的普及。幼教机构的类型、课程模式走向多元化，教育范围向0～3岁幼儿延伸，民办幼儿园发展迅速。2010年7月，《国家中长期教育改革和发展规划纲要》的颁布，为我国学前教育事业的发展开启了新的里程碑，为学前教育的发展带来了新的机遇。

第一节　建设中国特色社会主义时期的幼儿教育

一、制定政策性文件，指导学前教育事业的发展

1990年9月30日，联合国在纽约召开了世界儿童问题首脑会议，会议通过了《儿童生存、保护和发展世界宣言》和《执行九十年代儿童生存、保护和发展世界宣言行动计划》，1991年李鹏总理代表中国政府签署了上述两个文件，全国人大常务委员会通过了《中华人民共和国未成年人保护法》。

1992年2月国务院下达《九十年代中国儿童发展规划纲要》。其内容包括九十年代我国儿童生存、保护和发展的主要目标、策略与措施、领导与监测等。该《纲要》还提出城市入园（班）率达到70%，农村学前一年幼儿入园（班）率达60%的目标。这些目标虽然未能如期实现，但对促进当时的幼教事业发展产生了积极作用。1993年2月中共中央、国务院印发《中国教育改革和发展纲要》，规定幼儿教育的发展目标是“大中城市基本满足幼儿接受教育的要求，广大农村积极发展学前一年教育”。1995年3月，全国人大通过《中华人民共和国教育法》，在“教育基本制度”章节中规定：国家实行学前教育，初等教育……的学校教育制度。以上这些法律、文件的颁布，将儿童的生存、保护和发展与人类之间的关系提到了“人口素质基础”和“未来发展的先决条件”的高度。

国家教委、国家计委、全国妇联等部门于1995年9月19日联合颁布了《关于企业办幼儿园的若干意见》，指出“有条件的企业应继续办好幼儿园；加强社区对幼儿教育的扶持与管理；在城市规划建设中安排好幼儿园规划和建设”。该文件的颁布，使企业办园得到了有效的发展。

1996年3月，国家教委颁布了《幼儿园工作规程》。《规程》确定幼儿园是对3周岁以上学龄前幼儿实施保育和教育的机构，是基础教育的有机组成部分，是学校教育制度的基础阶段。为了更好地贯彻落实《全国教育事业“九五”计划和2010年发展规划》

关于幼儿教育事业发展目标，促使幼儿教育事业的发展与当地经济和社会发展以及普及九年义务教育工作相协调，国家教委拟定了《全国幼儿教育事业“九五”发展目标实施意见》。

1998 年 12 月教育部制定《面向 21 世纪教育振兴行动计划》，提出“实施素质教育，要从幼儿园阶段抓起，要用科学的方法启迪和开发幼儿的智力，培养幼儿健康的体质，良好的生活习惯与求知的欲望”。为了全面推进素质教育，提高教育质量，保证教育又快又好的发展，1996 年 6 月中共中央、国务院颁发《关于深化教育改革，全面推进素质教育的决定》，指出“实施素质教育应当贯穿于幼儿教育、中小学教育、职业教育、成人教育、高等教育等各级各类教育，应当贯穿于学校教育、家庭教育和社会教育等各个方面”，强调“积极发展以社区为依托的、公办与民办相结合的幼儿教育”，提出了“建设全面推进素质教育的高质量的教师队伍”的要求。

二、1990 年以来我国学前教育的发展状况

从表 7－1 可以看出：

幼儿园数从 1990 年到 1998 年呈逐渐增加趋势，从 1998 年开始略有下滑。

幼儿园专任教师从 1990 年到 1995 年有较为显著的增长，1995 年以后出现了停滞的现象。

招生数从 1995 年开始有较为明显的下降趋势。

幼儿园在校学生数从 1990 年到 1995 年有明显增长，1995 年以后出现较为显著的下降趋势。

表 7－1　1990 年以来我国学前教育发展主要指标一览表

发展指标	1990 年	1995 年	1998 年	1999 年
幼儿园数/个	172322	180438	181368	181136
教职工人数/万人	—	—	115.763	—
专任教师/万人	75.0	87.5	87.5	87.2
招生数/万人	—	1972.4	1720.0	1617.5
在校学生/万人	1972.2	2711.2	2403.0	2326.3
生均教育经费/元	—	—	—	846.90

（资料来源：《中国经济年鉴 1999》，2000 年版）

我国的学前教育在 1990—1995 年间发展较快，在校学生数由 1990 年的 1972.2 万人增加到 1995 年的 2711.2 万人，但是 1995 年以来，我国幼儿园教育的发展从数量上来说呈现逐渐减少的趋势。之所以出现这种情况与我国的教育政策有一定的关系。我国于 20 世纪 90 年代中、后期兴起了素质教育的改革高潮，各级教育包括学前教育大力开展素质教育，以培养身心全面、和谐发展的人才。但由于社会条件、经济发展和教育科研状况、人们观念与认识的局限等原因，我国学前教育发展也面临不少问题与挑战，制约学前教育事业积极、健康的发展。同时，幼儿教育的滑坡也与我国当时的经济政策有关。在计划经济年代，企业、机关、学校、部队等单位，为解决自身职工子女的托育问题，绝大多数都办起了托儿所、幼儿园。然而在向市场经济转变过程中，各企业为了应对激烈的

市场竞争，无暇顾及幼儿园的发展状况。同时，由于相关政策衔接不够紧凑，导致大量原来企业办得很好的幼儿园被推向市场。不少幼儿园适应不了新形势的发展，纷纷被淘汰。因此，出现了幼儿教育发展的滑坡现象。

三、幼儿教育师资的培养和提高

高质量的学前教育必然对教育者的素质提出更高的要求。各级教育行政部门将幼儿教师素质提高纳入教师继续教育工程，加强和完善教育培训制度，以不断提高教师队伍的整体素质。特别是帮助教师增强事业心和责任感，更新教育观念和思想，提高教师的教育教学能力，从而切实提高教师实施素质教育的意识和能力，保障素质教育在学前教育中普遍、全面地实施。

（一）颁布政策性文件保证幼儿师资素质的提高

1993 年 2 月，国务院颁布了《中国教育改革和发展纲要》，指出“振兴民族的希望在教育，振兴教育的希望在教师。建设一支具有良好的政治和业务素质、结构合理、相对稳定的教师队伍，是教育改革和发展的根本大计”。同年 10 月，第八届全国人民代表大会常务委员会第 9 次会议通过了《中华人民共和国教师法》，规定“取得幼儿园教师资格证应具备幼儿师范学校毕业及其以上学历”。1995 年 1 月，国家教委发布《三年制中等幼儿师范学校教学方案（试行）》，提出了幼儿师范学校的培养目标与规格。

1996 年 1 月 25 日，国家教委颁发《关于开展幼儿园园长岗位培训工作的意见》。1 月26 日，又颁发《全国幼儿园园长任职资格、职责和岗位要求（试行）》的通知，要求“采取多种形式开展培训工作，争取用 5 年左右的时间将全国幼儿园园长轮训一遍”。10 月，国家教委印发《关于师范教育改革和发展的若干意见》。1997 年国家教委颁发《全国幼儿教育事业“九五”发展目标实施意见》，提出：到 2000 年，全部在职园长（副园长）都应该接受 1 次岗位培训，达到国家规定的任职资格要求，做到持证上岗。

（二）重视提高幼儿园教师的学历

1993 年颁发的《中华人民共和国教师法》规定“取得幼儿园教师资格应该具备幼儿师范学校毕业及其以上学历”。幼教师资水平的提高被纳入了一个新的台阶。为了提高幼儿教师的培养素质，教育部三次调整三年制幼儿师范学校的教学计划。20 世纪 90 年代后期，高等幼儿教师教育获得较快发展，一些综合大学也设置学前教育专业，学前教育专业呈现出多样化的培养目标和课程设置，20 世纪 80 年代初，高师学前教育专业的研究生教育也开始发展。1994 年经国务院学位委员会批准，我国第一个幼儿教育学博士学位授予点在南京师范大学诞生。

在相应政策的影响下，我国幼儿教师的学历水平不断提高。从表 7－2 可以看出：1998 年，全国幼儿园园长和专任教师中，师范专业的人数较多，约占总人数的 63.61%。在师范专业中，又以中师毕业的人数占大多数，其次是职业高中幼教专业毕业的，最后为师范院校本专科毕业的。园长和专任教师中，取得“专业合格证书”的约占总人数的 11.65%。同 1996 年相比，幼教师资水平又有了很大程度的提高。

表 7-2　1998 年我国园长、专任教师学历情况　　单位：人

	合计	师范院校本专科毕业	中师毕业	职业高中幼教专业毕业	非师范专业毕业		合计中取得"专业合格证书"的
					高中毕业及以上	初中毕业及以下	
合计	955744	67253	394427	146309	207000	140755	111302
园长	80317	13584	37368	9618	14167	5580	7057
教师	875427	53669	357259	136691	192833	135175	104245

（资料来源：《中国教育统计年鉴 1998》，人民教育出版社，1999 年 8 月版）

（三）重视农村幼儿教师队伍的建设

长期以来，农村幼儿教师不能评定职称，工资待遇较低，致使队伍不断流失，严重影响了农村幼儿教育质量。

在 1995 年颁发的《教育法》中，即明确规定幼儿园教师享受与中小学教师同样的政治和经济待遇。《教育部关于全国幼儿教育事业"九五"发展目标实施意见》中指出，要根据农村幼儿教师的实际制定相应的办法，保证农村幼儿教师队伍的稳定。各级政府和主办单位要求妥善解决幼儿教师的工资、教师职务评定、医疗和住房等问题。但遗憾的是，在实际中，由于经济条件与人为的诸多因素的影响，我国幼儿教师的待遇仍普遍偏低，幼儿教师培训、学习的机会和条件未能得到很好的保障。

第二节　21 世纪初我国学前教育的改革与发展

一、幼儿教育改革与发展的目标与政策

（一）"十五"期间幼儿教育改革的总目标

形成以公办园为骨干和示范，公办与民办、正规与非正规教育相结合的发展格局，在城乡逐步建立和完善以示范幼儿园为中心，托儿所、幼儿园、游戏小组、社区玩具图书馆、家庭教育咨询服务等正规与非正规相结合的社区幼儿教育服务网络，布局合理，方便家长，满足 0～6 岁儿童和家长多样化的需求。2005 年，全国学前 3 年幼儿受教育率达到 55%，学前 1 年幼儿受教育率达 80%；大中城市普及学前 3 年教育；大面积提高 3 岁以下和 3～6 岁儿童家长及看护人员的科学育儿能力。

（二）《幼儿园教育指导纲要（试行）》和《中国儿童发展纲要（2001—2010）》的颁布

2001 年 7 月，教育部颁布《幼儿园教育指导纲要（试行）》。包括总则、教育内容与要求、组织与实施、教育评价等方面，将教育内容相对划分为健康、语言、社会、科学、艺术五大领域，强调要有机结合、相互渗透。

《幼儿园教育指导纲要（试行）》是在总结了近年来我国幼儿园教育改革的经验，并充分吸纳了世界范围内早期教育优秀思想与研究成果的基础上制定的。《幼儿园教育指导纲要（试行）》立足于我国幼儿教育改革的现实，坚持贯彻党的教育方针，坚持全面推

进素质教育的思想；倡导先进的教育观念，如尊重每个幼儿，尊重幼儿身心发展规律，力求体现终身教育的思想；将社会、文化、环境与教育密切结合的思想；努力实现教育的目的性与幼儿发展的可能性相适宜的思想，促进教师与幼儿的相互作用，共同成长的思想等。贯彻实施《幼儿园教育指导纲要（试行）》的方向是指引儿童快乐地学习，着眼于培养幼儿终身学习的基础和动力。要将培养幼儿终身学习的基础和动力放在贯彻《幼儿园教育指导纲要（试行）》、改革幼教的核心地位，突出对幼儿的情感、兴趣、态度、个性的关注，使幼儿能在愉快的童年生活中获得富有个性特色的发展。《幼儿园教育指导纲要（试行）》遵循了《幼儿园工作规程》的精神，从幼儿园教育的基本理念、基本原理、基本规律出发，具体地规定了我国幼儿园教育的基本内容范畴、目标以及基本的实践规范和要求。

《中国儿童发展纲要（2001—2010年）》根据我国儿童发展的实际情况提出的。此纲要以促进儿童发展为主题，以提高儿童身心素质为重点，以培养和造就21世纪社会主义现代化建设人才为目标，从儿童与健康、儿童与教育、儿童与法律保护、儿童与环境4个领域，提出了2001—2010年的目标和策略措施。

《中国儿童发展纲要》的总目标：坚持“儿童优先”的原则，保障儿童生存、发展、受保护和参与的权力，提高儿童整体素质，促进儿童身心健康发展。儿童健康的主要指标达到发展中国家的先进水平；儿童教育在基本普及九年义务教育的基础上，大、中城市和经济发达地区有步骤地普及高中阶段教育，逐步完善保护儿童法律、法规体系，依法保障儿童权益，优化儿童成长环境，使困境儿童受到特殊保护。

2003年3月国务院转发了《关于儿童教育改革与发展的指导意见》，内容涉及儿童教育改革与发展目标、幼儿教育管理体制和机制、事业发展、教育质量、师资队伍建设等方面，提出今后五年（2003—2007年）幼儿教育改革的总目标是形成以公办幼儿园为骨干和示范，以社会力量兴办幼儿园为主体，公办和民办、正规与非正规教育相结合的发展格局。根据城乡的不同特点，逐步建立以社区为基础，以示范性幼儿园为中心，灵活多样的幼儿教育形式相结合的幼儿教育服务网络，为0~6岁儿童和家长提供早期保育和教育服务。

（三）“十一五”期间幼儿教育改革的目标与政策

1. 总目标

2007年国务院颁布了《国家教育事业发展“十一五”规划纲要》。纲要中指出，学前三年的毛入学率要由2005年的41.4%增长到2010年的55%，提高13.6个百分点。

2. 方针政策

提高农村义务教育师资水平。实施农村教师培训计划，到2010年，使中西部地区50%的农村教师得到一次专业培训。充分发挥现代化远程教育在提高农村地区师资教育教学水平中的作用。加强教师教育与培训，不断提高教师的师德水平和业务水平。推进教师教育和师范院校改革，加强师范院校建设。在教育部直属师范大学实行师范生免费教育，积累经验，逐步推开，鼓励更多的优秀青年终生做教育工作者。加大公共财政对教育的投入力度，各级政府要依法落实教育经费的“三个增长”，财政年度预算和执行结果都要达到教育经费支出的法定增长水平，并确保财政性教育经费增长幅度明显高于财政经常性收入增长幅度，逐步使财政性教育经费占国内生产总值的比例达到4%。加强教育法制建设，加快完善中国特色社会主义教育法律法规体系，推进教育法、教师法、职业教育法、高等教育法和学位条例的修订工作。

二、学前教育朝着多元化方向发展

（一）学前教育机构类型多元化

1. 半日制、全日制、寄宿制幼儿园并存，公办园、民办园互相补充。立足社区，服务社区的社区幼儿园应运而生。

2. 除传统的少年宫外，各种教育机构也百花齐放，纷纷推出各种各样的课程，吸引家长和幼儿的注意，发展迅速。

3. 针对特殊儿童的特殊教育机构也有了一定程度的发展。

（二）民办教育发展迅速，办园体制多元化

《关于儿童教育改革与发展的指导意见》颁布以后，2003年全国基本形成了民办幼儿园与公办、集体办幼儿园平分天下的办园格局。近几年来，我国民办幼儿园数量上升速度更加迅速，已经占到全国幼儿园总数的60%以上。应该说，民办幼儿园在一定程度上弥补了我国学前教育资源的不足，在满足人民群众接受学前教育需求上发挥了积极作用。

民办幼儿园办园模式多样化，有公办民助、民办公助、公办转制、协议承办、私人办园、中外合作办园等。民办幼儿园的办园形式比较灵活。一些民办幼儿园采取了延长幼儿在园时间，允许幼儿临时在园留宿等形式，即延时服务、全托服务、特殊护理等，大大方便了家长，受到了家长的欢迎。其形式有全托制、半托制、全托与半托混合制等。同时，还出现了专门针对0~3岁儿童的社会教育机构——民办亲子园。这些亲子园大多办在社区内，其宗旨是指导父母科学育儿、组织亲子游戏以及提供健康发展方面的咨询等。这些民办亲子园受到了家长的欢迎。

（三）学前教育课程模式多元化

自20世纪80年代初启动学前课程改革以来，学前教育工作者以不同的理论为指导，不断尝试不同的课程模式，形成了综合课程、活动课程、游戏课程、领域课程等课程模式，形成了多元化的课程格局。

三、《国家中长期教育改革和发展规划纲要》的颁布

（一）《国家中长期教育改革和发展规划纲要》中关于学前教育的目标及政策

1. 幼儿教育发展的主要目标

基本普及学前教育，一年普及率和三年普及率分别由2009年的74%、50.9%达到2020年的95%、75%。积极发展学前教育，到2020年，全面普及学前一年教育，基本普及学前两年教育，有条件的地区普及学前三年教育。重视0~3岁婴幼儿教育。

2. 明确政府职责

把发展学前教育纳入城镇、新农村建设规划。建立政府主导、社会参与、公办民办并举的办园体制。积极发展公办幼儿园，大力扶持民办幼儿园。实行成本合理分担机制，对家庭经济困难幼儿入园给予财政补助。完善幼儿园工作制度和管理办法。制定学前教育办园标准和收费标准。建立幼儿园准入和督导制度，加强学前教育管理，规范办园行为。教育行政部门宏观指导和管理学前教育，相关部门履行各自职责，充分调动各方面力量发展学前教育。

3. 重点发展农村学前教育

努力提高农村学前教育普及程度。着力保证留守儿童入园。多种形式扩大农村学前教育资源，新建扩建托幼机构，在小学附近设学前班，充分利用中小学布局调整的富余校舍和教师资源。支持贫困地区发展学前教育。

4. 努力建设高素质专业化的教师队伍

以农村教师为重点，提高中小学教师队伍整体素质。创新和完善农村教师补充机制。积极推进师范生免费教育，进一步完善制度政策，吸引更多优秀人才从教。完善教师培训制度，将教师培训经费列入政府预算。

提高教师地位待遇。逐步实行城乡统一的中小学编制标准，对农村边远地区实行倾斜政策。制定高等学校、幼儿园教师编制标准。

5. 加大教育投入

要健全以政府投入为主、多渠道筹集教育经费的体制，大幅度增加教育投入。各级政府要优化财政支出结构，统筹各项收入，把教育作为财政支出重点领域予以优先保障。提高国家财政性教育经费支出占国内生产总值比例，2012 年达到 4%。非义务教育实行以政府投入为主、受教育者合理分担培养成本的投入机制。学前教育实行政府投入、社会举办者投入、家庭合理负担的投入机制。

（二）《国家中长期教育改革和发展规划纲要》为学前教育发展带来新机遇

《国家中长期教育改革和发展规划纲要》中非常重视学前教育的发展，并且提出了明确的发展目标。所有这些政策的提出给学前教育的发展开启了崭新的一页。

1. 学前教育纳入规划，破解了城乡“入学难”的问题

《国家中长期教育改革和发展规划纲要》（以下简称“《规划纲要》”）指出，“基本普及学前教育”“把发展学前教育纳入城镇、新农村建设规划”“积极发展公办幼儿园，大力扶持民办幼儿园”“制定学前教育办园标准和收费标准”“重点发展农村学前教育”。这些政策的提出对我国学前教育的发展是非常有力的。投入不足、资源短缺、城乡发展不平衡等问题长期制约我国学前教育的健康发展，“入园难”“入园贵”等问题十分突出。2009 年，我国学前三年毛入园学率仅为 50.9%，学前一年毛入园学率为 74%。纲要颁布以后，这些问题有望一一解决。

2.《国家中长期教育改革和发展规划纲要》给民办教育带来了机遇

《规划纲要》中对民办教育的定位、向导以及所涉及的政策，给民办教育带来了新的发展机遇。

从定位上看,《规划纲要》把民办教育定位为“教育事业发展的重要增长点和促进教育改革的重要力量”。这就赋予民办教育以光荣的历史重任。从导向上看,在纲要的体制格局、政策导向、组织领导部分都涉及民办教育内容。比如体制格局里面专门强调“坚持教育公益性原则,健全政府主导、社会参与、办学主体多元、办学形式多样、充满生机活力的办学体制,形成以政府办学为主体、全社会积极参与、公办教育和民办教育共同发展的格局”,提出“调动全社会参与的积极性,进一步激发教育活力,满足人民群众多层次、多样化的教育需求”。纲要里重复出现的是社会参与、全社会积极参与、调动全社会参与的积极性的提法。从政策上看,《规划纲要》提出大力支持民办教育。同时提出依法管理民办教育。依法管理民办教育绝不意味着要限制民办教育发展,而是要促进民办教育健康持续发展。

《规划纲要》的颁布使得现阶段学前教育发展中面临的很多问题,如城乡之间学前教育发展不平衡;学前教育资金投入不足;幼儿教师待遇低,合法权益得不到保障,教师队伍不稳定;学前教育的法律条例不完善,学前教育的发展缺乏有力的法律保障等找到了解决的途径,对我国学前教育的发展具有里程碑的意义。

四、《幼儿园教师专业标准(试行)》的颁布及实施

(一)《幼儿园教师专业标准(试行)》的颁布

随着《国家中长期教育改革和发展规划纲要(2010—2020年)》《国务院关于当前发展学前教育的若干意见》的贯彻实施,各地学前教育三年行动计划的纷纷出台,大力发展学前教育正成为我国教育事业发展的一道亮丽风景线。

学前教育发展不仅要建设一批坚实安全的幼儿园,更需要建设一支师德高尚、业务精良的幼儿园教师队伍。要实现“基本普及”的战略目标,满足人民群众对学前教育的热切需求,不仅仅意味着入园率的提高,更重要的是学前教育质量的提升,而其中的关键与核心便是教师队伍质量的提升。国际经验也表明,幼儿园教师质量决定着学前教育的质量,高素质专业化的幼儿园教师队伍是高质量教育和儿童健康发展的重要保障。因此,目前世界许多国家都有幼儿园教师专业标准。在我国,通过科学研究与论证制定出适宜、规范的幼儿园教师专业标准,明确合格的幼儿园教师应具备的基本专业素养,并引领和促进幼儿园教师的专业发展,无论对当下还是长远的幼儿教师队伍建设、学前教育事业的健康发展和亿万幼儿的健康发展,都是极其重要的。

2011年12月12日,教育部正式公布了幼儿园教师专业标准征求意见稿,同时为促进幼儿园教师专业发展,建设高素质幼儿园教师队伍,根据《中华人民共和国教师法》,教育部2012年颁布出台了《幼儿园教师专业标准(试行)》(以下简称“《专业标准》”)。《专业标准》正是应学前教育事业发展之需,在加快普及学前教育的新形势下为保障教师队伍质量和幼儿健康成长而出台的重要文件之一。

幼儿园教师是履行幼儿园教育工作职责的专业人员,需要经过严格的培养与培训,具有良好的职业道德,掌握系统的专业知识和专业技能。《专业标准》是国家对合格幼儿园教师专业素质的基本要求,是幼儿园教师开展保教活动的基本规范,是引领幼儿园教

师专业发展的基本准则，是幼儿园教师培养、准入、培训、考核等工作的重要依据。

（二）《幼儿园教师专业标准（试行）》的基本理念

1. 幼儿为本

尊重幼儿权益，以幼儿为主体，充分调动和发挥幼儿的主动性；遵循幼儿身心发展特点和保教活动规律，提供适合的教育，保障幼儿快乐健康成长。

2. 师德为先

热爱学前教育事业，具有职业理想，践行社会主义核心价值体系，履行教师职业道德规范。关爱幼儿，尊重幼儿人格，富有爱心、责任心、耐心和细心；为人师表，教书育人，自尊自律，做幼儿健康成长的启蒙者和引路人。

3. 能力为重

把学前教育理论与保教实践相结合，突出保教实践能力；研究幼儿，遵循幼儿成长规律，提升保教工作专业化水平；坚持实践、反思、再实践、再反思，不断提高专业能力。

4. 终身学习

学习先进学前教育理论，了解国内外学前教育改革与发展的经验和做法；优化知识结构，提高文化素养；具有终身学习与持续发展的意识和能力，做终身学习的典范。

（三）《专业标准》的基本内容与特点

《专业标准》的基本内容分为维度、领域、基本要求三个层级。维度层面分为专业理念与师德、专业知识和专业能力 3 项；领域层面共计 14 项；基本要求层面共计 62 项。框架结构与中、小学教师专业标准基本一致，但在具体内容上有所不同。尤其在专业能力方面，充分体现了幼儿园教育的突出特点和保教工作的基本任务，特别强调了幼儿园教师所必须具备的良好环境的创设与利用、幼儿一日生活的合理组织与保育、游戏活动的支持与引导、教育活动的恰当计划与实施能力等。具体来说：

1. “专业理念与师德”在《专业标准》的结构框架中居于首要位置，包括职业理解与认识、对幼儿的态度与行为、幼儿保育和教育的态度与行为、个人修养与行为等四个领域。基本要求共计 20 条，占全部基本内容条目的 32%。可见，《专业标准》对教师专业理念与师德要求很重视。专业理念与师德是教师从事保育和教育实践工作的情感和动力基础。拥有不同专业理念与师德的教师，会以不同的热情与态度对待幼儿和各项日常工作，自我发展的意识、积极性以及工作的创造性也会不同。

2. 专业知识包括幼儿发展知识、幼儿保育和教育知识、通识性知识三个领域。基本要求共计 15 条，占全部基本内容条目的 24%。专业知识是基本内容三个维度中内容最少的部分，但这并不意味着专业知识不重要，而是因为其基本前提是：幼儿园聘用的教师或者说身在职场的教师是经过教师资格考试并取得教师资格证的。这些教师已经具备了基本的、全面系统的专业知识，《专业标准》所强调的是与教师保育教育工作实践密切相关的重要专业知识。因此，教师在提升自己的专业知识时，应重点考量这 15 条要求所涉及的内容，但不能仅局限于此。

3. 专业能力包括环境的创设与利用、一日生活的组织与保育、游戏活动的支持与引导、教育活动的计划与实施、激励与评价、沟通与合作、反思与发展等七个领域。基本要求共计27条，占全部基本内容条目的44%。可见，《专业标准》对教师专业能力高度重视。专业能力是教师专业化发展在教育实践中的集中体现，它直接影响着幼儿园的保教质量和幼儿的发展。《专业标准》对教师的专业能力提出了全方位、综合性的要求。在七项要求中，前六项是教师实施保育教育工作的能力，第七项是教师自我发展的能力。深入理解和领会《专业标准》对教师的能力要求并付诸实践，将促使教师专业化水平进一步提高，促使幼儿园保教质量全面改善乃至大幅度提升。

《幼儿园教师专业标准（试行）》具有以下五个突出特点：

第一，对幼儿园教师的师德与专业态度提出了特别要求。师德与专业态度是教师职业的基准线。尤其幼儿园教师的教育对象是身心发展迅速、可塑性大、同时易受伤害的幼儿，更需要师德高尚，具有良好的职业道德修养，富有爱心、责任心、耐心和细心，热爱幼儿，并给予幼儿精心的呵护和教育培养。

第二，要求幼儿园教师高度重视幼儿的生命与健康。充分考虑幼儿身心发展的特点和社会对幼儿安全与健康的热切关注，《专业标准》明确提出要高度重视幼儿的生命与健康，并从专业态度、知识和能力三个层面相互呼应，全面提出了具体要求。如教师要将保护幼儿生命安全放在首位；熟知幼儿园的安全应急预案，掌握意外事故和危险情况下幼儿安全防护与救助的基本方法；能有效保护幼儿，危险情况下优先救护幼儿。

第三，充分体现幼儿园保教结合的基本特点。幼儿身心发展的特点和需要决定了保教结合是幼儿园教育的基本原则，也是对幼儿园教师的基本专业要求。《专业标准》明确提出要"注重保教结合"，不仅将"一日生活的组织与保育"作为重要的专项领域要求，而且对教师提出了多项具体要求，要能合理安排和组织一日生活的各个环节，科学照料幼儿的日常生活，将教育灵活地渗透到一日生活中；能充分利用一日生活中的各种教育契机，对幼儿进行随机教育，以将保教结合原则落到实处。

第四，强调幼儿园教师必须具备的教育教学实践能力。教育实践能力是教师对幼儿施以积极影响、引导幼儿发展的基础。《专业标准》对幼儿园教师必须具备的教育教学能力提出了明确要求，特别强调幼儿园教师要具有观察了解幼儿、掌握不同年龄幼儿身心发展特点和个体差异的能力；要具有环境的创设与利用、一日生活的组织与保育、游戏的支持与引导、教育活动的计划与实施、对儿童的激励与评价等基本专业能力；能根据幼儿的特点和需要，给予适宜的指导，并能引发和支持幼儿的主动活动，引导幼儿在游戏活动中获得多方面的发展。

第五，重视幼儿园教师的反思与自主专业发展能力。《专业标准》强调幼儿园教师要具有不断进行专业化学习、实践、反思和提高的意识与能力。这既是现代社会发展、教育改革对教师的必然要求，也是幼儿不断成长的必然要求。《专业标准》特别在"基本理念"和"专业能力"中均提出了对教师反思与自主发展的要求，明确指出幼儿园教师在教育工作中应"主动收集分析相关信息，并不断进行反思，改进保教工作"；同时，应制定个人专业发展规划，通过不断的学习、实践、反思，不断提高自身专业素质，从而为学前教育质量的提升和幼儿一生的健康发展打下良好的基础。

五、《3~6岁儿童学习与发展指南》的颁布及实施

（一）《3~6岁儿童学习与发展指南》的颁布

为深入贯彻《国家中长期教育改革和发展规划纲要（2010—2020年）》和《国务院关于当前发展学前教育的若干意见》（以下简称学前教育“国十条”），指导幼儿园和家庭实施科学的保育和教育，促进幼儿身心全面和谐发展，2012年10月9日，教育部制定了《3~6岁儿童学习与发展指南》（以下简称“《指南》”）。

在学前教育跨越式发展的历史新阶段，研究制定《指南》，是贯彻落实教育规划纲要和学前教育“国十条”的重要举措。教育规划纲要明确提出：遵循幼儿身心发展规律，坚持科学保教方法，保障幼儿快乐健康成长。“国十条”明确要求“国家颁布幼儿学习与发展指南”。《指南》的印发对于有效转变公众的教育观念，提高广大幼儿园教师的专业素质和家长的科学育儿能力，防止和克服“小学化”倾向，全面提高学前教育质量具有重要意义。

（二）《3~6岁儿童学习与发展指南》基本框架

《指南》以为幼儿后继学习和终身发展奠定良好素质基础为目标，以促进幼儿体、智、德、美各方面的协调发展为核心，每个领域按照幼儿学习与发展最基本、最重要的内容划分为若干方面。每个方面分为两个部分，帮助幼儿园教师和家长了解3~6岁幼儿学习与发展的基本规律和特点，建立对幼儿发展的合理期望，实施科学的保育和教育，让幼儿度过快乐而有意义的童年。

一是学习与发展目标，分别对3~4岁、4~5岁、5~6岁三个年龄段末期幼儿应该知道什么、能做什么，大致可以达到什么发展水平提出了合理期望，共32个目标。指明了幼儿学习与发展的具体方向。

二是教育建议，根据幼儿的学习与发展目标，针对当前学前教育普遍存在的困惑和误区，列举了一些能够有效帮助和促进幼儿学习与发展的教育途径与方法，同时也指出了错误做法对幼儿终身发展的危害，为广大家长和幼儿园教师提供了具体、可操作的指导，共87条教育建议。

（三）《3~6岁儿童学习与发展指南》具体内容

健康领域：从幼儿身心状况、动作发展、生活习惯与生活能力三个方面，着重强调了三点：一是幼儿积极、健康的身心状况不仅是身体健康，也包括心理健康；二是身体动作和手的精细动作发展；三是具有良好的生活与卫生习惯、基本的生活自理能力和自我保护能力。建议要为幼儿提供合理均衡的营养、充足的睡眠、适宜的锻炼和有规律的生活，让幼儿充分感受到亲情和关爱，保持愉快的情绪，形成安全感和信赖感。反对成人过度保护和包办代替，养成幼儿过于依赖的不良习惯。

语言领域：从倾听与表达、阅读与书写准备两个方面，提出6个目标。强调语言领域重点在于培养幼儿的口语交流能力，培养幼儿的阅读兴趣、习惯以及初步的阅读理解能力。在教育建议方面，强调要积极为幼儿提供与同伴和成人交流的机会，提供丰富、适宜的低幼读物，经常和幼儿一起看图书、讲故事。强调要在生活情境和阅读活动中萌

发幼儿对文字的兴趣，反对通过机械记忆和强化训练过早识字。

社会领域：从人际交往和社会适应两个方面，着重强调了三点，一是培养幼儿的交往愿望与交往能力；二是学习自尊、自主和自信；三是关心和尊重他人，逐步适应群体生活，遵守基本的行为规范。建议要为幼儿创设温暖、关爱和平等的家庭和集体生活氛围，建立良好的亲子关系、同伴关系和师生关系。强调幼儿的社会性是在日常生活和游戏中通过观察和模仿潜移默化地发展起来的，成人的榜样作用至关重要。

科学领域：从科学探究和数学认知两个方面，提出 6 个目标。强调幼儿的科学学习应注重激发幼儿的探究兴趣，体验探究过程，培养初步的探究能力；幼儿的数学学习应注重在生活和游戏中感知数学的有用和有趣，初步理解数量关系、形状与空间关系，培养初步的逻辑思维能力。在教育建议方面，强调成人要善于发现和保护幼儿的好奇心、求知欲，注重探究过程，引导幼儿通过观察、比较、操作、实验等方法，学习发现问题、分析问题和解决问题。反对提前学习小学教育内容，反对强化训练某些知识和技能。

艺术领域：从感受与欣赏、表现与创造两个方面，强调让幼儿学会发现和感受自然界与生活中美的事物，让幼儿欣赏多种艺术形式和作品，萌发对美的感受和体验；鼓励和支持幼儿自发的艺术表现和创造，培养初步的艺术表现能力与创造能力。在教育建议方面，着重强调要在日常生活中萌发幼儿对美的感受和体验；要充分理解和尊重幼儿的艺术想象、表现和创造，不用成人的审美标准去评判幼儿，不追求技能训练。

（四）《3~6 岁儿童学习与发展指南》的实施

实施《指南》应把握以下几个方面：

1. 关注幼儿学习与发展的整体性

儿童的发展是一个整体，要注重领域之间、目标之间的相互渗透和整合，促进幼儿身心全面协调发展，而不应片面追求某一方面或几方面的发展。

2. 尊重幼儿发展的个体差异

幼儿的发展是一个持续、渐进的过程，同时也表现出一定的阶段性特征。每个幼儿在沿着相似进程发展的过程中，各自的发展速度和到达某一水平的时间不完全相同。要充分理解和尊重幼儿发展进程中的个别差异，支持和引导他们从原有水平向更高水平发展，按照自身的速度和方式到达《指南》所呈现的发展“阶梯”，切忌用一把“尺子”衡量所有幼儿。

3. 理解幼儿的学习方式和特点

幼儿的学习是以直接经验为基础，在游戏和日常生活中进行的。要珍视游戏和生活的独特价值，创设丰富的教育环境，合理安排一日生活，最大限度地支持和满足幼儿通过直接感知、实际操作和亲身体验获取经验的需要，严禁“拔苗助长”式的超前教育和强化训练。

4. 重视幼儿的学习品质

幼儿在活动过程中表现出的积极态度和良好行为倾向是终身学习与发展所必需的宝贵品质。要充分尊重和保护幼儿的好奇心和学习兴趣，帮助幼儿逐步养成积极主动、认真专注、不怕困难、敢于探究和尝试、乐于想象和创造等良好学习品质。忽视幼儿学习品质培养，单纯追求知识技能学习的做法是短视而有害的。

小链接

“四位一体”幼教服务网络（政府、社区、幼儿园和家庭）

幼儿教育要走向社会，不仅需要幼教机构、社区和家庭的通力合作，也需要政府的支持。从政府来说，发展幼儿教育事业，及早培养在全球经济一体化过程中具有竞争力的公民，也需要整合各方力量。早在20世纪60年代，美国就以“开端计划”开创了政府、社区、幼儿园和家庭“四位一体”的幼教网络的先河，大大促进了幼儿教育的发展。20世纪90年代以来，随着幼儿教育的发展和社会发展对幼儿教育的需求，一些国家也开始重视建立“四位一体”的幼教网络。

1997年，英国出台了世界上最早的以社区为基础的早期儿童整合性服务机构——“早期优质服务中心”。这种服务机构主要以保育学校等传统的保教机构为基础，整合社区相关资源，以早期服务为纽带，向儿童及其家庭、社区居民提供服务，以积极应对不同社区的需要。作为一项国家改革计划，政府通过制定“早期优质服务中心”标准、审定申请机构、提供资助和专家支持以及运用评估等手段进行监督、协调和支持。在政府的支持和各地的推动下，至1999年12月英国已经建立29个这样的机构。

【经典回味】

美国优秀幼儿教师专业标准

美国全国教学专业标准委员会（NBPTS）确定3～8岁儿童教育优秀教师专业标准的哲学基础是五条核心的原则：教师要对学生及其学习负责；教师要精通他们所教的学科，并且知道如何将这些学科知识传授给学生；教师要组织、管理和监督学生的学习；教师要对自己的教育教学实践进行系统的反思，并且能通过实践经验中的学习获得提高；教师要成为学习型组织中的成员。在这五条核心原则的基础上，NBPTS制定了优秀幼儿教师专业标准的具体内容。

（一）理解儿童（Understanding Young Children）

（二）公正、公平与多元化（Equity，Fairness and Diversity）

（三）评估（Assessment）

（四）促进儿童的发展与学习（Promoting Child Development and Learning）

（五）有关综合性课程的知识（Knowledge of Integrated Curriculum）

（六）促进儿童有意义学习的多种教学策略（Multiple Teaching Strategies for Meaningful Learning）

（七）家庭和社区伙伴关系（Family and Community Partnerships）

（八）专业合作伙伴（Professional Partnerships）

（九）反思性实践（Reflective Practice）

【思考与练习】

1. 简述《幼儿园教育指导纲要（试行）》的颁布对我国幼儿教育改革的重大历史意义。

2. 简述《幼儿园教师专业标准（试行）》的基本内容与特点。

3. 简述《国家中长期教育改革和发展规划纲要》为学前教育发展带来的新机遇。

4. 简述《3~6岁儿童学习与发展指南》的具体内容。

下篇　外国学前教育史

第八章　古代东方国家的学前教育

[学习目标]

1. 了解古代东方国家学前教育发展和形成的概况。
2. 理解古埃及的学校教育。
3. 掌握古代东方国家学前教育的特点。

[关键词]

宫廷学校　僧侣学校　职官学校　文士学校

引　子

在古埃及，流行着这样的谚语："儿童的耳朵是长在背上的，只有打他，他才听""学神把教鞭送给人间"。新王国时期，一位王子曾说："我每天挨打，如同吃饭一样的习惯和有规律。"

点评：古埃及时，幼儿教育尚处于萌芽状态，因而教育方法难免简单粗暴，导致体罚盛行。尽管如此，古埃及对世界幼儿教育史的发展仍然做出了不可磨灭的贡献。

[知识概述]

大约在公元前3000年左右，埃及、巴比伦、亚述、印度和中国等古代东方国家相继形成早期的奴隶制国家，历史上常称这些国家为"世界文明古国"。它们是人类文明的发祥地，也是学校教育最早产生的地区。

第一节　古印度的学前教育

古代印度是人类文明的发祥地之一，它和中国、埃及、巴比伦并列为东方的四大古国。勤劳、勇敢的印度人民，曾经创造了灿烂的古代文明，为人类做出了自己的贡献。印度的名称起源于印度河，所以现在一般历史上所讲的古代印度文明是从公元前2000年开始的。

据考古资料证实，公元前2500年左右，属于印欧语系的许多部落，从中亚细亚经由印度西北方的山口，陆续涌入印度河中游的旁遮普一带，征服了当地的大部分达罗毗荼人。入侵者是白种人，自称“雅利安”，意为高贵者，以区别于皮肤黝黑的达罗毗荼人。经过几个世纪的武力扩张，雅利安人逐步征服了整个北印度。雅利安人早先过着原始的游牧生活，入侵印度后，雅利安人吸收了达罗毗荼人的先进文化，由游牧转为定居的农业生活，并逐渐向奴隶社会过渡。

由于雅利安人对达罗毗荼人的征服和奴役，以及雅利安人内部贫富分化的结果，在雅利安社会中逐渐形成了一个森严的等级制度，这就是种姓制度。“种姓”一词在印度的梵文中叫“瓦尔那”，就是颜色或品质的意思。因此种姓制度又叫瓦尔那制度，用以区别肤色白皙的雅利安人和皮肤黝黑的达罗毗荼人。在种姓制度下，古代印度人被分为4个种姓：婆罗门、刹帝利、吠舍和首陀罗。婆罗门是祭司贵族，它主要掌握神权，占卜祸福，垄断文化和报道农时季节，在社会中地位是最高的。刹帝利是雅利安人的军事贵族，包括国王以下的各级官吏，掌握国家的除神权之外的一切权力。婆罗门和刹帝利这两个高级种姓，占有了古代印度社会中的大部分财富，依靠剥削为生，是社会中的统治阶级。吠舍是古代印度社会中的普通劳动者，也就是雅利安人的中下阶层，包括农民、手工业者和商人，他们必须向国家缴纳赋税。首陀罗是指那些失去土地的自由民和被征服的达罗毗荼人，实际上处于奴隶的地位。各个种姓职业世袭，互不通婚，以保持严格的界限。不同种姓的男女所生的子女被看成是贱民，或叫不可接触者，贱民不包括在4个种姓之内，最受鄙视。

总的说来，印度的种姓制度实质上是一种阶级制度。种姓制度以及婆罗门的权力高于一切，是古代印度社会的一大鲜明特点，致使其意识形态、教育发展等无不打上这一烙印。古代印度的婆罗门教与佛教的形成和传播，正是为此目的而服务的。古代印度的幼儿教育也不可避免地为维系种姓压迫和培养宗教意识而展开。

一、婆罗门教育

公元前6世纪以前的印度教育通常称为婆罗门教育。古代印度的教育主要以维系种姓压迫和培养宗教意识为首要任务，以培养婆罗门为教育的最高使命，具有强烈的贵族性。婆罗门教育以印度人最高的宗教典籍吠陀经书为学习的首要内容，教育方法为口耳相传。古代印度教育的分期比较明确，一般儿童在7岁之前在家里接受教育，8~16岁在学校学习。公元前9世纪以前婆罗门教育以家庭教育为主，儿童在大约3~5岁左右接受剃度礼后就开始家庭教育。古代印度盛行家长制，父亲是一家之主，一切家庭生活的安排都由父亲做主，父亲同时握有子女生杀、买卖大权，也有教育、培养儿童的义务。尤其是婆罗门种姓家庭，为了保持种姓的尊严和世袭，父亲在家庭中除了传授生活知识、基本技能、行为习惯和风俗习惯之外，最主要的是悉心指导子女传诵吠陀经典。尽管吠陀经书均由梵文写成，对于幼儿来讲词意晦涩、艰深难懂，但是传授时也不允许儿童抄写，是因为当时的人们认为吠陀经书里的内容都是神所说过的话，如果擅自抄写，则有渎神之嫌。这种神学色彩极浓的家庭教育，一般要经过10年的时间，才能学完4部吠陀经书中的一部，这对于婆罗门家族的儿童来说，花费大量的时间和精力，去背诵如此浩繁难解的宗教术语，实在是项繁重的苦役。

二、佛教的幼儿教育

佛教的幼儿教育一般在家庭中进行，也有信仰虔诚者在子女五六岁时把他们提前送入寺或庵中“出家”修行。入寺或庵修行的儿童要参加一次专门的入学仪式才能成为僧（尼）徒，之后的教育内容除了重视道德品格教育和言行举止的训练外，主要是学习佛教经典。学习12年并经检验合格者，则可留寺（庵）充当比丘（即和尚）、比丘尼（即尼姑）。普通家庭的孩子从懂事起就在父母的言传身教和日常生活中接受早期的教育，比如儿童要对佛祖释迦牟尼虔敬崇拜，要定期跟随父母参加宗教仪式，诵读简易经文；要坚持慈悲为怀、积德行善、普度众生、悲天悯人的做人准则；要勤奋、早起、打坐、洁净、生活俭朴、乐意吃苦；此外，还要养成一种乐意助人、慷慨施舍的心态等，并准备自己稍大一点即可宣布皈依佛法，以便成为在家佛徒。以上这些都是为了实现在信仰方面、公德意识的养成方面和良好行为习惯的培养等方面的教育目的而提出的要求。这些在家修行的僧（尼）被称为优婆塞（优婆夷）。

总之，古代印度的幼儿教育是与种姓制度和宗教神学密切相关的，不论是婆罗门教育还是佛教教育，它们的教育目的都主张培养幼儿的宗教意识。其中婆罗门教育是以维系种族压迫为核心目的，佛教教育则以主张吃苦修行、消极厌世、追求来生为基本特征。

第二节　古埃及的学前教育

古代埃及地处非洲北部的尼罗河流域，公元前3500年左右逐渐建成上埃及和下埃及两个奴隶制王国。大约公元前3200年埃及王国统一，到公元前332年被马其顿王亚历山大征服，其间共经历了早期王国（约公元前3100—前2689年）、古王国（约公元前2686—前2181年）、中王国（约公元前2040—前1786年）、新王国（约公元前1567—前1181年）、后王朝（约公元前1085—前332年）等历史时期。据考古学家证实，早在公元前4000年，埃及人就开始使用象形文字，到了古王国时期，埃及的文化教育事业已经得到很大的发展。与其他国家相比，古埃及的教育比较发达，教育制度比较完善，家庭教育内容、学校教育类型也多种多样。

一、古埃及的学前儿童的生活

古埃及的学前儿童的死亡率是很高的，在卫生条件很差的情况下保持一个婴儿健康的最好办法，就是用母乳喂孩子。母乳不仅能给予婴儿以抗体，而且能避免由食物引起的疾病。由于婴儿在断奶时免疫力下降，因而患病的可能性就上升，许多小孩在4岁时就夭折了。因此，延长哺乳期对孩子的生存作用很大，延长哺乳期对母亲也有利。古埃及的婴儿有大量的时间用于玩耍，但一过婴儿期，他们就要被训练成成人。女孩跟母亲学做家务或农活；男孩则子承父业，先是学习简单的事情，然后干更重要的活。父母也让孩子了解世界，以及宗教信仰、伦理道德和正确的行为等。讲故事在古代埃及人的生活中占有重要地位，儿童就是在听故事的过程中逐渐长大的。

二、古埃及的家庭教育

古埃及以家庭为教育子女的场所。即使是在学校产生以后，家庭仍然是重要的教育园地。而且家庭教育不仅属于普通生活智能和道德品质的培养，就连高深的专业知识和技能也由其传授。一般来讲，古埃及的儿童在 14 岁以前由母亲负抚育之责，子女们以玩具为游戏，并从日常活动中受教育。在古王国和中王国时代，权贵人士都以王宫为生活中心，其五六岁以上的子弟也常到宫廷和王子同玩，有时和王子王孙同受教育，学习文化和实习治术。直到新王国时期，才发展到由政府部门成立学校，担负起造就官员的职责。古埃及的专业工作者，如：医师、木乃伊师、建筑师等，每每采用师徒传习的方式，由父亲在生产作业中，把应具备的知识和技能教给儿子，教育、生产和生活是融为一体的。古埃及的年轻人通常从事与父亲相同的职业。这并不是严格的继承，而是将父辈的职业传给子辈。儿子被界定为“年老父亲的接班人”，帮助老年人完成任务并最终接替他。因此古埃及的不少行业，其行业秘密是由不同家族长期把持的。例如，某建筑师之家曾经 22 代之久从事营建工程；某高僧之家 9 代世传曾为僧侣；某文士之家曾 7 代世传为文士。历史学家狄奥多拉斯曾说：“处理尸体的巧妙的木乃伊师，是由家庭传统中获得专业知识的。”所以，不少家庭担负着专业教育的重要职责。

三、古埃及的学校教育

古埃及的学校教育大致有宫廷学校、僧侣学校、职官学校和文士学校等机构类型。

（一）宫廷学校

宫廷学校始建于大约公元前 2500 年，是埃及有史记载的最古老的教育机构。顾名思义，此类学校设置在宫廷内部，其教育对象主要是皇子皇孙和极少数大臣子弟。学校主要邀请有经验的僧侣、官吏、学者等任教，有时候国王（法老）也亲自授课。在古代埃及，奴隶主贵族及大臣一向以王宫为活动中心，其五六岁以上子弟可以出入宫廷与法老子孙共同活动和学习，有时法老也和他们以玩戏为乐，并派官员进行教育，这样宫廷学校便逐渐发展和完善起来。由于这些权贵子弟都将成为统治者，等他们年龄稍长，便派他们到有关部门见习。学生结业以后，就被派往国家机关接受锻炼，获得实际经验，并学习专门知识，然后正式委任为官吏。

古埃及的皇族子弟在幼年时期享有乳母的精心喂养，稍一懂事，就被送入宫廷学校进行系统的学习。在宫廷学校，幼儿主要学习简单的初步知识、进行抄写练习，以及模仿成人的宫廷礼仪，以便养成未来统治者所应具备的言行举止。除此之外，幼儿还经常被灌输敬畏日神、忠于国君的说教，以及进行简单的游戏、听故事等。在教育方法上，教师经常对幼儿施行体罚，在古埃及人看来，体罚是合理的行为。就像古埃及谚语所说：“学神把教鞭送给人间”“男孩的耳朵是长在背上的，打他他才听”。另据古埃及文献记载，公元前 1500 年左右的新王国时期，有一名叫塔胡梯的皇子曾深有感触地

图 8－1　寺庙学校

说："我每天挨打，如同吃饭一样的习惯和有规律。"

（二）僧侣学校

在中王国时期之后出现的设在寺庙中的学校，因此也称寺庙学校。古埃及的寺庙，既是宗教活动的场所，也是替埃及法老办理天文、建筑等专业领域内事务的机构，因此当时的寺庙也间接承担了为以上专业领域培养接班人的任务。但由于僧侣学校的教学内容一般以较高深的天文学、数学、医学等为主，因此少数祭司、医学、建筑等职业家庭的男孩子在进入僧侣学校之前，首先在家庭中接受父辈们的教育和熏陶到 17 岁左右，才能进入僧侣学校继续学习。

（三）职官学校

这种学校是埃及中王国时期国家官办的具有职业教育性质的学校。由于中王国时期古埃及国家发展日益强盛，宫廷学校已不能满足社会对培养人才的需要，这样就出现了在政府机关内附设建立的职官学校，以担负培养训练自己机关所需要的官吏的任务。这些学校的教育对象为贵族和官吏子弟，还招收一定数量的外邦留学青年。职官学校出现并发展后，宫廷学校便逐渐衰落。在职官学校中，学习内容除基础知识外，还要进行与政务工作有密切联系的业务训练。这类学校的教师大多由学校所在政府机关的官吏充任，学生从 5 岁开始，经过 12 年的学习，毕业后可成为文士和官员。学校的教育内容包括普通文化课程和专门的职业教育。

（四）文士学校

在古埃及的学校教育机构中，文士学校是最主要的，也是最重要的学校，同时也是一种相对比较低级的教育机构。古代埃及公私事务均注重书写，各级官吏又由文士（scribe）充任，很多文士遂私人招生授课，有志的青少年前往学习。教育史上将这种私立学校称为文士学校，也叫作书吏学校。此类学校主要用以培养能从事书写和计算工作的人，它对学生的出身限制较前三类学校少一些，因此招收的学生人数也相对较多。

儿童 5 岁可以进入这种学校，学习到十六七岁，学生在十三四岁时能受到处理官府公务的实际训练。教育内容中有书写、计算、律法知识、数学、天文和地理等，其中最受重视的是书写。就学习书写的内容而言，在最初阶段主要是关于道德的训诫，等学生能力逐渐提高后，便书写《尼罗河的赞歌》《道福的教诲》等长文。古埃及在书写教学中还注重指导儿童学习辞令，认为善于辞令是良好教养的标志。儿童获得初级水平的书写能力后，则以商业文牍、请假申请书、对长官的颂词、工作报告等，作为书写练习的题材。等到学生年龄再大一点，教师便培养其写作能力，教他们想象各种具体情况练习作文，如记叙和撰写法老和高级官吏的旅行、城市和庙宇的建筑、船舶的修理、下属向长官提出的申请书，上官对僚属的复札等等。虽然文士学校有贫家子弟入学就读，但从总体上来看，埃及各类学校的学生多半是奴隶主子弟，而一般农民、手工业者是很难有机会入学的，这也说明了古埃及学校教育中的等级性。

综上所述，古埃及的教育机构呈现出多样化的特点，但是由于当时的幼儿教育尚处于萌芽状态，因此它与初等教育之间没有明显的年龄界限；教育内容具有强烈的职业性和实践性；教育方法简单粗暴，体罚盛行。尽管如此，古埃及对世界幼儿教育史的发展仍然做出了极大的贡献。

第三节　古希伯来的学前教育

古代希伯来位于现在的西亚巴勒斯坦地区，是现代犹太人祖先的居住地，信奉犹太教，奉耶和华为最高主宰和庇护神。约公元前 1010 年，奴隶主大卫建成统一的希伯来王国，不久之后却由于民族矛盾走向分裂：北部形成以色列，建都在撒马利亚；南部为犹太国，建都在耶路撒冷。公元前 722 年，以色列亡于亚述；公元前 586 年，犹太国亡于巴比伦。犹太亡国之际，战胜者新巴比伦国王尼布甲尼撒二世掠获大批战败国的富贵之家到巴比伦，造成历史上有名的“巴比伦之囚”。直到公元前 538 年，波斯帝国灭巴比伦，希伯来人才得以重返家园，建立宗教公社，以犹太教为立国施教之本，以耶路撒冷为都城。

公元 70 年，犹太国家被罗马帝国吞并。综上所述，其历史大致可分为两个时期：第一时期从摩西带领希伯来人逃离埃及（约在公元前 14—前 13 世纪）到公元前 586 年犹太王国亡于巴比伦；第二时期从公元前 538 年希伯来人返回家园至 1 世纪被罗马帝国吞并。古代希伯来的幼儿教育发展也因为这两个历史时期的不同而具有不同的特点。

一、幼儿教育的家庭时期

在流放时期之前的希伯来，没有学校，主要由部落和家庭来关心教育。在希伯来人看来，国家的兴旺以众多幸福的家庭为基础，而子女受到良好教育方能保证父母的幸福，没有良好的家庭教育便是父母的苦恼。教导子女既被视作父权，同时也是不可忽视的父职。而且家教固然要由父亲负责，母亲也不该推诿。《圣经·申命记》中说：“当儿子向你们问道‘所谓上帝训诫你的圣书、法律、裁判等，究竟何所指’时，父母应当给予解释回答。父母必须擅长并乐于随时准备向子女反复讲述上帝的伟大教言”。摩西带领希伯来各部落出埃及定居巴勒斯坦以后，希伯来社会逐渐由游牧文化进入农业文化。这一时期家庭组织形成，属于父权制。父亲为一家之主，拥有绝对的权威。当时学校还未出现，家庭成为教育青年一代的主要场所，父亲理所当然地承担教育儿童的职责。

父母担负的主要责任是培养孩子，使他们作为以色列这个群体的成员去生活。其目标是要把他们锤炼成延绵不断的链条中牢不可破的环节，从而使先辈们留下来的宗教遗产得以完好无损地传给后代。要实现这一理想必不可少的一点就是要把《托拉》的知识灌输给他们。“也要殷勤教训你的儿女”这条律令被看得很重，并被包括在每人早晚的祷告词中。

婴儿自出生之日起实际就进入了接受家庭教育的程序，这种对早期教育的重视，主要涉及的是家庭教育。在家庭中，儿童最初接受的是母亲的基本道德教育。《圣经·箴言》称：“我儿，要听父亲的训诲，不可离弃你母亲的法则。”男孩子长大后，父亲便开始向他传授有关民族传说、宗教信仰和祖先训诫等方面的知识和某种职业技能。父亲常常要把自己的一技之长传授给儿子，以保证他将来成家立业，不致成为社会的累赘，犹太谚语“不授子业，纵子成贼”正是此意。当时的教育方法不正规，家庭教育主要以生活训练为主，通过实践达到教育目的。孩童幼时以游戏为教育手段，稍大一点便积极参加劳动和使用武器。在父亲和部落中亲属们的指导下，男孩子学会一切必要的本领。由于那些法律学家和权威学者们自己也往往从事某一行业，所以艺术、手艺和手工劳动便起到教育每个孩子的作用。一些男孩通过与其父兄一起劳动而受到训练。

希伯来的家庭教育以陶冶宗教的思想感情为其首要目标。家庭教育不仅对儿童进行道德和某些职业方面的训练，更重要的是对儿童进行宗教神学的灌输，以培养宗教信仰为最重要的目标。这种以培养对上帝的信仰和敬畏的教育，由父母言传身教，传于子女。犹太人为了让儿童从小树立牢固的宗教意识，还经常有意识的利用名目繁多的宗教节日活动，对他们进行宗教道德意识的灌输和教育。每年最重要的犹太节日有三个：逾越节、收割节、住棚节。逾越节从犹太历尼散月 14 日起，纪念犹太人从埃及出走的成功。从 14 日晚直到 21 日晚共计 7 天之中，只能吃新收大麦做的无酵饼，表示对上帝的纯洁之心，也表示食物中没有任何上一年的粮食。同时要吃苦菜，象征着犹太人曾在埃及受苦。这个节期因此也称除酵节。7 天之中，第 1 日与第 7 日都是安息日，不能工作，只能集会。凡不听上帝训示的，要从犹太人中剪除。逾越节的详细情况也记在《圣经·出埃及记》中，作为定例，一直延续至今。收割节指的是，犹太人在迎南定居后，因农业至关重要而祈求丰收。当小麦即将成熟、丰收在望之时，人们十分喜悦，要对上帝表示感谢。这便是收割节的出发点。住棚节从赎罪日后第 5 天起，整整一个星期。其间人们用葡萄、无花果等七种植物的枝条搭起临时棚舍，大家都住在棚中，并在棚中欢庆节日，在棚里住 7 日是为了纪念以色列人从埃及出走在外漂流 40 年这一段经历。住棚节与逾越节都与犹太人出埃及的故事有关，但住棚节带有庆祝收割完毕的欢乐色彩，故又称收藏节，与逾越节吃苦菜的受苦象征形成了对比。

这三大节日都带有浓厚的宗教意味。其实，几乎所有的犹太节日都不同程度地与犹太宗教信仰和律法有关。在圣经中提及的犹太节期多达几十个，较为重要的几乎每个月都有。在古希伯来社会，孩子们所处的生活环境也具有教育意义。如石料和其他材料制造的纪念碑遍布全国各地，用以纪念希伯来历史上的大事件。在这一时期，由于有众多的宗教节日，使人们恢复了对于神和理想的献身精神，从而使这些节日显得十分重要。儿童们在游戏中也经常表演这些活动，并充当不同的角色。教士总是定期地召集所有的人民来听他们宣讲和解释法典。妇女、儿童和成年男人一样，也是听众的一部分。儿童成长的整个生活环境就是他学习知识的大学校。

正是这种沉浸着浓郁宗教气氛的家庭教育，使得每个犹太人家庭都是一个个牢不可破的堡垒，正是这种把一切统摄在笃信上帝、充当上帝的子女的教育之下，使得犹太人尽管以后散居各地或被掳往异乡，仍能继续生存、发展，保持其传统习惯、宗教信仰。

虽然古代希伯来家长一般都懂得一些文字和书法，但教育儿童的方式却基本是口授，父亲为了严格地要求儿童，有时甚至会采用体罚和暴力手段。

二、幼儿教育的学校时期

在公元前 586—公元前 538 年近半个世纪的巴比伦流放时期，希伯来人开始接触一种更为先进的古代巴比伦文化，这在一定程度上有利于推动希伯来文明的进步，但同时希伯来文明也面临着被外族文化吞并的危险。于是流放中的希伯来人在居住地周围建立起犹太会堂，不论大人儿童，必须经常在那里聚会或者做礼拜，倾听教士宣读圣经，聆听上帝的教诲，以提醒所有的希伯来人铭记自己的故乡和祖先。起初，会堂只是进行祈祷的场所，慢慢地它成为讲述律法知识，在安息日和周末举行礼拜祷神的地方。到后来各居民区几乎都有了这种建筑。因为在其中不仅进行祈祷，讲解和阐述经典也是主要工作。更进一步，儿童们便来会堂就学，会堂便兼为教学机构了。会堂既负有教育任务，便需要胜任这项任务的人才，其结果便促成文士的出现。文士具备良好的学术修养，能够解说经典的含义。这种会堂和文士的出现为学校的产生提供了客观条件。

公元前538年流亡归国后，这种融幼儿教育与小学教育为一体的会堂式小学校越来越多，并开始出现从会堂独立出来的学校。儿童在学校里读书、写字和理解一些简单的律法知识，教师经常会以口授的方式摘读《摩西五经》的诗句指导儿童朗读；有时为了帮助记忆，教师经常给儿童印满字句的圣饼，让他们边吃、边读、边记，并组织他们互帮互学、相互竞赛。同时，教师鼓励儿童提问，并认为凡是善于提问题的孩子，才是善于学习的孩子。当然，此时通常采用的教育方法主要仍是家长制加体罚。虽然自从摩西带领大家重返家园并进行了一系列的改革后，希伯来人的儿童教育观已经越来越具有民主色彩，但是他们仍然不反对体罚。在古代希伯来人看来，教育就意味着严酷的纪律，只有这种纪律才能保证家庭和宗教教育的成功。虽然父母之爱是天性使然，但是为了教育好子女，就要严格地管教他们。由此，古代希伯来人认为对儿童的打骂和体罚完全不是出于愤怒，而是出于信念，是为了培养儿童敬畏神明、谦逊节制、诚实勤劳的美德。

古代希伯来人对儿童的早期教育颇为重视，它被看作是为了整个国家和民族服务的。正是由于希伯来儿童从小在家庭和会堂学校中接受严格的宗教教育，才把一个亡国的民族紧紧地联结在一起，并进行着不屈不挠的斗争，直至创造出崭新的未来。

【经典回味】

尼罗河与古埃及文明

尼罗河是非洲最长的河流，它在每年的七月都要定期泛滥，浑浊的河水漫出堤岸形成宽阔的河面，一直到秋分时节达到最高水位，此后会逐渐回落退潮。泛滥的河流虽然给人们带来灾难，但是退潮后留下的淤泥却十分肥沃，为农业的发展提供了良好的条件。

【思考与练习】

1. 古代埃及的幼儿教育有哪些特点？
2. 古代希伯来在摩西改革后，其儿童观发生了哪些变化？
3. 试比较古代东方各国幼儿教育的异同。

第九章　古代西方国家的学前教育

[学习目标]

1. 了解西欧中世纪的学前教育观。
2. 理解斯巴达、雅典学前教育的概况、特点。
3. 掌握苏格拉底、柏拉图、亚里士多德和昆体良的学前教育思想。

[关键词]

苏格拉底法　雄辩术　理想国

引　子

古希腊有个青年人自认为自己比大哲学家苏格拉底还聪明。

有一天，苏格拉底问他一个问题："世间是先有蛋还是先有鸡？"青年人不假思索地回答："鸡是从蛋中孵出来的，自然是先有蛋罗！""蛋是鸡下的。没有鸡，蛋从哪里来？"青年人想了想说："那还是先有鸡！""你刚才已经说过，鸡是从蛋中孵出来的。没有蛋，鸡从哪里来？"青年人抱怨说："你怎么提出这样一个怪问题呢？现在我也问你一个问题。""请提吧。""你说说是先有蛋还是先有鸡？"苏格拉底老老实实地回答："我不知道。"青年人笑了："这样看来，你和我其实差不多啊！"

苏格拉底说："不，你是以不知为知，我是以不知为不知。以不知为知非知，以不知为不知非不知矣！"

点评：苏格拉底是哲学史上里程碑式的人物，在西方文化史上被誉为是"圣人"。从上述故事中我们可以知道，苏格拉底是一个以"不知为不知"的实事求是的人。同时，上述故事很好地阐释了苏格拉底的"助产术"，他采用"诘问式"，以提问的方式揭露出青年人对"世间是先有蛋还是先有鸡？"这一命题理解的矛盾之处，以动摇青年人论证的基础，指明青年人的无知。

[知识概述]

在靠近东方国家的希腊半岛和地中海东北部沿岸地区是西方文明的发祥地，它孕育了古代希腊文明。到了公元前 8 世纪前后，希腊原始社会解体，逐渐发展成为典型的奴隶制社会，希腊在各族分布范围的基础建成了数以百计的独立城邦，即山"城市"和周围农牧地域构成的奴隶制国家。其中最重要、最强大、最有代表性的两个城邦是斯巴达和雅典。这两个城邦虽然共同存在于同一个时代，但是由于各自的政治、经济和地理条件等的不同，其幼儿教育的特征也迥然各异。

第一节 古希腊的学前教育及其代表人物

公元前5世纪至公元前4世纪是希腊城邦的繁荣时期，其政治、经济、科学和艺术都有了高度的发展，并在西方文化发展史上起到了重要的奠基作用，历史上称为希腊文化时期。从公元8世纪起，古希腊的经济得到了迅速的发展。铁矿的开采和冶炼技术的普及，为农业和手工业的发展提供了更多的劳动工具；农业和手工业的发展，又为工商业的发展创造了良好的基础；工商业贸易和航海业的发达，促使国际交往和海外贸易不断增长，从而对希腊各城邦的经济产生了巨大的影响。由于商业的发达，工商业奴隶主贵族逐渐形成并发展壮大，同时日渐取代农业世袭贵族而占据统治地位。许多城邦由于经济生活的需要，而广泛实施相应的奴隶主民主政治，雅典是其中典型的代表。由于社会条件的不同，相同的城邦其政治体制也不尽相同。与雅典相反，斯巴达由于相对封闭的自然环境和自给自足的农业经济，加之对土著居民的征服和奴役的需要，而逐渐建立起保守的贵族寡头统治。古希腊的教育思想主要是在雅典和斯巴达这两个希腊最强大且最具有代表性城邦的教育实践基础上孕育和发展起来的，由于这两个城邦的经济、政体、文化和地理条件的不同，因而形成了两种各具特色的教育类型。

一、斯巴达的幼儿教育

斯巴达位于伯罗奔尼撒半岛南部的拉哥尼亚平原，这里土地肥沃，有发展农业的良好条件，是古希腊最大的一个农业城邦，但因其周围群山环绕，故交通十分闭塞。斯巴达封闭的地理条件，对其经济和教育的发展都有一定的影响。

在斯巴达，儿童属于国家所有，斯巴达人对新出生的婴儿实行严格的体格检查制度。只有那些检验合格、体格健壮的新生儿，才被允许生存下来；身体孱弱或有残疾的新生儿则被弃之荒野。实行体格检查的目的，是为了保证种族质量在体质上的“优越性”，以便日后培养出体格强壮的战士。

儿童在7岁之前，由父母在国家的监督下抚养教育，具体工作一般由母亲负责实施。为了方便新生儿的四肢活动，以便迅速增强他们的适应能力，斯巴达的母亲们从来不用衣物包裹他们；并且，母亲们为了使婴儿长大后不怕黑暗、不怕独处、不任性、不择食、不哭闹、不顽皮，还经常进行一些专门训练。斯巴达的母亲们也因此以善于抚养、调教儿童而著称。比如儿童稍大一些时，要教给他们不计较食物的品种和好坏、不挑剔衣服的颜色和式样；要经受住恶劣生存条件的考验，要善于吃苦耐劳，同时要经常参加身体锻炼，以保持强健的体魄。此外，在性格养成方面，要教育他们知足、忍耐、勇敢，男孩子长到五六岁时，还经常被带到斯巴达成年男子聚会的场合去聆听关于英雄事迹的演讲，对英雄们的伟大事迹顶礼膜拜，同时通过观察成年人的活动，获得斯巴达生活方式的初步熏陶，从而为7岁以后进入正规的国家教育场所接受严格训练打下坚实的基础。

此外，斯巴达十分重视女子教育，女孩在体力方面和道德方面也受到同样的教育，以便在男子出征时担负起保家卫国的职责。

总之，斯巴达国家封闭的地理条件和其试图维持国家统治的现实需要决定了斯巴达教育的总特征为单纯的军事体育训练和性格教育；其教育目的是培养性格坚强、英勇善战的军人。可以说，这种教育贯穿斯巴达儿童的人生。

图 9-1 伊索寓言

二、雅典的幼儿教育

雅典的儿童在 7 岁之前，一般要在家庭里接受系统严格的养护和教育。首先新生儿要接受严格的体检，不健壮的或者残疾的婴儿被弃之野外，或者交给奴隶抚养，只有体格健壮者才有资格活下来。雅典的家长非常注重对婴儿的合理喂养，注重婴儿的饮食卫生和适宜的生活环境。富裕人家的婴儿在襁褓期间，通常由有经验的奶妈负责照料。斯巴达妇女由于善于调教儿童成为雅典贵族欢迎的奶妈候选人。婴儿断奶后，一般会交给专门的家庭女教师继续照料，要负责儿童的饮食起居、散步玩耍和初步的教化等。幼儿在家庭教师的引领下，可以玩玩具（如木偶、皮球等）、做游戏、听讲故事（如《伊索寓言》等）、欣赏音乐（如母亲或者女仆温柔动听的摇篮曲等），儿童在内容丰富的家庭教育的初步熏陶下，不但获得知识，同时养成初步的礼貌行为习惯，从而为 7 岁之后的继续教育打下基础。7 岁之前的雅典儿童，不分男女都要在家庭中接受教育；7 岁之后，女孩子仍然留在家中接受母亲的教育，学习纺织、缝纫等技能；男孩子则要进入专门的文法学校、弦琴学校或体操学校进行学习。

三、柏拉图

柏拉图是西方学前教育思想的重要奠基人，他在其代表作《理想国》中提出一个围绕培养“哲学王”的教育计划，其中涉及的学前教育问题对后世的教育思想发展有重要的影响作用。

图 9-2 柏拉图

（一）生平和代表作

柏拉图（Plato，前 427—前 347 年）是古希腊著名的思想家、哲学家、教育家，客观唯心主义的创始人。他出身于雅典的一个贵族家庭。母亲是政治家梭伦的后裔，父亲也出身显贵家庭。柏拉图从小就受到了良好的教育。青少年时师从苏格拉底 8 年时间，在政治上与其老师一样，反对当时盛极而衰的民主政治而拥护贵族专政，是苏格拉底最得意的弟子之一。

柏拉图的著作较多，其教育思想主要反映在《理想国》和《法律篇》中。在认识论上，柏拉图主张认识不是对万物存在的现象世界的感知，而是对理念世界的回忆。他力图从具体、个别的事物中追求事物的规律，因而是人类认识发展史上的一个进步。但是他的理念论把事物的一般概念绝对化，把它们变成脱离事物并先于事物而独立存在的精神实体，从而割裂了一般与个别、共性与个性的关系。

具体到教育上，他认为学习就是回忆，即：人的灵魂因为先于肉体存在于理念世界中，所以灵魂本来就认识理念。但是当灵魂再次投生人体后，由于惊吓等原因，就暂时忘却了原有的理念知识。以后通过学习就能逐渐回忆起原来所掌握的知识。并且柏拉图认为，人死后灵魂离开肉体又回到理念世界中，即灵魂不死。柏拉图的这些思想，对后世宗教学影响很大。柏拉图在社会观上很推崇斯巴达的社会制度——原始的共产主义，因此，写了专著《理想国》阐述了自己的主张。在柏拉图理想的国家中，将神的最优创造物——人分为3个等级：哲学家、军人和劳动者。其中，哲学家是奴隶主国家的最高统治者，是神用金子做成的，拥有智慧和理性。军人是奴隶主国家的保卫者、社会秩序的维持者，是神用银子做成的，拥有勇敢和意志的品质。劳动者包括手工业者和农民，是神用铜铁做成的，具有节制的品质。显然，这是为奴隶主贵族专制制造的理论依据。柏拉图的哲学和社会学思想反映在教育上，就是教育应为国家培养哲学家和军人。在教育的组织管理上，他主张国家控制教育，采取公养公育的方法培养人才。

（二）学前教育思想

1. 学前教育的任务

在西方教育史上，柏拉图是最早提出学前儿童教育问题的教育家。他主张：儿童应该从出生就接受教育，因为“凡事开头最重要。特别是生物，在幼小柔嫩的阶段，容易受到陶冶，你要把它塑成什么形式，就能塑成什么形式”“一个人从小所受的教育把他往哪里引导，就能决定他后来往哪里走”。关于学前教育的任务，柏拉图认为主要是着重于道德行为的熏陶，以形成良好的品质。为此，他强调要利用儿童善于模仿的人性，从小就让他们模仿那些英雄伟人的言行举止：对于那些与传统的道德标准不相符合的言行，则要严禁儿童模仿。通过这些有意识的训练，就相当于把对于善与恶的认识的种子，播撒到儿童心灵上，从而引导他们爱其所应该爱的、恨其所应该恨的。对此，柏拉图强调“先入为主，早年接受的见解总是根深蒂固不容易更改的”。

2. 学前教育年龄阶段的划分和内容的选择

柏拉图在《理想国》中制订了一个从胎教开始直到50岁为止的长期的教育计划，并按照年龄阶段对各时期的教育内容进行了详细的阐述。他认为7岁以前儿童的教育是人生的奠基时期，为此他主张优生的观点。关于儿童出生后到7岁之前的教育，他又把这一阶段划分为两个时期：出生至3岁是第一时期。在其“儿童属于国家所有”观点的指导下，柏拉图认为儿童一出生就应该送到国家特设的育儿场，接受统一的照料和管理，由女仆专职负责饮食起居；教育则由国家最优秀的公民来监督实施，并用摇篮曲、儿歌等对婴儿施以教育；3~6岁是第二时期。此阶段的儿童要集中到神庙的儿童游戏场上，由国家选派公民监督教育，饮食起居由女奴负责。教育内容主要是讲故事、做游戏、学音乐等。

柏拉图非常注重给儿童讲故事，认为这是对儿童进行道德教育的有效途径。但是主张讲给儿童的故事要经过挑选，选择那些能激发幼儿勇敢、正义和高尚品德的故事。除此之外，还要审查创作故事的人，以提前删除不利于儿童成长的故事内容。不但如此，柏拉图还对寓言、诗歌等文学作品的内容加以严格挑选，主张要把真正振奋精神、鼓舞斗志、积极向上的作品奉献给儿童，而随时取缔那些神鬼离奇、死难恐怖的题材，防止儿童因受到感染而成长为残暴、凶狠的狂妄之人。

柏拉图同样重视游戏在儿童教育中的重要作用。他认为，游戏符合儿童的天性，应给予满足，但又提出游戏不仅仅是玩耍和娱乐，同时也是一种教育过程，为此要选派有经验的人去组织和管理，同时游戏的内容和方式要符合法律精神。“因为，如果游戏是不符合法律的游戏，孩子们也会成为违反法律的孩子，他们就不可能成为品行端正的守法公民了”。另外，他主张在组织游戏时，方式和内容要有精心的安排，不要经常变化，否则会影响其成人时对国家和法律的忠诚。在符合法律精神的基础上，游戏活动尽可能由孩子们自己发明，但是也要讲究一定的规则和秩序，否则就容易出现违反纪律的现象。由上可见，柏拉图一方面认为儿童游戏很重要，另一方面又给儿童的游戏以种种规则和法律的限制。这表现出一种他自己难以调和的自相矛盾的心态。

音乐也是柏拉图对儿童规定的教育内容。他认为合适的音乐可以使儿童的身心得到陶冶，但是要为儿童选择那些旋律优美、曲调和谐的乐曲，儿童在优美音乐的熏陶下会逐渐变得仪态优美、精神和谐。柏拉图还强调儿童的心灵教育应该和体育教育相结合。他认为和谐的教育应当是“用体操来训练身体，用音乐来陶冶心灵”，因为音乐和体操结合能够使儿童的激情和理性两个方面更趋于和谐，而不至于偏废某一方面。柏拉图的体育思想在其思想体系中占有重要地位，他主张儿童体育的目的是为了使其身体健康，为了使儿童更好地为国家奉献自己，而不至于因为体质虚弱而牵制心智的发展。因此，儿童的体育要简单而朴素，比如儿童的饮食要适当，生活要有规律，睡眠时间不能过多也不能太少，日常训练要量力而行，等等。

柏拉图是西方古代教育史上最伟大的教育家，他的幼儿教育思想史具有开创性的历史意义。他首次提出了有关教育的许多重要问题，对后世各国教育思想的发展产生了深远的影响。他重视教育的政治意义，并提出教育是受教育个体和社会互相影响的互动过程的观点，进而提出儿童公育的思想。他是西方学前教育思想的奠基人，他重视优生优育；主张分阶段对儿童进行早期教育；他提出慎选故事内容、音乐素材和游戏内容，主张身心和谐发展。所有这些观点对后世学前教育思想的发展无不产生了巨大的影响。当然，作为奴隶主阶层出身的教育家、思想家，柏拉图的教育观点同时带有诸多保守、落后的迷信色彩。

四、亚里士多德

亚里士多德是古希腊哲学家、教育家。他在《政治学》和《伦理学》两部著作中集中阐述了其教育理论和幼儿教育思想。

（一）生平和教育活动

亚里士多德（ Aristotle，约前 384—前 322）生于富拉基亚的斯塔基尔希腊移民区，父亲是马其顿国王腓力二世的宫廷侍医。亚里士多德学过医学，还在雅典跟柏拉图学习哲学长达20年，他是柏拉图学园的积极参加者。在雅典的柏拉图学园中，亚里士多德表现得很出色，柏拉图称他是“学园之灵”。但亚里士多德不是一个只崇拜权威、在学术上唯唯诺诺而没有自己想法的人。他努力收集各种图书资料，勤奋钻研，甚至为自己建立了一个图书室。在学园期间，亚里士多德就在思想上跟老师有了分歧。他曾经隐喻地说过，智慧不会随柏拉图一起死亡。到了柏拉图晚年，他们师生间的分歧更大了，经常发生争吵。公元前347年，柏拉图去世后，亚里士多德在雅典又继续待了两年，此后他开始游历各地。公元前343年，他受马其顿国王腓力二世的聘请，担任起太子亚历山大的老师。公元前335年，亚历山大继任王位后，他重返雅典，创办了一所名叫吕克昂的学园。学园占有阿波罗吕克昂神庙附近广大的运动场和园林地区。在学园里，有当时第一流的图书馆和动植物园等。他在这里创立了自己的学派，这个学派的老师和学生们习惯在花园中边散步边讨论问题，因而得名为“逍遥学派”。他的著作包含三个方面：一是前人的知识积累；二是助手们为他所做的调查与发现；三是他自己独立的见解。

图9－3　亚里士多德

作为一位伟大的、百科全书式的科学家，亚里士多德对世界的贡献无人可比。他是一位真正的哲学家，对哲学的几乎每个学科都做出了贡献。他的写作涉及心理学、经济学、神学、政治学、修辞学、教育学、诗歌、风俗，以及雅典宪法。他的研究课题之一就是搜集各国的宪法，并依此进行比较研究。亚里士多德对世界的贡献之大，令人震惊。他至少撰写了170种著作，其中流传下来的有47种。当然，仅以数字衡量是远远不够的，更为重要的是他渊博的学识令人折服。他的科学著作，在那个年代简直就是一本百科全书，内容涉及天文学、动物学、胚胎学、地理学、地质学、物理学、解剖学、生理学，总之，涉及古希腊人已知的各个学科。他因此被马克思誉为“古代最伟大的思想家”。

（二）论教育的本质和目的

亚里士多德和柏拉图一样，都充分肯定了教育与政治之间的关系，把教育视为实现政治的最重要手段。他认为，教育是最高的政治艺术，国家政治的优劣在很大程度上取决于城邦公民的本质，所以教育应该成为国家的重要事业，由国家统一管理，而不能由私人控制。因为在他看来，教育的目的首先是为了培养良好公民，必须让全体公民都接受统一的教育。并且这种国家统一管理的教育，还必须符合特定国家的社会生活的需要，教育要依据国家政体的性质而定，为此他强调应该把教育纳入国家法治的轨道。这标志着亚里士多德首开西方教育史上“教育立法”思想的先河。

亚里士多德同时指出，教育不仅应该培养良好公民，还应该发展人的理性，因为在他看来，有三种东西能使人善良而有德行，那就是天性、习惯和理性。首先一个人生来就是人，而不是其他动物，并且其身心必定有某种特性。但在出生时有些品质虽具有而无用，因为它们可以为习惯所改变，还有些禀赋天然地有待于习惯使之变好或变坏。只有人类除天性异于习惯外，尚有理性。由于天性、习惯和理性不能经常统一，要使它们互相协调并服从于理性，除了通过立法者的力量外，就寄托于教育。亚里士多德认为人是由身体和灵魂组成的，在他看来，既然人的灵魂具有双重性——理性和非理性，那么教育也因此必然具有双重目的：既要培养良好公民，以便保障国家的繁荣昌盛；也要发展人的理性，从而使人们充分享受美好生活。他为此提出“文雅教育”的理念。

（三）论体、德、智、美和谐发展的教育

亚里士多德的体、德、智、美和谐发展的教育思想是建立在他的灵魂学说之上的。他把人的灵魂区分为植物的、动物的和理性的三部分。其中植物的灵魂是最低级的，它主要表现在满足身体的生长和发育的需要；动物的灵魂表现为人的情感和欲望等；理性的灵魂是最高级的部分，它主要表现为人的思维、推理等方面。与他的灵魂学说相适应，亚里士多德提出了体、德、智、美和谐发展的教育思想。

亚里士多德认为，在儿童的教育中，必须首先训练其身体。在他看来，体育练习的目的在于使人健康有力和勇敢，进而养成体育竞技的习惯，从而能够参加各种体育竞技活动。亚里士多德指出，体育训练的重要目的是培养学生勇敢的品质，但对于学生的体育训练一定要适度，否则会损害儿童的体格，妨碍他们的生长。

道德教育方面，亚里士多德强调必须重视培养学生的习惯。因为在他看来，理性和习惯是人们具有“善德”的根基。道德教育的目的在于通过实际活动和反复练习，逐渐养成中庸、适度、公正、节制和勇敢的美好德行。

智育方面，亚里士多德认为，阅读、书写，乃至绘画的目的都是为了将来的实际效用，例如，为了处理家事、从事政治生活等。受雅典教育思想的影响，亚里士多德将应属于智育部分的文学作品和诗歌的阅读、欣赏、吟唱等都划归到音乐教育里面。

音乐教育是亚里士多德和谐发展教育思想的核心部分。在他看来，音乐不仅是实施美育的最有效的手段，而且它还担负着智育的部分职能，并且又是实施道德教育不可缺少的内容。也就是说，他认为音乐具有多种功能：教育、心灵的净化和理智的享受等。因此，亚里士多德主张必须将音乐纳入教育计划之中。与智育不同，亚里士多德认为，音乐教育的目的不是为了实际生活的需要，而是为了在闲暇时供理智的享受。亚里士多德注重音乐与他的“文雅教育”思想密不可分。在他看来，课程可以分为两大类：有用的和文雅的。前者因为其实用价值而不文雅、不高尚；后者因为服务于人性的需要则是文雅的、高尚的。音乐既能陶冶性情，又能供理智享受，所以是文雅学科。

（四）论教育的年龄分期

亚里士多德要求根据儿童身心发展的特点来划分教育的阶段，安排教育的内容和方法。他把一个人从出生到21岁的教育过程划分为3个阶段：0～7岁为第一阶段，这一阶段属于幼儿教育阶段，以幼儿身体的生长发育为主；7～14岁为第二阶段，这一阶段属于初级学校教育阶段，以情感道德教育为主；14～21岁为第三阶段，这一阶段属于高级

学校教育阶段，以智力教育为主。亚里士多德认为，合理的教育就应该遵循人的自然发展过程：首先确保身体的健康发育，其次给予情感的训练，培养其良好的思想意识，最后给予理性的指导，促进其理解能力、思维能力的发展，这就是“适应自然”的教育原则。亚里士多德是西方教育史上首次论述“教育适应自然”原则的教育家。

（五）论幼儿教育

亚里士多德根据其年龄分期的教育原则，详细而具体地论述了他关于 0 ~7 岁幼儿教育阶段的观点。

1. 胎教

和柏拉图一样，亚里士多德主张优生优育，控制人口过度增长。他反对早婚的习俗，认为不利于子嗣的培养，而且早婚的少女常常夭亡。男女双方都应该在最旺盛的年龄结婚、生育子女，以保证下一代的健康。为此他主张，男子适合在 37 岁前后结婚，女子出嫁的合适年龄是 18 岁；双方结婚的季节应该选在冬季。已经结婚的男女应该在生育之前接受医生的专业指导，已经怀孕的妇女要注意自己身体的变化，主动摄取有营养的食物，养成经常运动的习惯，保持平和的情绪等。

2. 婴幼儿教育

亚里士多德认为婴幼儿阶段的教育应该以身体的生长发育为主。首先他主张对新生儿进行严格的体格检查，建议国家制定相应的法律，只允许健康的婴儿存活下来，畸形或者残疾儿不应该得到抚养。对于年幼的婴儿来说，最重要的是他们的营养问题，他主张母乳喂养。另外要引导他们通过游戏的方式进行适当的体育活动，但要注意保护他们稚嫩的肢体免受损伤。让婴儿及早适应寒冷也是一种较好的锻炼方法，这有助于婴儿身体的强健。亚里士多德对此的解释是：凡是儿童需要培养的良好习惯，都应该越早越好。因此，这一时期的家庭影响至关重要，尤其要防止婴儿在家庭中受到不良的影响，否则长大后就难以纠正。对于 5 岁之前的幼儿，不应该教给他们任何课业，也不能强迫从事劳作。但是为了避免幼儿肢体不灵，可以进行适当的游戏活动。但游戏既不能流于卑鄙，也不能导致过度劳累。此外，幼儿要在充分游戏的同时，多听神话故事，但是故事的内容要由教育督导进行精心选择。幼儿长到 5 ~7 岁的时候，可以开始初步的课业学习，同时采用体操锻炼来保证幼儿具有良好的体格，但是这两者都不能过度。他还特别提出，身体训练仅仅是达到目的的手段，像斯巴达人那样只限于培养头脑愚笨的体育健将是不明智的。幼儿在这一阶段应该有机会旁观其他人正在从事而他们自己长大后也要从事的各种活动，以获得最初阶段的熏陶。

亚里士多德作为古代西方最伟大的思想家，他在哲学上动摇于唯物主义和唯心主义之间，而最终走向了唯心主义。他对教育本质和目的的理解和论述，虽然因为他的奴隶主阶级立场而带有神秘性、保守性的色彩，但是他充分强调教育要根据国家和受教育个体的实际情况的观点，还是具有合理之处的；他首次在西方教育史中提出“教育立法”的思想，这是具有重大历史意义的；他提倡“教育适应自然”的原则也是其教育观点进步性的表现；他在幼儿教育方面所提出的胎教优生、教育年龄分期、习惯的及早培养等观点，都对西方幼儿教育理论和实践的发展产生了重要影响。

五、苏格拉底

（一）苏格拉底生平

苏格拉底出生于希腊雅典一个普通公民的家庭。其父是雕刻匠，母亲是助产妇。苏格拉底生来就有着扁平的鼻子，肥厚的嘴唇，凸出的眼睛，笨拙而矮小的身体。他容貌平凡，语言朴实，却具有神圣的思想。苏格拉底也属于智者派的代表。苏格拉底一生过着艰苦的生活。无论严寒酷暑，他都穿着一件普通的单衣，经常不穿鞋，对吃饭也不讲究。但他似乎没有注意到这些，只是专心致志地做学问。生平事例，成就思想，均由其弟子记录。

苏格拉底无论是生前还是死后，都有一大批狂热的崇拜者和一大批激烈的反对者。苏格拉底被判死刑后，被迫流亡国外，游说各国，希望能实现其政治理想，但是屡遭挫折，后来又回到雅典并致力于教育事业。公元前387年，他创办了个学园，取名阿卡德米学园。从此，他在这里讲学达四十年，一直到去世。阿卡德米学园的创建不仅为柏拉图提供了著书立说、进行教育活动的场所，而且成为欧洲学术思想交流的中心。

图9－4　苏格拉底

在欧洲文化史上，他一直被看作是为追求真理而死的圣人，几乎与孔子在中国历史上所占的地位相同。哲学史家往往把他作为古希腊哲学发展史的分水岭，将他之前的哲学称为前苏格拉底哲学。他以一种对哲学的崭新理解开创了希腊哲学的新纪元，更以其灵魂转世与净化的基本思想，给柏拉图以极其深刻巨大的影响，并通过他们一直影响到希腊化罗马时代乃至后世的西方哲学。

（二）苏格拉底论教育

苏格拉底终生从事教育工作，具有丰富的教育实践经验并有自己的教育理论。但是他并没有创办自己的学校，广场、庙宇、街头、商店、作坊、体育馆等，都是他施教的场所。青年人、老年人、有钱人、穷人、农民、手艺人、贵族、平民都是他施教的对象，不论是谁，只要向他求教，他都热情施教。当时的其他教师——智者，是收取学费的，他们以当教师作为赚钱的手段，而苏格拉底教人是不收学费的，他是为城邦的利益而教人，是义务教师。

1. 教育目的

苏格拉底的教育目的是造就治国人才。伯里克利死后，雅典由于没有好的领导人，民主制度变成了极端民主化，变成了无政府主义，连国家领导人都用抓阄或抽签的办法选出来。苏格拉底对此十分痛心。他认为治国人才必须受过良好的教育，主张通过教育来培养治国人才。为了培养治国人才，他付出了毕生的精力。

2. 教育内容

关于教育的内容，他主张首先要培养人的美德，教人学会做人，成为有德行的人；

其次要教人学习广博而实用的知识。他认为，治国者必须具有广博的知识。他说，在所有的事情上，凡受到尊敬和赞扬的人都是那些知识最广博的人，而受人谴责和轻视的人，都是那些最无知的人；最后，他主张教人锻炼身体。他认为，健康的身体无论在平时还是在战时，对体力活动和思维活动都是十分重要的。而健康的身体不是天生的，只有通过锻炼才能使人身体强壮。

3. 教学方法

在教学的方法上，苏格拉底通过长期的教学实践，形成了自己一套独特的教学法，人们称之为“苏格拉底方法”，他本人则称之为“产婆术”。他母亲是产婆，他借此比喻他的教学方法。他母亲的产婆术是为婴儿接生，而他的“产婆术”教学法则是为思想接生，是要引导人们产生正确的思想。

“苏格拉底方法”自始至终是以师生问答的形式进行的，所以又叫“问答法”。苏格拉底在教学生获得某种概念时，不是把这种概念直接告诉学生，而是先向学生提出问题，让学生回答，如果学生回答错了，他也不直接纠正，而是提出另外的问题引导学生思考，从而一步一步得出正确的结论。它为启发式教学奠定了基础。苏格拉底倡导的问答法对后世影响很大，直到今天，问答法仍然是一种重要的教学方法。

苏格拉底经常和人辩论。辩论中他通过问答形式使对方纠正、放弃原来的错误观念并帮助人产生新思想。这种问答分为三步：第一步称为苏格拉底讽刺，他认为这是使人变得聪明的一个必要的步骤，因为除非一个人很谦逊，“自知其无知”，否则他不可能学到真知；第二步叫定义，在问答中经过反复诘难和归纳，从而得出明确的定义和概念；第三步叫助产术，引导学生自己进行思索，自己得出结论，正如苏格拉底自己所说，他虽无知，却能帮助别人获得知识，好像他的母亲是一个助产婆一样，虽年老不能生育，但能接生，能够帮助新的生命诞生。

这种教学方法有其可取之处，它可以启发人的思想，使人主动地去分析、思考问题、他用辩证的方法证明真理是具体的，具有相对性，在一定条件下可以向自己的反面转化。这一认识论在欧洲思想史上具有巨大的意义。

苏格拉底是哲学的圣徒和殉道者，至今，没有哪位哲学家像他那样痴迷于过一种正义的生活。他把一个人的生命充分活了出来，从他一生的经历中，我们可以获得启发，体会人生总是会面临各种遭遇，会有得意失意，即使面对不义时，都要坦然接受。更重要的是，人活在世界上，要把关注的重点由外在转向内在。苏格拉底为希腊哲学注入了强心剂，激起了无比汹涌澎湃的浪涛，余波甚至绵延至今。

第二节　古罗马的幼儿教育

到了公元前146年，希腊被罗马帝国吞并。在西方教育史上，古代罗马的教育也占有相当重要的地位。这是因为古代罗马在吸收古希腊文明的过程中，根据自己的国情需要做出一些重要的调整和补充，形成了自己的特色，更重要的是因为古希腊文明正是通过古罗马的继承和发展才得以对后世欧洲产生巨大影响。为此，西方的历史教科书通常把古希腊和古罗马文明统称为希腊——罗马文明。但是因为共和时期历史漫长，通常又分为共和前期和共和后期两个阶段，帝国时期的古罗马由共和时期的繁荣逐渐走向衰败，其间的教育也因此具有相应的特点。由于古罗马的教育深受古希腊教育的影响，因此其幼儿教育明显带有古希腊幼儿教育的特征。

一、共和前期的幼儿教育

从公元前 509 年到公元前 3 世纪初，史称罗马共和前期。这一时期，贯穿着平民反对贵族斗争。通过二百多年的斗争，旧的氏族贵族的特权逐渐废除，旧贵族与平民的阶级界限逐渐消失，平民获得了一定的政治地位。这一时期的经济，主要是农业和畜牧业，手工业和商业尚不发达。另外，由于此时的罗马对外军事活动不断，对内则要坚持农业生产以保证军民供给，因此这一时期教育实施的是一种叫做“农夫——军人”的家庭教育模式。男孩子主要由父亲进行教育，女孩子主要由母亲进行教育。教育的方法主要是观察和实践。普通人家的男孩从幼年起就跟随父亲学习农业和军事的本领和技巧，通过这些实践活动，男孩学会干各种农活，也习得参加各种社会或者军事活动的本领。贵族子弟则跟随其父亲学习处理农庄上的管理事务和有关司法方面的问题。这时罗马人的教育对读、写、算不够重视，但很重视宗教和道德教育，特别对孝顺、爱国、守法、勇敢、诚实、谨慎等传统美德的教育十分重视。罗马人对体育也很重视，但也是在家庭中由父母对子女进行教育，没有专门的体育学校。

二、共和后期的幼儿教育

从公元前 3 世纪到公元前 30 年，罗马进入共和后期。这时期由于内部阶级斗争的缓和、经济的发展，国力日渐雄厚，于是大举向外扩张。很快征服了意大利全境，接着打败了海上强国迦太基，彻底消灭了马其顿的势力，并征服了希腊，成为西起大西洋沿岸，东到小亚细亚，囊括欧、亚、非广大地区，独霸整个地中海的大国。通过野蛮的扩张和掠夺，罗马积聚了大量的财富，经济迅速发展起来。在经济发展的基础上，罗马的教育也得到相应的发展。罗马这时在军事上是强大的，但在文化上却远远落后于希腊。所以在征服希腊以后，罗马人开始大量吸收希腊文化。他们把大批希腊战俘带到罗马，让其中有学问的人从事文化教育工作。许多希腊人为了谋生，也大批涌进罗马，在那里开办学校、传播文化。伴随着社会发展和经济状况的改变，古罗马奴隶主贵族渐渐养成鄙视体力劳动、重视精神享乐的习惯，此时的家庭教育内容和性质也发生了很大的变化，由以前父母教育子女的传统逐渐改变为由雇佣的保姆或者教仆承担家庭教育任务。其中多数保姆或者教仆来自被俘虏的希腊奴隶，他们负责照料儿童起居，教给儿童希腊文、拉丁文，给儿童讲故事等。

儿童从 7 岁至 12 岁接受初等教育，当时施行初等教育的学校叫小学，儿童在小学主要学习读、写、算的基本知识和技能，也要接受道德教育。但是一般贵族或富豪人家很少把孩子送进小学学习，而是聘请家庭教师继续在家里教育子女。

三、帝国时期的幼儿教育

从公元前 30 年起，罗马进入帝国时期。公元 395 年，罗马帝国一分为二，分为西罗

马帝国和东罗马帝国。西罗马帝国于公元476年灭亡，东罗马帝国则一直存在到公元1453年。我们所说的帝国时期的教育，是指罗马帝国分裂以前的教育。在帝国建立后的最初二百年，政局相对稳定，经济繁荣，是帝国的“黄金时期”，文化和教育也随之得到发展。帝国时期的文化，在原有罗马文化的基础上，大量吸收并综合了古代希腊文化和东方文化而形成灿烂的古罗马文化，在建筑学、医学、农学、法学、史学和文学等方面都有辉煌的成就。但罗马文化的成就主要偏重于应用科学方面，在哲学和基础理论研究方面，其成就则远远落后于古代希腊文化。到了公元1世纪，基督教在罗马产生。为了宣传教义，基督教进行了一些教育活动，古罗马皇帝也逐渐把基督教当成自己的精神支柱。帝国的社会风气日渐奢靡，达官贵人醉生梦死，贵族阶层的家庭主妇也只顾自己寻欢作乐，儿童的教育问题完全被扔给希腊侍女或者教仆。在这种情况下，幼儿教育在某种意义上变成了忠实执行皇帝意志的工具。一方面，奴隶主子弟生活在这样的环境中，从小就被培养成贪图享乐、好逸恶劳的未来统治者；另一方面，劳动群众子女则逐渐被训练成麻木不仁的帝国顺民。

四、昆体良

（一）生平和教育著作

昆体良（Quintilianus，约35—95）出生于西班牙，其父是当时颇有经验的雄辩术教师。昆体良是古代罗马著名的律师、演说家和教育家。他经过长期的实践探索和理论研究，在演说家的培养问题上提出了教育和教学方面的许多有益主张，其中涉及了关于幼儿教育的许多方面。他是西方教学论的奠基人。在罗马接受雄辩术教育的昆体良，做过10年律师，后来在罗马开办了一所修辞学校并任校长。由于他在修辞学方面的造诣和办学上所取得的卓越成就，很快赢得了社会的盛赞。他从此连续担任了20年的雄辩术教师，并被罗马皇室聘任为第一位修辞学教授。

图9-5 昆体良

昆体良退休后，应朋友之邀，花费两年多的时间写成了凝聚其一生智慧和经验的教育理论专著《雄辩术原理》，又译《演说家的教育》。这是西方第一本专门论述教育问题的系统著作，在教育史上占有极重要的地位。

（二）论教育与天赋

昆体良从教育与人的天赋之间的关系出发高度评价了教育在人的形成中的重要作用。在他看来，大部分人都是可以经由教育培养成人的，但是教育要想达到良好的效果，则要遵循一定的规律，即儿童的天性。他主张教育者要主动研究、了解儿童的天性，从而采取有针对性的教育措施。

古希腊和古罗马时期涌现出许多著名的教育思想家，他们分别从不同的阶级立场出发，从不同的角度阐述了幼儿教育的有关思想，留下许多颇有研究和参考价值的教育著作，从而为后人研究古希腊和古罗马时期的幼儿教育问题提供了翔实的资料，虽然其中的许多观点因为时代的束缚而看似缺乏必要的科学性，但其中不乏富有时代特色的教育观点和见解，在这种意义上说，古希腊和古罗马时期的幼儿教育思想不失为人类最宝贵的文化财富。

第三节 西欧中世纪的学前教育

公元476年，西罗马帝国在日耳曼人与国内揭竿而起的奴隶的打击下灭亡了，从此西欧进入了封建时代。公元5世纪末至14世纪文艺复兴之前的这段历史被称为中世纪。欧洲中世纪基督教会垄断了教育，基督教会提倡的“原罪说”“禁欲主义”对学前教育产生了重要影响。向儿童灌输宗教思想，使孩子虔信上帝，成为服从上帝的“圣童”是中世纪学前教育的全部。14—16世纪文艺复兴时期的教育家们强烈批判了性恶论的儿童观，反对“原罪说”，提出儿童身心和谐发展的教育理想，强调尊重儿童天性，主张培养儿童的个性，重视兴趣引导。这些进步的观念体现在伊拉斯谟、蒙田等人的思想中。

中世纪封建社会政治、经济，以及社会生活的特点，决定了西欧中世纪的教育带有浓厚的宗教性和明显的等级性，其教育目的在于培养教会的僧侣、封建官吏和骑士。

一、西欧中世纪的儿童观

西罗马帝国之后的欧洲一度成为基督教的天下，中世纪成了神性时代。基督教会在思想意识上极力提倡“原罪说”和“禁欲主义”。教会宣扬“肉体是灵魂的监狱”，要求禁绝或控制一切成为万恶之源的欲望。在中世纪，禁欲主义成为基督教会所提倡的世界观的主要特征。

为了让人们相信禁欲主义的荒唐说教，为了使上帝的神话成为人们的信仰，基督教会还宣扬蒙昧主义、愚民政策，鼓吹一切认识都来自“神启”，一切真理都存在于《圣经》中。禁止文化教育的传播，禁绝独立思考。这样，科学和哲学就成为教会恭顺的奴仆。

（一）性恶论及体罚教育

基督教的“原罪”这一重要概念被著名的基督教会神学理论家奥古斯丁发展为“原罪论”，成为基督教的重要教义之一，并成为罗马教会的官方学说。这一学说大肆渲染“性恶论”，鼓吹儿童是带着“原罪”来到人世的，故儿童生来性恶，要想控制儿童的邪恶的本性并使其成为高尚的人，就必须惩罚他们的肉体，压制他们的欲望。

以性恶论及禁欲主义为依据，教会要求摧残肉体以使灵魂得救，声称“不可不管教孩童，你要用杖打他，就可以救他的灵魂免下阴间”。从幼年起就抑制儿童嬉笑欢闹、游戏娱乐的愿望，并采取严厉的措施来制止这类表现，戒尺、棍棒是中世纪学校不可缺少的工具。对儿童的约束与惩戒成为中世纪学前教育的重要特征。在教育中体罚盛行，体育完全被取消。教会对崇尚和谐发展的雅典文化教育，持敌视态度。

（二）预成论及成人化的儿童教育

在欧洲中世纪，还有一种与“性恶论”相并存的儿童观叫“预成论”。预成论认为，当妇女受孕时，一个极小的、完全成形的人就被植于精子或卵子中，人在创造的一瞬间就形成了。儿童（或新生婴儿）是作为一个已经制造好了的小型成年人降生到世界来的，儿童与成人的区别仅是身体大小及知识的多少的不同而已。因此在社会上，儿童被看成小大人，一旦能行走和说话，就可以加入成人社会，玩同样的游戏，穿同样的服饰，要求有与成人同样的行为举止。按照预成论的观点，儿童与成人不应该有重要区别，从幼儿开始，儿童的身体和个性已经成人化了。在这一观点的影响下，欧洲 14 世纪以前的绘画，总是不变地以成年人的身体比例和面部特点来画儿童肖像。显然，预成论的要点是否认儿童与成人在身心（尤其是后者）特点上的差异，也否认了儿童身心发展的节律性、阶段性。

预成论的形成与流行除与古代自然科学（尤其是与人身心有关的医学、生物学、生理学等学科）的落后或滞后有关外，还有两种原因，一是古代儿童死亡率高，因此人们不愿对儿童的特点给予较多关注；二是与成人的自我中心主义有关。

由于预成论的影响，人们无论是在学校教育还是家庭教育中，都忽视儿童的身心特点，忽视儿童的爱好及需要，对儿童的要求整齐划一，方法简单粗暴。其影响一直延续到近代。例如，从中世纪一直到 18 世纪，在法国的贵族家庭中保留着这样一种习惯：小男孩即要求穿骑士服，佩带宝剑，犹如成年男子的装束；小女孩则要求浓妆艳抹，穿拖地长裙，打扮得像贵妇人。有人称这样的小孩为“小大人”或“6 岁小妇人”。近代法国著名启蒙思想家及教育家卢梭曾与这种理论及社会现象进行了坚决的斗争。

二、西欧中世纪学前教育的实施

（一）基督教会的学前教育

1. 学前教育的目的

中世纪时期的教育，基督教会居于垄断地位。教堂是唯一珍藏知识的地方，教士就是掌握知识的人。一切真理都来自《圣经》，教育的目的就是使受教育者虔信上帝、熟读《圣经》，以求做一个合格的基督徒。这种教育从幼儿开始，基督教会的学前教育就是从小要把他们训练成为一个个笃信上帝、服从教会的“圣童”，从而为培养一个真正的基督教徒奠定坚实的基础。

2. 学前教育的内容和方法

基督教会的学前教育是通过基督教徒对子女进行宗教意识的熏陶与幼儿跟随家长参加众多的圣事礼仪和节日活动来实施的。如在孩子稍懂事时，就向他们灌输以下思想：儿童生来就是个犯有“原罪”的人，人生来要准备经受苦难，学会忍耐服从，逆来顺受；宣扬每个人都是上帝的子民；圣父、圣子、圣灵是三位一体的天主；上帝是仁慈的、全能的；人只要虔诚地敬仰上帝，死后灵魂就可得救，即升入天堂；要想使灵魂升入天堂，人人必须参加教会规定的宗教仪式和圣事活动，这些职责要伴随终生。对幼儿来说，出生后第一件事就是要参加由神父主持的“洗礼”或“浸礼”。此后幼儿就跟随家长到教堂或在家里欢度各种宗教节日，从中萌生对宗教的好感，确信人的最大幸福就是爱上帝、爱人人。领受所谓圣灵无所不为、无所不能、全智全能的神秘感。

此外，幼儿还要更多地参加教会组织的圣事活动，例如读经（跟着诵读《圣经》）、唱诗（唱颂赞美上帝的颂词）和听“圣事论”（由教士粗浅地讲述基督教各种“圣事”的名称、由来、意义、规则等）有时还要求欣赏教会音乐、陶冶其宗教情感和增强对上帝的信仰。

（二）世俗封建主的学前教育

西欧中世纪既是基督教神学垄断的年代，又是帝王贵族进行封建统治的年代。基督教会对民众的思想欺骗成为维护封建统治的精神支柱，而封建贵族对民众的政治控制、经济掠夺又成为基督教会的社会保障。他们是一对互为依存、结伴而行的畸形儿。封建贵族的幼儿教育一般按等级分为两类：

1. 宫廷学校的教育

这是一类为王室儿童实施的宫廷教育。参加宫廷学校学习的只是皇室中的王子、王孙、公主和少数机要大臣的子弟。在中世纪初期，西欧最具实力的法兰克王国的统治者就意识到了发展文化教育的重要性。早在查理·马特在位期间（Chales Martel，715—741），就在宫廷中设立了以王室和贵族子弟为对象的学校。后来的查理曼大帝（Charlemagne，742—814）更是大力发展文化教育，广揽知名学者为教师，使宫廷学校成为欧洲重要的世俗教育形式。其教育方法多采用问答法。下面是著名的宫廷学校的校长阿尔琴（Alcuin，735—804）为查理曼的儿子编写的问答教材，从中我们可以清楚看出当时的教育方法。

问：太阳是什么？

答：宇宙的光辉，天空的美丽，白昼的光荣，时间的分配人。

问：月亮是什么？

答：夜的眼，露的施者，风暴的先知。

问：星是什么？

答：天顶的图画，水手的导航者，夜的装饰。

问：雨是什么？

答：地球之库，果实之母。

问：雾是什么？

答：白昼的夜，视力的劳作。

问：风是什么？

答：空气的骚动，水的动乱，土的干涸。

问：霜是什么？

答：植物的迫害者，树叶的毁灭者，土的羁绊。

通过以上问答，儿童学到不少作为未来统治者所必需的有关自然和社会的知识以及某些粗浅哲理。

2. 骑士早期教育

西欧封建统治者除了利用宗教对广大人民进行精神奴役外，还要依仗武力镇压来维护其政权。当时战争的胜负靠武士来决定。武士是封建贵族中最低一等的贵族，即骑士。骑士立马横枪地冲杀和战斗，既是保卫封建庄园的需要，也是一种非常时尚的竞技活动。由此，骑士的地位和作用大为提高，培训骑士的教育也应运而生并成为贵族子弟仕途的必由之路。

骑士教育的实施要经历 3 个阶段，即出生至 7 岁为第一阶段，7 ~ 14 岁为第二阶段，14 ~ 21 岁为第三阶段。第一阶段即骑士养成的幼儿教育时期，儿童在家庭中接受父母的教育。教育的主要任务是熏陶宗教意识，培养道德品质和身体养护。

宗教意识的熏陶在骑士早期教育中占有重要的地位。因为训练骑士的首要标准就是虔敬上帝，听命于教会，甘为宗教而献身，而树立这些观念必须从幼年抓起。其教育方法是由母亲从孩子懂事起就灌输有关宗教神学的初步概念，并要求儿童应随着年龄的增长多参加一些宗教仪式和节日活动，为日后成为一名虔诚的基督教徒打下思想基础。道德品质的培养，则是由父母共同教育儿童从小树立“忠君爱国”之心，仿效要人贵妇讲求礼节，谈吐文雅，以便成年后能坚定地效命于国王和上一级封建主。养护身体，是根据骑士的“剽悍勇猛”的标准提出的。为了能够横枪立马、纵横厮杀、英勇顽强、克敌制胜，骑士必须具有健壮的体魄，从小养护身体是关键。幼儿身体的养护主要包括合理的饮食，适宜的锻炼，作息制度和生活习惯的遵守。这些通常都是由母亲来指导和实施的。

西欧中世纪的学前教育还不是一个明确划分的学习阶段。它是按照儿童所处的社会地位不同而实施不同的教育内容，神学性和等级性是它们的共同特点。就整个学前教育来说，还是比较粗浅、简单的。

小链接

柏拉图名字的由来

柏拉图原名阿里斯托勒斯，因其自幼身体强壮，胸宽肩阔，因此体育老师就替他取了“柏拉图”一名。“柏拉图”希腊语意为“宽阔”。后来，柏拉图的名字被沿用下来，流行至今。

【思考与练习】

1. 简述西欧中世纪教会的学前教育。
2. 简述苏格拉底的学前教育观。
3. 简述柏拉图的学前教育思想。

第十章　文艺复兴时期的学前教育

[学习目标]

1. 了解文艺复兴运动的历史背景和概况。
2. 理解伊拉斯谟、蒙田的学前教育思想。
3. 掌握夸美纽斯的学前教育思想。

[关键词]

文艺复兴　母育学校　教育主导

引　子

文艺复兴运动发生于14—16世纪，这是一场新兴资产阶级反抗作为封建制度思想的基督教统治的文化革命和思想革命。就其历史影响而言，它事实上是近代资产阶级政治革命的先导。文艺复兴时期进步的思想家们打起“人文主义”这面大旗，竭力主张崇拜人生、崇拜现实、肯定人权，宣扬个性解放、个人幸福。以此来对基督教会的禁欲主义。

[知识概述]

以人文主义作指导的文艺复兴时期的进步的幼儿教育家，批判了基督教会性恶论的儿童观，反对“原罪说”，认为儿童应当得到成人的关心与爱护，他们重新提出了儿童身心全面发展的教育思想，重视教育培养人的作用。他们中以维吉乌斯、伊斯拉谟斯和夸美纽斯等杰出的代表。

第一节　文艺复兴时期的教育改革

在中世纪基督教神学的严密禁锢下，古希腊、罗马的文化被埋没了近千年，自14世纪开始到16世纪，在沉寂良久的欧洲大地上，掀起了一个以搜集、整理、研究古希腊、古罗马文化的热潮。它以急风暴雨之势，砸开了禁锢古希腊、罗马的文化的枷锁，把欧洲的学术文化思想推向了一个繁荣的时代。这就是欧洲历史上著名的“文艺复兴”。

一、人文主义的特征及教育观念的转变

“文艺复兴”原意指人文学科的“复兴”。基本含义有二：一是指古希腊、古罗马文化的复兴；二是指人类精神的觉醒，反抗中世纪的精神桎梏，追求人的个性的圆满发展。文艺复兴运动实质上是新兴资产阶级在意识形态领域掀起的一场反封建、反教会的伟大思想文化运动。

中世纪的教会和封建主都把儿童看作是赎罪的羔羊，压制摧残他们的身心，向儿童灌输宗教意识，麻醉和禁锢儿童的头脑。人文主义的新教育则提出儿童是正在成长和发展的新人，父母要热爱儿童，为儿童创造良好的家庭教育环境，让儿童自然地、愉快地、健康地成长。强调通过智育、体育、美育和道德教育来培养儿童的完美精神和高尚情操。在教育原则和教育方法方面，人文主义强调环境的陶冶作用，主张建立优美的校舍，变基督教阴森的学府为舒适的学习乐园；强调尊重儿童天性，顺应儿童身心发展的特征，考虑儿童的个别差异；强调教师的言传身教和以身作则，师生之间保持自然协调的关系；主张教学运用直观教具，向大自然学习；反对压抑个性，主张减少体罚，甚至取消体罚；注重兴趣引导，提倡体育和游戏的重要意义。以上这些思想，相对中世纪前期的教育无疑是一个重大进步，并深刻影响到后来的教育。

二、伊拉斯谟的儿童教育观

伊拉斯谟（Erasmus，1469—1536）出生于尼德兰，是文艺复兴时期著名的人文主义学者及教育家。他从小受到较好的教育，在巴黎大学受到人文主义的影响，后游历欧洲，一生致力于人文主义的宣传。他还对古典文献有独特的研究，教育思想深受昆体良的影响。主要作品有《愚人颂》（1509 年）、《一个基督教王子的教育》（1516 年），其中不少地方涉及幼儿教育。伊氏的重要幼教著作有《幼儿教育论》（1529 年），伊拉斯谟在其著作中探讨了幼儿教育中的诸多问题。

（一）教育的目的、任务

伊拉斯谟认为人并非生而为人，要成为人，必须通过教养、理性、道德的规范和约束。在他看来，教育的目的融合在道德目的中，即培养“善良”的人。

教育的任务则是在年轻人头脑里播下虔诚的种子，认真学习自由学科，掌握基本礼仪，为生活做好准备。

（二）教育的作用及环境的重要性

伊拉斯谟深信教育对于改造社会和改造人性发挥着重要作用。他指出：教育无论是对于国家、君王还是平民百姓，都是极其重要的。一个国家要想治理得好，有赖于君王贤明，而一个贤明君王的培养，则有赖于教育。此外，他还呼吁国家担负起教育年青一代的重任。他说：“一个国家的主要希望，在于它对青年的适当的教育。”他引用柏拉图的话来说明教育的巨大影响：“一个受过正当训练的人，发展成为一种神圣的动物，而另一方面，一个受到错误训练的人，堕落成为一种畸形的野兽。”他提出影响儿童成长的 3

个因素：自然（儿童的天赋）、教导和练习，并指出后两者乃是起主导作用的。伊氏认为人的先天禀赋不同，但任何人都是可教育的。教育对于人的作用不可低估。

伊拉斯谟非常重视环境对儿童成长的影响。一方面是家庭环境条件。他指出，家庭环境优越的儿童则更要加强教育；土壤的质地越好，如果农人不注意，则越易荒芜，以致长满无用的野草和灌木，育人的道理与此相似。另一方面，重视孩子交朋友。他认为只能让幼儿和品德优良、谦虚谨慎的孩子交朋友。应使孩子远远避开成群的顽童、死硬的酒鬼、下流的人，特别是溜须拍马的人，不要让孩子闻其声，观其影，以免受到不良影响。

（三）论学前教育

1. 重视早期教育

伊拉斯谟提出对儿童应及早进行教育，可从襁褓时期开始。他认为幼儿尚处在有待成熟的过程中，稳定的习惯很少。儿童喜欢模仿，要求人们给儿童以良好范例，以便使有益的思想充满孩子尚未成形的心灵。他说："道德的种子必须播种在他精神的处女地。以便随着年龄和经验日益增长，它们会逐渐生长和成熟，在整个生命的过程中植根。从来没有什么东西像在早年学习的东西那样根深蒂固。"

2. 教育要遵循儿童身心发展的特点

作为文艺复兴时期的人文主义教育家，伊拉斯谟反对中世纪教会对儿童的压制态度和严酷的体罚，倡导自由教育，主张按儿童的身心特征，照顾儿童的个性，采取扬长避短的方法。他指出，"儿童"这个词在拉丁语中意味着"自由者"（liberi），因此，自由的教育是符合儿童的，如果用恐怖的教育手段来使之弃恶，将原本是自由的儿童奴隶化，是极其荒谬的。此外，他还要求教师切不可把幼小儿童视为小大人，施教时必须考虑儿童的身心特征，并照顾儿童的个别差异。他要求教师在教育过程中首先要仔细观察，掌握孩子的性情，然后有的放矢，采取措施。教师发现孩子的弱点，长善救失，设法将其引上正路；如果发现了孩子的长处，扬长避短，使孩子更加出色。

3. 学前教育的内容和方法

（1）热爱儿童。儿童会通过对教师的爱达到对学习的爱。故教师能否深受儿童爱戴乃是至关重要的。伊拉斯谟强烈抨击了当时学校中虐待儿童的做法。

（2）采取中庸之道。伊拉斯谟认为教师必须采取中庸之道，严格与慈爱相结合，表扬和批评相结合。教师责备学生，"而不使其感到奚落"；赞扬学生，"而不流于谄媚"，"老师的申斥应该私下进行""应该态度和蔼，稍微减少训诫的严肃性"。

（3）通过有趣的故事。伊拉斯谟指出，可以通过有趣的故事、令人忍俊不禁的寓言和巧妙的比喻来引进教师的教导。当孩子听毕，停止欢笑时，教师要及时指出其中富有教育性的寓意。比如讲了《伊索寓言》中狮子和老鼠的故事，教师就要教导孩子不要轻视别人，应当以自己的诚实和善良去赢得别人的尊重。

（4）采用直观教具。伊拉斯谟还探索了教育方法的改进，提出了"事物先于文字"的口号，主张在教学中，采用直观教具。与此同时，他也批评有的人为了吸引儿童兴趣，不分良莠，将一些荒谬的谜语、精灵和恶魔的故事对儿童和盘托出。他认为这些毫无教育价值的材料不仅浪费了儿童宝贵的时光，而且对其成长十分有害。

可见，伊拉斯谟的许多教育观点承袭了昆体良等前人的思想，同时也给了后来夸美纽斯等人以重要影响。

三、蒙田的儿童教育观

蒙田（Montaiene，1533—1592）是法国16世纪后期文艺复兴时期的人文主义者、思想家、散文作家及教育家。他出生于法国的海港城市波尔多，出身于新贵族家庭，受过良好的教育，曾从事过多年的法律。主要著作《散文集》（中译本名为《蒙田随笔》），为享誉出界的文学名著，其中有一些篇章专门论述或涉及儿童教育问题。

（一）教育目标——培养体智全面发展的绅士

蒙田所憧憬的教育目标是体制全面发展的新的绅士。他理想中的人是身心两方面和谐发展的。他主张教育要兼顾心智和身体，“只使他们的心智健全是不够的，还必须增强他们的体力，如果心智得不到体力的支持，就要受到过分的压力”。他以自身为例。蒙田本人患有气喘病，体质柔弱易感，所以他认为这对他的“心智活动是一个沉重的负担”。蒙田服膺柏拉图的理论，他说“心智与身体决不能一个得到训练，而另一个没有训练，两者同样需要指导，好像两匹马配合起来合力拉车一般”“我们所训练的，不是心智，也不是身体，而是一个人，我们决不能把两者分开”。

（二）教育必须顺应儿童的天性

为了培养身心和谐发展的人，蒙田重视早期教育，认为儿童的教育是人一生最重要的事情。他批评过去中世纪的神学强调超自然，离开了现实，离开了自然，离开了人类生存的生活基础；也批评了经院主义教育不注意研究儿童的天性，执教时往往和儿童的天性背道而驰，只注重儿童的记忆，不给儿童发展智力的机会，不给儿童独立行动的自由，以至于把儿童变成胆怯的人。他提出作为教育工作者，应当遵循自然，顺应儿童的天性。把儿童培养成具有自然精神的绅士；应该了解儿童的天性，否则是不可能教育好儿童的。这与亚里士多德的自然教育观点是一致的，也与文艺复兴时期出现的依据自然、遵循自然的思想是一致的。

（三）论教育内容和教育方法

蒙田同其他人文主义者一样，主张学习广博的知识。在他的作品中写道：“我愿意把这个世界结构作为我的学生的精选的教科书。”他非常重视人文学科的学习，在语言、诗歌、历史、哲学等领域都有独到的见解。关于语言，蒙田提出的是“一种自然、平易和不矫揉造作的语言，无论是口头讲的，还是写在纸上的，是一种有表现力、简洁、紧凑的实质的语言”。关于历史，蒙田认为学习历史的重点在于学习美德，而不是记年代。

一个好教师“灌输到学生脑子里去的东西，主要的不是迦太基灭亡的日期，而是汉尼拔和西比奥留下的教训”。关于哲学，蒙田认为“应该成为人类行为的试金石，成为使行为正直的规则”。关于身体方面的教育，他认为“一切运动和锻炼，如长跑、击剑、音乐、舞蹈、打猎、骑马，都应该是学习的一部分”。关于学习方法，蒙田反对死记硬背，主张深入理解所学的知识，并且要行动。他告诫道：“不要孩子多背诵功课，而是要他行动。他应该在行动中复习功课。”此外，蒙田还提倡独立思考和练习。

（四）论德育

蒙田既尊崇博学多能，又重视德育。在他的《论儿童的教育》中随处都流露出对德行的景仰。认为应教育儿童树立“道德的崇高和价值就在于实践时容易、快乐和有用”。指出“获得它的方法是自然，而不是勉强”。强调道德应自幼培养。他指出儿童犹如黏土，趁它还湿润而易塑，“让旋转的轮赶快把它抟造”。在所有德行中，蒙田特别提到谦虚，不固执己见，勇于承认自己的错误，以及正直等品德。蒙田在德育方法上也表达了独特的见解，提出了有新意的看法。蒙田反对娇生惯养，主张严格要求。他不同意“把一个孩子挨紧抚抱、娇养溺爱，使其在父母的膝上长大”，分析了溺爱子女的恶果，指出对孩子的过错不能姑息迁就，强调父母和教师要为孩子做出榜样，使孩子自然地接受一些影响，如通过旅游观察别人的仪态、举止，会使儿童学会嫉恶和向善。

（五）对教师的要求

蒙田十分重视教师的作用。他认为儿童的教育和成长，完全在于导师的选择。蒙田说：“我还是喜欢有智慧、有判断力、习惯文雅和举止谦逊的人，而不喜欢空空洞洞、只有书本知识的人。”他主张教师应让学生说话，让他们轮流表达自己的观点，他说：“教育的权威往往阻碍着好学的人。”对学生来说，由于教师剥夺了学生独立思考的自由，从而使学生变得更加奴性，更加怯懦。他还主张教师不应只传授知识，学生不应只接受知识，更要注意让儿童理解所学的知识，提高儿童各方面的能力。

蒙田揭露了当时儿童教育中的种种弊端。尽管他没有写下系统的教育专著，但在其散文的字里行间充满了睿智的教育观念，闪耀着新的教育思想的火花。蒙田不仅为文艺复兴时期留下了值得讴歌的业绩，而且对后世教育理论的发展也做出了铺石垫路的贡献。

第二节　夸美纽斯的学前教育理论

一、生平活动与著作

图 10－1　夸美纽斯

夸美纽斯（Johann Amos Comenius，1592—1670）是 17 世纪捷克教育实践家和理论家，西方近代教育理论的奠基人。在欧洲从封建社会向资本主义社会过渡的历史时期，他吸收和继承了欧洲文艺复兴时期以来人文主义教育思想遗产，总结了自己长期的教育实践与理论研究的经验，全面系统地论述了资产阶级教育问题，奠定了欧洲近代资产阶级教育理论的基础，不仅为近代西方教育而且为幼儿教育的发展做出了巨大的贡献。

夸美纽斯出生于新教卡文教系的分支，名叫“捷克兄弟会”（或称“摩拉维亚兄弟会”）会员的家庭。夸美纽斯从小父母双亡，在兄弟会的资助下接受了中高等教育，大学毕业后，担任兄弟会的牧师，兼任兄弟会学校校长。捷克新教势力战败后，捷克沦为德国哈布斯堡王朝的一个行省，境内新教徒被强迫皈依天主教。夸美纽斯和其他兄弟会成员不肯俯首听命，被迫于1628年流亡国外，此后，他在极其艰苦的流亡生涯中仍孜孜不倦地继续从事教育理论研究及教育实践工作，还应邀到英国、匈牙利、瑞典等国从事教育改革，最后客逝于荷兰。在夸美纽斯漫长的教育生涯中，其研究及贡献涉及教育的许多领域，学前教育是其中最有建树的领域之一。

夸美纽斯的教育代表作有：①《母育学校》，1652年改名为《幼儿学校》。这是历史上第一部学前教育专著，详细论述了在家庭中进行幼儿教育的常见问题。②《大教学论》，此书是夸美纽斯的教育代表作，他在书中论述了诸如教育的目的、任务、作用，教育的根本原理，教学原则、内容、方法，德育，体育及学制等教育学的基本内容，标志着教育学从此成为一门独立学科，夸美纽斯由此被视为近代教育理论的奠基人。③《世界图解》，这是历史上第一部依据直观原则编写的对幼儿进行启蒙教育的看图识字课本，夸美纽斯也因此被称为“儿童插图书的始祖”。

二、论教育的主导原则

“教育适应自然”或称自然适应性，是夸美纽斯提出的教育主导原则。早在古代希腊，亚里士多德就曾提出过教育要适应儿童自然，即适应儿童本性的思想。在夸美纽斯所处的时代，受生产技术和自然科学发展的影响，一些先进人士反过去动辄从《圣经》中寻找立论依据的惯例，转而采用引证自然的方法论述问题，夸美纽斯受到这种时代精神的影响。夸美纽斯认为，旧学校最大的弊病就是违背自然，强迫学生死记硬背，用无用的知识填满学生头脑，造成儿童时间及精力的极大浪费；欲改革旧教育，就必须贯彻教育适应自然的原则。

所谓适应自然，按照夸美纽斯的解释，主要指的是遵循自然界的“秩序”。他所谓的自然或自然界，其义近似于“客观世界”的含义，不仅包含大自然界，同时也包括人类社会（但在《大教学论》中举例时，多数还是举的大自然界的事例）。他认为，在自然界中——即客观世界——存在着一种起支配作用的“秩序”，即普遍法则，他认为这些法则无论在动植物生活或是人的活动中都发生着作用。夸美纽斯将人也看作是整个自然界的一部分，因此人的发展以及对人进行教育，也应服从这一普遍法则。在夸美纽斯的适应自然的思想中，也包含有依据人的天性和身心发展规律进行教育的含义。总的来说，夸美纽斯的自然适应性思想和前人有一定联系，但他赋予了更多的新意。

由于当时科学发展水平的限制，夸美纽斯并不理解教育作为一种社会现象的特殊规律性，也不可能全面揭示大自然界和人类社会发展的普遍法则。当他采用与自然和社会现象类比的方法论述教育问题时，尽管不乏真知灼见，但也不可避免地出现了许多片面、机械和牵强附会之处。

实际上，夸美纽斯教育思想中许多有益的主张与合理的因素，并不是模仿自然秩序得出的结论，而是他对本人和前人长期教育实际工作经验的总结。夸美纽斯在对这些教育经验进行理论论证时，不是依据《圣经》和神学教条，而是引证自然，试图以合乎自然秩序来论证自己教育改革主张的合理性，这一尝试反映了他力求摆脱陈规旧套，使教育工作科学化的良好愿望。

三、论儿童观和幼儿教育的重要性

在西欧中世纪，基督教以悲观消极的态度看待人生，儿童被看成与生俱有“原罪”的生灵，他们只能历尽苦难生活的磨难，不断地赎罪，才能得到上帝的原谅及拯救。在此神学观点支配下，儿童缺乏童年的欢乐，其个性受到压制，身体遭到摧残。

文艺复兴开始后，人文主义者努力改变这一传统观念，将儿童当作未来新社会的开拓者，寄以殷切的期望，夸美纽斯在《母育学校》中，也以满腔的热情，把儿童比作“上帝的种子”，生而俱有和谐发展的根基；他还将儿童比作比金银珠宝还要珍贵的“无价之宝”，并警告那些欺侮儿童的人，要他们像尊敬基督那样去尊敬儿童，要严厉谴责、惩处那些虐待儿童的人。夸美纽斯还把儿童比作一面镜子，在它里面，人们“可以注视谦虚、有礼、亲切、和谐以及其他基督徒的品德”，认为只有具有赤子之心的人，才能进入“天国”。在夸美纽斯的儿童观中，虽然还表现出宗教思想对他的束缚，但毕竟从根本上不同于中世纪的性恶论的儿童观，表达了夸美纽斯的人文主义思想以及将实现新社会的理想寄予新生一代的热切愿望。

夸美纽斯的学前教育思想是立足于深信学前期教育的重要意义这一基础之上的。他从教育适应自然的原则出发，把儿童比作种子、嫩芽等，认为如果要将儿童培养成有用的人，就必须在他身心形成的最早阶段就开始教育，声称：“任何人在幼年时代播下什么样的种子，那他老年就要收获那样的果实。”为此，夸美纽斯呼吁父母们都要承担起孩子的教育责任，他批评当时社会上一些人对父母义务的误解。如以为父母的义务只是生育儿女，让他们吃饱穿暖，为他们积攒钱财等。他指出，人比其他动物更高贵，父母只注意子女身体的养护和外表的装饰是远远不够的，更要注意他的灵魂：要以教育去滋补、抚爱和照管儿童的心智，施以包括虔信、德行、知识和体育在内的全面的训练，以将其培养成忠实的、能够智慧地管理自己各种事务的有才能的人。

四、论母育学校的性质、意义和任务

夸美纽斯依据其民主信念及适应自然的思想，在《大教学论》中构筑了一个适用于一切男女儿童的4级单轨学制：①从出生到6岁，为婴幼儿期，儿童在母育学校接受家庭教育。② 6～12 岁，为童年期，儿童由设在每个村落的国语学校进行初须教育。③12～18岁，为少年期，由设在每个城市的拉丁语学校实施教育。④18～24岁，为青年期，通过设于省或王国的大学接受高等教育。

在夸美纽斯看来，每一个家庭都可成为一所学校，孩子的父母（特别是母亲）便是教师。他在教育史上第一次从普及教育的角度和儿童心理发展的连续性和阶段性的角度，考虑学前阶段教育的重大任务。上面已提及，夸美纽斯认为儿童到成人的发展分为婴儿期、童年期、少年期和青年期4个阶段，每一个发展阶段都有自己专门的教育任务：同时，他强调每个阶段之间又存在密切联系。从上述观点来看待学前教育，母育学校是他构筑的前后衔接而统一的学制系统的第一阶段，也是必不可少的阶段。他将为儿童奠定体力、道德和智慧发展的基础，作为第一阶段教育的主要任务。他说，在母育学校里，应当把“一个人在人生旅途中所应当具备的全部知识的种子播种到他的身上”。

五、论母育学校的教育内容及用书

（一）保健

夸美纽斯在《母育学校》中引用一位作家的忠告："健康的精神寓于健康的身体"，提醒父母们首先应关注的事情是保持其子女的健康，宜从胎儿时期就加以注意。他强调孕妇的心理状态对于胎儿的影响，指出如果孕妇不注意控制自己的感情，经常处于诸如恐惧、愤怒、怨恨或伤感一类不良的情绪状况，就可能生育一个怯弱的、易动感情的和沮丧的婴儿，严重时甚至可造成死胎。婴儿降生后，夸美纽斯非常重视锻炼和娱乐，主张不要让儿童习惯于用药，要使他们生活有规律并保持愉快的心情。他引用过几句格言："一种愉快的心情就是一半的健康""精神快乐是人的生命的源泉"。

（二）德育

夸美纽斯十分重视幼儿的道德教育，儿童生下来要成为一个有理性的人。他强调必须在幼年生活中的头几年，就为他们的每种良好德行奠定基础，声称："成年时还未受过管理的，到老年就会没有德行。"在道德教育的内容方面，夸美纽斯强调儿童应学习有关德行的初步知识，包括：节制、整洁、礼节、尊敬长辈、诚实、不损害他人、不嫉妒、落落大方和爱劳动等。在上述一系列品质中，夸美纽斯特别重视节俭和勤劳等良好品质的培养。他认为节制和俭朴乃健康和生活之基础及其他一切良好品德之本。道德教育的方法和手段主要有 3 种：训斥、榜样和练习。其中练习尤为重要，宜多运用。夸美纽斯在倡导温和的纪律及积极引导的方法的同时，对中世纪以来家庭教育实践中广泛采用的体罚持反对态度，主张在万不得已时才可使用。

（三）智育

智育是夸美纽斯幼儿教育思想中最有特色的部分。他在西方教育史上，第一次为 6 岁以下的儿童的智育提出一个广泛而详细的教学大纲。有关思想的理论基础是他的泛智论、自然适应性及唯物主义感觉论。根据幼儿的年龄特点，夸美纽斯认为这一时期智育的主要任务是训练幼儿的外部感觉、观察力及获得各类知识，同时发展语言、思维，为他们以后在初等学校里的系统学习做准备。

夸美纽斯为母育学校制订的智育计划包括：自然、光学、天文学、地理学、年代学、历史学、家务、政治学、辩证法、算术、几何学、音乐、语言等学科。他强调，"应当把一个人在人生的旅途中所应当具备的一切知识的种子播植到儿童身上"。夸美纽斯相信，通过这种启蒙性质的教育，就可以为儿童奠定各门科学知识的最初步的基础。例如，在物理方面，应该知道什么是火、空气和土，并且学会说出雨、雪、冰、铅、铁等名称；在天文学方面，应当辨别日、月、星；在地理学方面应当认识他出生和生活的地方、乡村、城市、要塞或城堡。此外，他还应当知道什么是时、日、周、月、年，什么是春、夏等。夸美纽斯对于自然科学知识给予高度重视，力图使儿童在获得有关知识的"种子"的同时，教会他们辨别和称呼那些东西，亦即发展语言。学习社会知识时，夸美纽斯也力求教会儿童能知、能言、能行。

夸美纽斯重视训练儿童的"体外感觉"及分辨外界事物的能力。其中，尤为重视视觉的培养。夸美纽斯认为感觉是知识的主要源泉，所以为发展儿童的视觉，培养儿童的观察力，提出了相当细致的意见。夸美纽斯认为，通过不断扩展范围的观察，儿童的视觉和观察能力有了发展，也就会获得关于天文、地理和自然等方面的初步知识了。发展体外感觉能力时，他强调要循序渐进。

（四）父母教育指导书及教材

夸美纽斯在《大教学论》第28章中，专门讨论了幼儿父母教育指导书和儿童读物问题。他认为，父母或保姆有效地教育好孩子的手册应包括以下内容：①父母及保姆的教育责任；②儿童所学各科教学大纲；③教学方法，主要是指出教授每一科目的最佳时间以及所应采用的最佳言语和姿态。夸美纽斯的上述思想在其幼教专著《母育学校》里得到详尽阐述。

夸美纽斯还认为，应当为儿童编写一本可直接供其观赏的图画书。他已意识到，在幼儿阶段，教育的主要媒介应是感官的知觉，而视觉系感觉里面最主要的一种，所以应当把各门学问中最重要的事物以图像形式输送给儿童，包括物理学、光学、天文学、几何学等知识。总之，图画书中的内容正好和《母育学校》中提出的教学大纲相对应，可以配套使用。夸美纽斯也重视儿童语言的发展。他提出每张图画的上端应写出它所代表的物体的名称，如“屋”“牛”“狗”“树”等。夸美纽斯认为，这种图画书有3个用处：①帮助事物在儿童心灵留下一个印象；②使孩子形成一种观念，认为从书本上面可以得到快乐；③帮助儿童学习阅读，掌握语言文字。上述原则都体现在他后来编绘出版的《世界图解》一书之中。全书完成后共计150课，由187幅插图及对插图加以解说的拉丁语、民族语基本词汇组成。

六、论幼儿的游戏及玩具

（一）活动及游戏

在夸美纽斯的教育体系中，游戏得到很高的评价，被认为是在母育学校时期对儿童进行全面教育的手段。

夸美纽斯从幼儿的年龄特征出发，强调多给幼儿活动的机会。他认为，儿童天性好动，他们血气旺盛，不许他们静止，所以，对儿童不应加以限制，而应让他们常常有事可做，乃至像蚂蚁一样不停地忙碌。他甚至规定了这样一条原则：凡是儿童喜欢的东西，只要对儿童没有害处，那么就应让他们通过玩而得到满足，而不应加以阻止。因为儿童不活动，对身心两方面的损害更多。夸美纽斯认为给儿童以活动的自由有三大好处：一是可锻炼身体，增进健康；二是可运用和磨炼思想；三是可练习四肢五官，使之趋于灵活。至于活动的方式，夸美纽斯认为游戏最适合于幼儿。他指出，游戏的时候，儿童的精神专注于某种事物，自然本身在激发他们去做事情。用这种手段，儿童就可以受到一种积极生活的锻炼而没有任何困难。当然这并不是意味着父母可以让儿童自由玩耍，自己却袖手旁观；父母要积极行动起来，帮助和指导儿童游戏，甚至直接参加游戏。

（二）玩具

夸美纽斯对玩具也提出了详细意见。他认为真的工具常会给孩子带来危险，所以必须找些可取代的玩具，如铁刀、木剑、锄头、小车、滑板、踏车、建筑物等。儿童也可以用自己所喜欢的泥土、木片、木块或石头搭盖小房子，以此方式表现他们的初步建筑术。夸美纽斯还提议要为儿童的眼、耳及其他感官提供一些小的作业，认为这些作业对增强其身心力量将大有裨益。

从上述主张中，我们可以看到夸美纽斯提出了涉及游戏教育意义的一些重要问题：游戏是符合儿童天性的能量的散发；游戏是组织愉快的幸福童年的手段，是儿童生活所不可缺少的伴侣；游戏是儿童的一切力量和才能所借以发展的重要的智力活动，是扩大和丰富儿童观念的有力手段；游戏是生活的预备；此外还有成人领导或参与游戏的必要性等。夸美纽斯的这些思想在儿童游戏理论的发展史上具有重要的意义。

七、论幼儿的劳动教育和语言发展

（一）劳动习惯和手的技能的培养

夸美纽斯鄙视懒惰，视之为“撒旦的蒲团”，主张从小培养儿童的劳动习惯，让儿童逐年获得劳动技能。如在儿童出生后的前 3 年，应学会倒水，把东西从一处移到另一处；学会将物体卷起、展开、折弯、弄直、戳穿等。在儿童 4~6 岁时，应当从事手工劳动，包括各种建造活动。为了发展手的技能，夸美纽斯主张利用幼儿易懂的图画和习字，用粉笔或炭黑教他们画直线、钩弯、十字、圆圈，并建议这些课业用游戏形式进行。他认为幼儿习惯于拿粉笔写字母，以后可减轻小学教师的气力。

（二）语言发展

为了发展儿童的语言，夸美纽斯认为首先必须教会他们清楚准确地发出字母、音节和全字的声音，然后说出他们在家中所见的以及作业用的一切东西的名称。夸美纽斯也建议采用游戏的方式来发展语言。母育学校除了培养儿童正确地使用本族语说话的技能以外，还应当打下发展思维的基础。他认为这个阶段的儿童已表现出这方面的萌芽。

八、论进入公共学校的准备

夸美纽斯在《母育学校》一书中还详细论述了儿童在何时入小学以及入学前应做些什么准备的问题。他认为儿童 6 岁前入小学是不合适的。一方面，稚龄儿童需要较多的监护和照顾，这远非一位教育许多儿童的学校教师力所能及的；另一方面，在儿童五六岁以前，其头脑还未“凝固”，故对于该年龄的儿童来说，使其在游戏、生活中自然地、不自觉地感知事物就可以了。但是，他又指出，6 岁以后的儿童，若非把他们立即送入学校受较高一级的教育，他们将会始终如一地变为有害无利的懒散，而最终将变得像一匹野驴驹。另外，还会有令人更担心的事发生，就是从那不注意的懒散中沾染恶习。考虑到儿童的发展存在差异，夸美纽斯提议，任何父母一旦有一个才能优越或低下的特殊子女，他应该去请教学校教师或视导员，以使安排合适的教育。夸美纽斯提出，某儿童是否适宜进入公共学校学习，可看该儿童是否符合以下标准：①该儿童是否真正获得在母育学校所应学会的东西；②他对问题是否有注意和辨别、判断的能力；③他是否有进一步学习的要求或愿望。

夸美纽斯指出，父母没有准备就将其子女送往学校是不智之举，“这如同小牛奔往市场，或羊群闯入牛群一样”，学校教师将会为这样的孩子所困扰。更为糟糕的是一些父母所做的错误准备。这些父母用儿童对教师和学校的恐惧来惊吓、刺激儿童，其结果使儿童情绪沮丧，对学校和教师持有更加憎恶和奴隶般恐惧的情绪。他指出，正确的准备应当是：第一，在儿童接近入学的时候，父母、家庭教师和监护人应当以快乐的心情尽力鼓舞儿童，好像节日和收获葡萄季节快到时那样；要告诉儿童入学获得学问是何等美好的事情。第二，应当用各种方法努力激发儿童对于未来教师的信心和爱戴。

综上所述，夸美纽斯在论述幼儿教育时，不仅广泛汲取了以往和当时教育思想发展的成果，而且还力图在当时科学发展的水平以及他个人对儿童生理及心理发展的认识水平上，把幼儿教育建立在一定的科学基础上，这是十分可贵的。

夸美纽斯的幼儿教育理论，为近代西方幼儿教育理论的发展奠定了一定的基础，标志着西方幼儿教育研究从神学化向人本化的方向转变。

【经典回味】

文艺复兴首先产生于意大利，从学术思想上它涉及艺术、文学、教育、哲学各个方面，其指导思想是人文主义。人文主义是一种崇尚现实、崇拜人生，反对来世观念，以世俗的人为中心的世界观；提倡以“人性”反对“神性”，以“人权”反对“神权”，以“人道”反对“神道”；主张个性解放、个性自由、个人幸福，尊重人的价值，反对禁欲主义，反对压抑；宣扬个人是生活的创造者和享受者。显然，它是和基督教对立的一种世界观。

【思考与练习】

1. 文艺复兴时期儿童教育观发生了哪些变化？
2. 简述夸美纽斯的教育理论。
3. 简述母育学校的教育内容。

第十一章　学前教育近代机构的产生与发展

［学习目标］

1. 了解近代学前教育机构的产生过程。
2. 理解洛克的绅士教育思想。
3. 理解卢梭的自然主义教育思想。
4. 理解裴斯泰洛齐的要素教育思想。
5. 理解欧文的幼儿学校、幼儿学校运动及其在世界各国的影响。
6. 掌握福禄倍尔的学前教育思想及其在世界各国的影响。

［关键词］

学前教育机构　幼儿学校运动　福禄倍尔幼儿园

引　子

5 岁时，裴斯泰洛齐就失去了父亲。然而，裴斯泰洛齐的童年受到两位女性的细心呵护：一位是他的母亲苏珊娜（Susanna），另一位是忠诚的女仆巴贝丽（Babeli）。母亲出身于农民家庭，从小养成了勤俭持家的习惯，知书达理，是非分明。女仆巴贝丽则是一位善良、贤惠的姑娘。这两位女性的慈爱给裴斯泰洛齐幼小的童年留下了深刻的印象，为裴斯泰洛齐日后形成“爱的教育”思想种下了一粒种子。

点评：正因为裴斯泰洛齐成长在充满爱的环境中，因此他的教育思想提倡爱的教育和实施爱的教育。他是西方教育史上爱的教育的首创者和虔诚实践的楷模。他的“爱的教育”思想深受家庭、人文主义、启蒙学者及基督教的影响，他的教育思想至今仍可给人们以莫大的教益。

［知识概述］

17 世纪至 19 世纪，是欧美和日本历史上资本主义制度确立和发展的时期。以 1640—1688 年发生在英国的早期资产阶级革命为开端，欧美各国相继进行了资产阶级革命。这一时期，政治、经济的发展也推动了学前教育事业的前进，出现了公共学前教育机构并很快发展。1816 年，罗伯特·欧文（Robert Owen，1771—1858）在苏格兰创办了世界上第一所幼儿学校，他的助手怀尔德斯平（Samuel Wilderspin，1792—1866）在英国掀起了幼儿学校运动并对欧美、日本等新建立资本主义制度的国家产生影响。福禄倍尔创办的幼儿园及他的幼儿教育理论对世界各国幼儿教育的发展也产生了广泛的影响。

第一节　近代学前教育机构产生的历史渊源

18 世纪 60 年代，英国率先开始了以蒸汽机为代表的第一次工业革命，随后，美、法、德等国也都开始了工业革命，工业革命促使欧美诸国先后实现了工业化。近代学前教育机构的诞生，是工业大生产的产物，但也经历了由最初的慈善性、福利性向教育性转变的过程，在不同国家和地区，具有不同的表现形式。学前教育机构的产生具有独特的历史渊源主要来源于洛克、卢梭、裴斯泰洛齐。

一、洛克的幼儿教育理论

（一）生平活动与著作

约翰·洛克（John Locke，1632—1704），英国哲学家、教育家。在教育上，他提出绅士教育理论，竭力主张培养资产阶级化的贵族或贵族化的资产阶级。他撰写的《教育漫话》一书，详细地论述了整个教育思想。洛克出身于一个律师家庭，自幼受到严格的贵族家庭教育。14 岁进入威斯敏斯特公学。20 岁进入牛津大学学习哲学、法学和医学。毕业后留校任教，讲授希腊文、修辞学和伦理学等科目。在牛津大学十多年中，洛克对经院哲学十分不满，对当时一些著名学者和科学家，如培根、笛卡儿、霍布斯、牛顿、波义耳等人的著作颇感兴趣。在致力于研究哲学的同时，他还刻苦攻读物理学、化学，特别是医学。

图 11－1　洛克

1665 年，洛克离开牛津大学，被任命为英驻德公使馆秘书。翌年回国，结识了艾希利勋爵（即后来的莎夫茨伯利伯爵），担任他的秘书兼家庭教师和医生。1683 年，因莎夫茨伯利反对詹姆士继承王位的活动败露，洛克受牵连遭迫害而出走荷兰。1688 年“光荣革命”后重返英国，在新政府中担任贸易和殖民地事务委员会委员等职并发表一系列重要著作。例如，1689 年发表《政府论》和《论宗教宽容的书信》，1690 年发表哲学名著《人类理解论》，1693 年发表了教育代表作《教育漫话》等。

洛克从他的社会政治观和哲学观出发，提出教育的目的在于培养“绅士”，即“有德行、有用、能干的人”。而要培养这种人，必须从幼儿时期开始。此外，洛克还提出“白板说”。

（二）绅士教育的内容

洛克认为教育的目的就是培养绅士。绅士既要有强健的身体，又要有德行、智慧、礼仪和学问。绅士的培养决不能通过学校，只能通过家庭教育。绅士教育的内容包括体育、德育和智育三个方面。

1. 体育

洛克继承了人文主义学者重视体育的传统，十分重视幼儿的体育。在《教育漫话》一书中，他一开始就强调指出“健康之精神寓于健康之身体”，把健康的身体看做绅士事业成功、生活幸福的首要条件。“我们要能工作，要有幸福，必须先有健康，我们要能忍耐劳苦，要能出人头地，也必须先有强健的身体。”

为了使儿童能有强健的体魄，洛克强调身体的锻炼要从小抓起。首先就要让他们养成适应冷热变化的习惯。养育儿童“第一件应该关心的事是无论冬夏，儿童的衣着都不可过暖”。要求孩子每天（即使寒冬）用冷水洗脚或洗澡，“顶好从春天起，最初用温水，然后把水渐渐加冷，这样身体可以适应一切，不致遭受痛苦和危险”。洛克还主张绝不能娇生惯养孩子，衣被要轻薄，睡卧用硬床，多过露天生活，经受风雨的考验。他强调说：“如果我们的小主人老是放在阴凉的地方，始终不让他受风吹、被日晒，以免伤了他的肤色，这种办法也许可以把他养成一个美男子，可是不能把他教成一位有用的人才。”

在饮食方面，洛克主张儿童过有节制的生活，每天的饮食要极清淡、极简单，二三岁前最好禁吃油腻的肉食和各种调味品，实行一日三餐，不吃零食。在他看来，养成“这种节制的精神，无论在健康方面，还是在事业方面都是十分必要的”。

在运动方面，洛克要求儿童除了坚持每天的户外活动外，还要学习游泳。他认为，户外锻炼时可呼吸新鲜空气，磨炼肌肤；学会游泳既有益于健康，还是应付特殊场合急需的护身技能。

2. 德育

洛克认为，德育是形成人的健康精神至关重要的环节，德行是人生最重要、最不可缺少的品德。他强调说：“我认为一个人或者一个绅士的各种品性中，德行是第一位的，是最不可缺少的，他要被人看重，被人喜爱，要使自已感到喜悦，或者还过得去，德行是绝对不可缺少的。如果没有德行，我觉得他今生今世就得不到幸福。”

为了形成幼儿的德行，洛克强调进行理性教育。在他看来，整个德育过程，也就是理性教育的过程。理性教育是以理智为指导的教育方法，最终使儿童养成用理智来克服欲望的习惯。在他看来，人的欲望分成两类：正当的也即是自然的欲望；不正当的也即是嗜欲。前者应予以满足，后者应予以制止。每位家长都要认真地对待儿童的欲望，只有真正了解了他们的欲望是否正当，才可能实现理性教育的目的。

洛克还认为，一个有德行的人必须是理智坚强的人，是能够克制自己嗜欲的人，但并不是人人都能做到这一点。这种品性的形成要靠后天的培养，而理性教育就承担了这一任务。

3. 智育

在绅士教育理论中，洛克把智育放在较为次要的位置。他认为，读书、写字和学问也是必需的，但并不是最主要的。他说：“我想如果有人不知道把一个有德行的或者有智慧的人看得比一个大学者更无限可贵，你也会觉得他是一个大傻瓜的。”在洛克看来，如果儿童不能首先在行为与品德上排除不良的邪恶的习惯，那么，知识教育上的一切成就都毫无用处。

既然要求未来的绅士是有才干的、善于处理世务的人，因此洛克也要求他们学习知识和学问。但他首先强调幼儿智力的发展与训练，学习的根本目的是“增进心的活动与能力，而不是扩大心的所有物”。在论述知识教育时，洛克认为，对幼儿来说，适宜学习写字、图画、阅读、语言、舞蹈和游戏等，应该让他们“自己去要求学习，把学习当成另外一种游戏或娱乐去追求”，洛克还认为，儿童学习的内容要经常变化，不断更新，才能使他们专心勤勉地来接受，而不致感到厌倦。这是因为“儿童的天性是使得他们的心理见异思迁的，只要有了新奇的事情就可以打动他们：无论见了什么新奇的事情，他们立刻就急于要尝试，……所以他们的快乐差不多全是建立在更换与变化上面的”。

洛克继夸美纽斯之后进一步发展了世俗的、理性的新教育，他高度评价了教育在人的形成中的作用。他的绅士教育理论在西方教育发展史上具有重要的地位。他十分重视儿童的早期教育，强调教育者必须考虑儿童的年龄特征和个性差异，并科学地按体育、德育和智育分别论述，赋予丰富的内涵，提出了许多有价值的建议。但是，由于洛克推崇家庭教育而反对学校教育，因此他的幼儿教育理论无疑是论述家庭幼儿教育的。

二、卢梭的幼儿教育理论

（一）生平活动与著作

图 11－2　卢梭

卢梭（Jean Jacques Rousseau，1712—1778）是法国18世纪启蒙思想家、教育家。他反对传统的封建教育，提倡自然教育，提出了教育年龄分期思想，论述了幼儿教育的原则与方法，确立了以儿童为本位的新儿童观和方法论，对世界各国的教育（包括幼儿教育）产生了很大的影响。卢梭1712年6月28日生于瑞士日内瓦。他只接受了两年的正规教育，全靠自学成才。1740年，卢梭开始担任家庭教师，尽管担任家庭教师只有1年时间，但是卢梭对教育问题产生了浓厚的兴趣。此后，卢梭来到巴黎，结识了许多启蒙思想家，并成为百科全书派的成员，这使他形成了全新的社会政治观。1749年夏，卢梭参加了第戎学院的有奖征文竞赛，题目是“论科学和艺术的复兴是否有助于敦风化俗”。卢梭的应征论文获得首奖，一举成名。1756年，卢梭移居巴黎附近的乡村，专心于著述活动，三部互相联系并构成一个完整思想体系的重要著作先后问世。在文学著作《新爱露伊丝》（1761年）中，卢梭讨论了家庭及家庭教育问题；在政治著作《社会契约论》（1762年）中，他阐述了自己的社会政治观；在教育著作《爱弥儿》（1762年）中，他反对封建专制统治，批判封建教育制度，提倡自然教育，强调教育要适应儿童天性的发展。卢梭自称《爱弥儿》一书，构思20年，撰写3年，可见他对教育问题的重视和认真的思索。

《爱弥儿》一书出版后，在当时社会上引起轩然大波，不但被教会指为邪说谬论，而且一些有识之士也表示反对。于是，卢梭遭受了迫害和通缉而被迫流亡。直到1770年，卢梭才得到赦免令而重返巴黎。卢梭的晚年贫病交迫，但他仍然用他那支战斗的笔，向封建政权进行毫不妥协的斗争。1770 年，他完成了自传性著作《忏悔录》。1778 年 7 月 2 日，卢梭因患大脑浮肿在巴黎近郊去世。

（二）论自然教育

《爱弥儿》共五卷。其中阐述了卢梭的自然主义教育思想，前四卷以作者想象的教育对象爱弥儿为主人公，介绍了他从出生到成年的教育过程；第五卷介绍了对爱弥儿的未婚妻苏菲的教育，体现了卢梭的女子教育思想。

针对传统的封建教育残害人性和违反自然的弊病，卢梭提出了自然教育理论，即教育要“归于自然”。卢梭所提倡的自然教育，是与他的自然主义科学观点紧密相连的。《爱弥儿》开宗明义的第一句话就是：“出自造物主之手的东西，都是好的，而一到了人的手里，就全变坏了。”在他看来，人的自然本性是善良的，由于上帝的恩赐，人生而禀赋着自由、理性和良心。人最可贵的本性就是自由，人在他的行动中是自由的，性善是人人相同的，并不因人的贵贱而异。但是，在人类社会进入文明状态之后，文明人违背了自然法则，滥用自己的自由，从而产生了人与人之间的不平等现象。因此，人必须遵循自然的法则，正确地运用自己的自由。否则，就会出现这样的情况：“人是生而自由的，但却无所不在枷锁之中。自以为是其他一切主人的人，反比其他一切更是奴隶。”

卢梭指出，教育有三个来源，即“自然”“人”和“事物”。在他看来，自然的教育、人的教育和事物的教育三方面是相互联系的，因为我们每一个人都是由这三方面教育培养起来的。如果在一个人身上这三种不同的教育互相冲突的话，他所受的教育就不好；如果这三种不同的教育是一致的，都趋于同样的目的，他就能受到良好的教育，达到他自己的目标，而且生活得很有意义。但是，在这三方面教育中，自然的教育完全是不能由我们决定的，事物的教育只是在有些方面才能够由我们决定，只有人的教育才是我们能够真正地加以控制的。所以，必须以自然的教育为中心，使事物的教育和人的教育服从于自然的教育，才能使这三方面教育圆满地相配合，并趋于自然的目标。

因此，卢梭提倡的自然教育，归根到底，就是教育要服从自然的永恒法则，适应儿童天性的发展，促使儿童身心的自然发展。人的天性发展是有秩序的，教育必须适应不同时期儿童天性的发展水平。因此，教育必须遵循自然，跟着它给你画的道路前进。如果我们改变了这个自然法则，结果就是毁了孩子。

教育在适应儿童天性的同时，还要适应儿童的个性差异。卢梭说：“每一个人的心灵有它自己的形式，必须按它的形式去指导它。”在他看来，只有很好地了解每个儿童之后，才能对他的发展给予正确的指导，使他身上的天性自由自在地发展起来。当然，适应儿童的个性差异，也包括了适应男女两性的天性差异。总之，自然教育就是要遵循自然的发展，考虑人的发展的自然进程，并据此作为确定教育目的、原则、内容和方法的基础。卢梭强调说：“这是我的第一个基本原理。只要把这个原理应用于儿童，就可源源得出各种教育的法则。”

从自然教育这个基本原理出发，卢梭明确提出，教育要以培养“自然人”为目的。在他看来，这种“自然人”是身心发达、体脑两健、不受传统束缚、天性发展的新人。他们不依从任何固定的社会地位和社会职业，能适应各种客观发展变化的需要。卢梭笔下的爱弥儿就是这种“自然人”的化身：“他现在已经年过20，长得体态匀称，身心两健，肌肉结实，手脚灵巧；他富于感情，富于理智，心地是十分的仁慈和善良；他有很好的品德，有很好的审美能力，既爱美又乐于为善；他摆脱了种种酷烈的欲念的支配和偏见的束缚，他一切都服从于理智的法则，他一切都倾听友谊的声音；他具有许多有用的本领，而且还通晓几种艺术；他不把金钱看在眼里，他谋生的手段就是他的一双胳臂，不管他到什么地方去，都不愁没有面包。”这种“自然人”与传统的封建教育制度所培养出来的那种身心受压抑的人显然是不同的。卢梭还认为，这种“自然人”是生活在社会中的自然人。培养“自然人”不是要使他成为一个野蛮的人，把他赶到森林中去。在他看来，在理性的社会制度中，每个人都能很好地发展自己的天性，又能把自己看作是国家和社会的一分子，这样的人既是自然人又是公民，两者也就统一起来了。

因此，人的天性发展实际上是卢梭的最高目的。人在接受职业教育之前，必须先学习做人，这种人不是社会人而是自然人。正如卢梭所说的：“只有一门学科是必须要教给孩子的：这门学科就是做人的天职。”

（三）论教育年龄分期

卢梭强调应当根据儿童的特点来进行教育，反对传统的封建教育制度不顾儿童天性的发展，抹杀儿童与成人的区别。因此，卢梭从自然教育理论出发，根据受教育者的年龄特征把教育阶段分成4个时期：

1. 婴儿期（0～2岁）

卢梭认为，人从出生到2岁是婴儿期。在这一时期，主要是进行体育教育，以身体的养护和锻炼为主。其目的是促进儿童身体的健康发展，增强儿童的体质。在他看来，体育乃是一切教育的基础。对于一个人来说，强健的身体是一切事业的基础，是个人幸福的源泉，也是个人智慧的工具。因此，当一个人出生后，就要顺应自然，通过合理的饮食、衣着、睡眠和游戏，实施正确的体育。

2. 儿童期（2～12岁）

卢梭认为，从2岁到12岁是儿童期，即“理性睡眠时期”。在这一时期，主要是进行感觉教育。由于儿童的身体活动能力和语言能力都发展了，他们的感觉能力也开始发展了，因此，可以开始对他们进行感觉教育，通过感觉器官的运用获得丰富的感性经验，这也为儿童下一时期的智力教育创造了条件。但是，这一时期儿童的理性尚未发展，因而不能接受和形成观念，没有真正的判断。所以，这一时期不适合对儿童进行理性教育和知识教育。

3. 少年期（12～15岁）

卢梭认为，人从12岁到15岁是少年期。在这一时期，主要是进行智力教育和劳动教育。在儿童期已经受到良好体育和感觉教育的儿童具备了接受智力教育和劳动教育的条件，因为他们的身体和感觉器官得到了发展，他们的感觉经验得到了积累并激发了寻求知识的好奇心。卢梭认为，根据自然的次序，现在是到了工作、教育和学习的时期了。

智力教育的任务不是教给儿童各种各样的知识，而是培养他们的学习兴趣，教他们寻求知识的方法，教他们怎样在需要的时候取得知识，教他们正确地估计知识的价值，教他们爱真理胜于一切。

劳动教育的任务主要是教儿童学会劳动，学会一种职业，同时促使理性的成长以及道德品质和人格的发展。

4. 青年期（15～20岁）

卢梭认为，人从15岁到20岁是青年期。在这一时期，主要是进行道德教育，包括品行教育、宗教（自然神论）教育和性教育。当青年有了社会生活的准备，能抵制社会上的不良影响，并开始意识到社会关系时，就可以对他们进行道德教育了。

道德教育的任务主要是激发善良的感情，养成正确的判断力，培养坚强的意志。在卢梭看来，自然人不仅要能像农民那样劳动，能像哲学家那样思考，而且还要有正确的道德观和良好的道德习惯。

（四）论幼儿教育的原则与方法

在《爱弥儿》一书中，卢梭以自然教育理论为依据，论述了幼儿教育的原则与方法。

1. 幼儿教育的原则

卢梭教育理论体系中把儿童当作儿童看待，把儿童看作教育中的一个积极因素；教育要适合于儿童天性的发展，保持儿童的天性。卢梭指出，幼儿教育应当遵循自然的法则。

2. 幼儿教育的方法

（1）给予行动的自由

为了使儿童的身体能够得到自然发展，儿童刚从母胎出生就要给予行动的自由。但是，在给儿童的身体以绝对自由的同时，教育者必须小心地予以照顾，观察他们，跟随他们，以防他们有跌倒的危险，同时把一切可能会伤害儿童的东西收藏起来，使他们的双手不能碰触到。

由于人最初是处在艰难和柔弱的境地，因此，其最初的声音就是啼哭。婴儿觉得他们有所需要，饿了或渴了，需要活动或无法入睡，他们就啼哭。教育者要进行观察，研究他们需要什么，找出他们的需要，并加以满足。

（2）合理的养护和锻炼

儿童的养护和锻炼应当顺应自然。卢梭认为，婴儿应当由母亲亲自哺乳，由父母亲自养育，让婴儿接触新鲜空气。儿童的饮食要合于自然，简单而清淡，让他们多吃蔬菜、水果和乳制品，还要他们养成适应吃任何食物的习惯。在衣着上，应当让儿童穿得宽松，以利于四肢活动的自由。在睡眠上，应当使儿童有足够的睡眠时间，并对睡眠施以适当训练，使儿童的睡眠时间能随环境需要而改变。在对儿童进行养护的同时，还应当注意对儿童进行锻炼。这既包括体格上的锻炼，使他们能够生活在一切环境中，经受自然的考验；也包括品质上的锻炼，使他们养成忍受痛苦的本领，具有克服一切困难的勇气。因此，不能因为儿童啼哭，就一切都顺从他。儿童由于习惯或执拗的脾气长时间地哭个不完，唯一能够纠正或防止这种坏习惯的办法，就是任他们怎样哭，你也不要去理他们。

（3）注意语言的发展

卢梭认为，为了更好地促进儿童语言的发展，成人要发出使儿童听得懂的一些声音，要少，要容易，要清楚，要常常翻来覆去地发声给他们听；而且，这几个音所表达的词，应当指的是成人拿给他们看的那些看得清楚的东西。此外，成人在儿童面前说话应当说得正确，使他们觉得与成人谈话很高兴。这样，“他们在不知不觉中是会按照你们的语言去纯化他们的语言，用不着你们再去纠正”。卢梭认为，在儿童的语言发展过程中，一个十分严重和不易预防的弊病是，成人在教孩子说话这件事情上太操之过急。成人越是操之过急，儿童的语言发展越会出现相反的效果，以致有些人终身发音都有毛病，说话也没有条理。但是，卢梭又认为，在儿童的语言发展中要尽量限制他们的词汇。“如果他们的词汇多于他们的概念，他们会讲的事情多于他们对这些事情的思想，那就是一个很大的弊病。”这显然是片面的。

（4）感觉教育

卢梭认为，人生来就具有学习的能力，但在生命刚开始的时候，婴儿的记忆力和想象力尚处在静止的状态，所注意的是正在对他们的感官起影响的东西。这种感觉经验是理性发展的基础。“由于所有一切都是通过人的感官而进入人的头脑的，所以人的最初的理解是一种感性的理解，正是有了这种感性的理解做基础，理智的理解才得以形成，所以说，我们最初的哲学老师是我们的脚、我们的手和我们的眼睛。”因此，注意对儿童进行感觉教育，在智力教育之前先发展他们的感觉能力和充实他们的感觉经验，是十分重要的。

在人的自然发展中首先成熟的是感官，因此，应当首先锻炼的是感官。锻炼儿童的感官，不仅仅是使用感官，而是要通过感官学会正确的判断，学会怎样去感受。只有这样，才能使儿童懂得怎样摸、怎样看和怎样听。然而，儿童感官的锻炼最容易为人们所遗忘，也最容易为人们所忽略。

在感觉教育中，应当同时发展儿童的视觉、触觉、听觉、嗅觉、味觉等感官。儿童愈锻炼自己的感官，他们也就会变得愈聪明。在各种感官的发展中，卢梭特别强调触觉。因为在所有的感官中，运用触觉的时间最多，而且触觉的判断是最可靠的。通过触觉，儿童可以获得关于事物的形状、硬软、大小、轻重等更准确的观念。

（5）模仿

卢梭认为，儿童具有一种模仿的本能。儿童的模仿，不仅表现在道德行为上，也表现在感官发展上。因此，成人应当善于运用儿童的模仿本能，使他们模仿善良的品行，从而产生良好的道德教育效果。因为像幼儿那样的年龄，心灵还处在模糊的状态，所以，应当模仿良好的行为，以使他们最终能够凭自己的判断实践这些行为。

为了使儿童有好的模仿榜样，卢梭强调指出，教育者就要严格地管束自己，在对儿童进行教育时应当冷静和稳重。父母和教师都要以身作则，保持纯朴，谨言慎行，对儿童起潜移默化的作用。同时，成人应当善于运用儿童的模仿本能，使他们养成善于观察的习惯。因为儿童是善于模仿的，他们看见什么东西都想画，照着房子画房子，照着树木画树木，照着人画人，逐渐地养成了仔细地观察物体和它们的外形的习惯。通过这种模仿，儿童的眼睛看东西可以更正确，他们的手画东西可以画得更准。

（6）自然后果法

以自然教育理论为依据，卢梭在道德教育上反对体罚，提出了“自然后果法”。他说："我们不能为了惩罚孩子而惩罚孩子，应该使他们觉得这些惩罚正是他们不良行为的自然后果。"也就是说，对于儿童的过失，不必加以责备和处罚，而要利用儿童过失所造成的自然后果，使他们自食其果，从而使他们认识其过失并改正。儿童的自由只能受事物的限制，因此，在与自然的接触中，儿童必然会懂得应当服从自然的法则。例如，一个调皮的儿童打碎玻璃时，不要忙着给他配玻璃，而要让他昼夜都受风吹，别担心他受风寒。又如，一个儿童撒谎时，不要忙着去斥责，也不要仅仅因为他撒谎而处罚他，而要使他明白，如果他撒谎，那谎言的种种不良后果都要落在他头上，即使他以后说的真话也没有人相信，即使他没有做什么事情也会被人指责说干了坏事。通过自然后果法，儿童将会认识到，什么是对的，什么是错的，什么是应当做的，什么是不应当做的。

卢梭的自然教育理论，以及适应儿童天性发展的教育年龄分期及方法，击中了旧教育的弊病，闪烁着新教育的光辉，在西方教育史上被世人誉为新旧教育的分水岭。尽管卢梭的教育理论中存在着一些片面、偏激及至自相矛盾的地方，但是，他的教育理论在历史上具有积极的进步意义，同时也促使后世儿童观和教育观的巨大变革，实为开创新教育的一个重要的里程碑，极大地推动了近代幼儿教育理论的发展。他要求教育适应自然，符合儿童年龄特征，这对后来儿童心理和教育心理的发展是难能可贵的启示。他的儿童观直接影响了18世纪末泛爱主义教育的发展。著名教育家裴斯泰洛齐和福禄倍尔等人都从不同方面受到卢梭的启发。

三、裴斯泰洛齐的幼儿教育理论

（一）生平活动与著作

约翰·亨利赫·裴斯泰洛齐（Johann Heinrich Pestalozzi，1746—1827）是瑞士著名的民主主义教育家。他热爱儿童，尊重儿童，提倡爱的教育理论，把毕生的精力献给了贫苦儿童的教育事业。他努力根据"教育心理化"的观点论述幼儿教育问题，对后来的欧文、福禄倍尔都有着深刻的影响。裴斯泰洛齐1746年1月12日生于瑞士苏黎世的一个医生家庭。中学毕业后，裴斯泰洛齐进入了加罗林学院。在那里，他参加了苏黎世青年的革命团体，广泛阅读法国启蒙思想家的著作，研究有关社会、政治和教育问题。卢梭的著作对他的影响极大，因此他决心通过教育来改善农村和农民生活状况。

1780年，裴斯泰洛齐写成了《隐士的黄昏》，这是他的教育思想的最早阐述，被后人称为"裴斯泰洛齐的教育信条"。后来他又发表了一部教育小说《林哈德与葛笃德》。

1800年，裴斯泰洛齐在布格多夫建立了一所学校，开始了他的第三次教育实验活动。他努力把自己的教育思想付诸实践，使"教育心理化"的思想逐步完善。1805年，这所学校迁到伊弗东，改名为伊弗东学院。伊弗东学院不久就闻名于整个欧洲，成了世界儿童教育运动的中心。德国幼儿教育家福禄倍尔称它为"教育的圣地"。伊弗东学院停办后，裴斯泰洛齐回到故乡新庄生活，并写成了他的最后著作《天鹅之歌》。1827年2月17日，裴斯泰洛齐因病在新庄去世。

（二）论爱的教育

在教育史上，裴斯泰洛齐是提倡爱的教育和实施爱的教育的典范。在总结自己的教育实践经验的基础上，裴斯泰洛齐强调指出："教育的主要原则是爱。"在他看来，儿童的幸福就是教育者的幸福，儿童的欢乐就是教育者的欢乐。由于满腔的热情和深沉的爱，裴斯泰洛齐赢得了孩子们的信任和热情，使得他的教育实验活动获得了成功。因此，他曾这样写道："如果不能爱孩子，我不懂得还能谈到有什么规则、方法和技能。"在晚年所写的《天鹅之歌》一书中也写道："我除了对我国人民的满腔热情和爱以外，没有其他力量。"德国哲学家费希特也曾经这样说："裴斯泰洛齐的生活的灵魂是爱。"

裴斯泰洛齐认为，对儿童实施爱的教育的目的，就是解放蕴藏在儿童身躯的天赋才能，并在儿童之间以及师生之间建立友好和真诚的关系。同时，他又认为，对儿童实施爱的教育，可以使教育者获得他们的信任和热情，并在师生之间建立一种相互信任的真诚关系。在他看来，如果教育者做到了这一点，一切其余的问题也就会随着解决了。

在实施爱的教育中，裴斯泰洛齐强调母亲对儿童的教育作用。在《林哈德与葛笃德》和《葛笃德怎样教育她的子女》这两部著作中，他都把理想的母亲葛笃德作为实施爱的教育的榜样。他认为，儿童的教育从他诞生的第一天就开始了。一个母亲迫于本能的力量，精心照顾自己的孩子，喂他和保护他，使他喜欢和感觉到愉快；母亲看护着自己的孩子，满足他的欲望，在他需要帮助的时候就给予帮助。这样，爱的种子和信任的种子就在孩子的心里成长起来了。他又认为，母亲是天生的和伟大的教师，也是孩子的第一位教师和向导。母亲最热爱孩子，最了解孩子也最能观察到孩子的需要，从而尽力使孩子的本能在自我活动中得到充分的发展。总之，母亲的影响比任何其他人都更为有力。母亲不仅给她的孩子第一次的物质食粮，而且给她的孩子第一次的精神食粮。母亲的力量和母亲的奉献是万能的。母爱是人类情感中最纯洁的情感，是教育的基本动力。"母亲的影响是引起爱和忠诚的开端的自然途径。"

裴斯泰洛齐认为，作为儿童来说，他们也需要母爱。如果儿童得不到母亲的爱和忠诚的情感就得不到发展，他们的整个发展过程就受到了危害。因此，"没有母亲温柔的手和笑脸，也就失去了微笑和魅力，而这些正是一个婴幼儿的健康与快乐的自然需要"。在母爱的影响下，母亲爱谁，他就爱谁。母亲信任谁，他就信任谁。儿童在感觉上对母亲的依恋和信任，首先推及父亲和兄弟姊妹，然后逐步扩大范围及至爱全人类并意识到自己是整个人类中的一员。

如何实施爱的教育，裴斯泰洛齐认为，家庭教育是一种最好的方式，因为家庭生活的黏结力就是爱的黏结力。家庭影响如果以最纯洁的形式出现，就是人类教育中所能想象到的最高尚的因素。在充满爱和有爱的能力的家庭生活环境中，孩子肯定会变好。他主持的新庄和斯坦兹孤儿院以及布格多大学校，始终体现了家庭教育的模式。在那里，裴斯泰洛齐的爱的感情和言行，深深地感染着每一个儿童，产生了潜移默化的榜样影响。因此，他强调指出："如果公共教育要对人类有任何真正价值的话，它必须模仿家庭教育的优点。"只有这样，才能使家庭和学校之间没有任何鸿沟。在裴斯泰洛齐看来，教师应当是个心胸开阔、性情开朗、感情真挚、和蔼可亲的人，应该像父母对待自己的孩子那样，去开启孩子的心灵和引发孩子的悟性。他们实际上不是父母，但要努力做到像父母。

但是，对儿童实施爱的教育，并不是对他们无原则地放纵。裴斯泰洛齐说："当孩子们固执和难以管束的时候，我是严厉的，而且运用了体罚。"他看来，虽然教育原则告诉我们必须用说理的方式来说服儿童的心灵，而不求助于惩罚，但这个原则只是在良好的条件与情况下才可以采用的。然而，在为了使儿童走上正确的道路而被迫去惩罚他们时，教育者必须要注意决不能因此而失去信任。

裴斯泰洛齐提倡和实施爱的教育的特点是他爱包括社会最底层的贫苦家庭的儿童。他认为，这些贫苦家庭的儿童通常被社会所忽视和歧视，如果不给他们爱，不使他们受到良好的教育，他们的天赋才能就不能得到充分的发展，所以，他们特别需要爱的教育。可以说，裴斯泰洛齐提倡和实施爱的教育正是为了实现他提出的教育的最终目的："发展各人天赋的内在力量，使其经过锻炼，使人能尽其才，能在社会上达到他应有的地位。"

（三）论教育心理化

在西方教育史上，裴斯泰洛齐第一个提出了"教育心理化"并付诸教育实践，探索以心理学为基础来发展人的能力的有效方法。他所提出的"教育心理化"思想是从卢梭的自然教育论中发展出来的。裴斯泰洛齐认为，自然主义和心理学两者并不矛盾，前者推崇人的天性，后者研究人的心理。在他看来，天性和心理是同一个东西，人的天性就是人的心理。他所理解的"自然"，不仅包括物质世界，而且也包括人的心理。

裴斯泰洛齐认为，儿童身上生来就潜藏着天赋能力和力量。这些天赋能力和力量是自然的体现，是天生固有的存在于内心的。人的能力发展，其动力不在于外界而在于人的身体之中。人的有机体从它具有生命之日起，自然已确定了它的发展道路，使它逐步成长起来，并引起有机体结构在组织、形式和功能等方面的一系列变化。这种内在的动力是天赋的、不可改变的。因此，儿童来到世上，不仅拥有接受外界刺激的能力，更具有对它们加工和整理的能力。人的天赋能力及其发展是教育的基础：而教育就在于发展人的天赋能力。教育要为儿童的天赋能力的充分发展提供环境和条件，并通过激发内部兴趣、提供练习和促进思考等来推动这些能力的发展。教育应与儿童心理发展的规律协调一致，使儿童获得身体、智力和道德发展的自主性。

裴斯泰洛齐认为，教育应当与自然结合起来。因此，教育不能单纯地遵循自然，而应当帮助自然和纠正自然。人的自然由肉体、智力和道德 3 个部分组成。这 3 个部分处在一个统一体中，是互相联系的。因此，教育应当考虑到人的全部发展。人的体育、智育和德育也应当是互相联系的和统一的。如果孤立地只考虑发展某一种能力，将会损害和毁坏人的天性的均衡发展。教育者应当依照自然的法则，发展儿童身体、智力和道德各方面的能力，并照顾到它们的完全平衡。人的全部教育就是促进自然天性遵循它固有的方式发展的艺术，所以，裴斯泰洛齐毕生致力于自然和教育艺术的结合。

总之，裴斯泰洛齐提出的"教育心理化"是强调教育要符合儿童心理的发展。他深信，儿童开始有意识地接受各种事物时，就需要有符合心理学的训练。虽然裴斯泰洛齐对儿童的心理及其发展还没有做出真正科学的解释，但是，他已深刻地认识到教育科学应当起源于并建立在对人类天性最深入的认识的基础上。所以，他的"教育心理化"的思想显然比夸美纽斯的"教育要适应自然"和卢梭的"教育要顺应自然"的思想前进了一步。他的思想开启了 19 世纪欧洲教育心理化运动。

（四）论要素教育

要素教育是裴斯泰洛齐教育理论体系中一个重要的组成部分。他不仅从理论上进行了论证，而且在实践中付诸实行。要素教育的基本含义是，教育过程要从一些最基本的、儿童所接受的“要素”开始，再逐步过渡到更加复杂的要素，促使儿童各种天赋能力的全面和谐的发展。实际上，也就是遵循大自然的秩序，使人的能力得以充分展开和发展。裴斯泰洛齐认为，在关于事物和对象的任何知识中都存在着一些最简单的要素，如果儿童掌握了这些最简单的要素，就能够认识他们所处的周围世界。因此，他说：“最复杂的感觉印象是建立在简单要素的基础上的。你把简单的要素完全弄清楚了，那么，最复杂的感觉印象也就变得简单了。”正因为如此，对儿童的教育和教学工作也必须从最简单的要素开始，然后逐步扩大和加深。裴斯泰洛齐指出，各种教育都有最简单的要素，这是对儿童进行各种教育的依据。

体育最简单的要素是各种关节的运动。它表现为最简单的体力表现形式，例如，抛、搬、推、拉、戳、摇、转等基本动作。由这些基本动作结合起来，可以构成各种复杂的动作。这是自然赋予儿童关节活动的能力，是儿童体力发展的基础，也是进行体育练习的要素。儿童应当从小开始就习惯于各种关节的运动，然后逐步扩展到全身的、更为复杂的体力活动。通过这些由简单到复杂的动作练习，就可以进一步发展儿童身体的力量和各种技巧。这种动作练习，还应当与感觉和思维的练习结合起来和协调起来，以便使智力和体力同时得到发展。

德育最简单的要素是儿童对母亲的爱。这种爱是在母亲对婴儿的热爱及满足其身体上的需要的基础上产生的。这种爱反映和表现得最早。裴斯泰洛齐认为，应当重视发展儿童的道德情感。他还认为，应当重视儿童的道德行为练习。因为道德行为只有通过多次的练习才能巩固。通过道德行为练习，儿童可以学会自我控制，养成良好的意志品质，并在日常生活中表现出来。在裴斯泰洛齐看来，在全部道德习惯中，自我克制的习惯是最不容易获得的，但是一旦养成这种习惯，它就是最有益处的。

智育的最简单要素是数目、形状和语言。知识教学首先从观察事物开始。裴斯泰洛齐特别提到，幼儿说话的愿望和能力的发展，是与他通过观察逐渐获得知识成正比的。在观察时，儿童必须注意3点：①在他面前有多少物体？有哪几种物体？②它们的外貌、形状或轮廓是怎样的？③它们叫什么名称？怎样用一个声音或一个字表达每一个物体？在知识教学过程中，儿童通过计算来掌握数目，通过测量来认识形状，通过说话来学习语言。

（五）论儿童早期教育

裴斯泰洛齐认为，儿童应当尽可能早受教育，最好从出生时就开始。在他看来，及早地注意儿童身体、道德和智力等方面训练，就能使他走向一个更高级的目标。这种训练开始得越早，成功就越容易。婴儿出生后的一段时期内所处的状态，是一种完全无能为力的状态。处在生命最初时期的婴儿尽管也具有动物的天性，但作为人，他与动物有着根本的差异。在儿童早期教育中，母亲与儿童的关系最为重要。因为母爱是最强有力的力量，母亲与儿童之间的感情是早期教育的动因。裴斯泰洛齐认为，婴儿需要母亲的养护和照顾，并有相应的表现与反馈；母亲也会对婴儿的需要给予满足，这都是本能的表现。

裴斯泰洛齐提出了儿童早期教育的两条法则：

一是既不能过度溺爱，又不能放任自流。他强调对婴儿的关心要持之以恒；尽可能坚持同一种做法：如果孩子的需要是实际的，就决不要忽略它们，如果他们的需求是非分的，或者胡搅蛮缠地来表示这种需求，那么就决不能纵溺。这种做法实行得越早越能持之以恒，孩子所获得的益处也就越大，越持久。但是，母亲在开始行使权威时，应当小心行事，考虑到她自己的责任，考虑到她的做法对其孩子未来幸福的重要影响。母亲的首要责任就是竭尽全力去激励和增强婴幼儿心中爱和信任的倾向。

二是不仅让儿童被动地受教育，而且要使他成为教育中的动因。裴斯泰洛齐认为，尽管教育是母亲的一个最神圣而又最重要的职责，但是，儿童也是他自己的教育者，因为他不仅具有注意和记忆某些概念或事实的能力，而且还有不受他人思想支配的独立思考能力。母亲应当清楚地看到这一点，要让儿童去阅读、书写、听讲和复述，更要让儿童去思考。“要在幼儿的头脑中形成这种思考习惯——经常性的、自觉的思考习惯，没有什么能比早期发展这种习惯更为有效的了。”

儿童的早期教育包括体育、智育、德育、音乐教育和绘画教育等。

1．体育。裴斯泰洛齐认为，儿童运用四肢，增强了体质，锻炼了技巧，它有助于人的全部才能得到发展，使人的全部潜在能力得到发展。但是，母亲应当考虑到儿童的运动必须是渐进的，在安排运动时，从容易进行的运动开始，继而进行更为复杂、难度更高的运动。同时，应当熟悉体育的原理，在那些初级的、预备性的运动中，根据情况选择出那些最适合、最有益于她的孩子的运动。他还认为，如果体育训练得当，也有助于道德训练，因为合理的体育训练能促进儿童的欢乐和健康，培养团体精神和兄弟般的情感、勤奋的习惯以及勇敢和吃苦耐劳等品质。

2．智育。裴斯泰洛齐认为，母亲应当鼓励儿童的好奇心，因为好奇心能激励儿童进行思考；同时，应当正确地对待儿童的提问，鼓励儿童多提出各种各样的问题，从而培养儿童智力上的自主性。在儿童早期的智育中，最好采用图片和实物来启迪儿童，而抛弃令他感到最头痛和最难以忍受的纯文字的教学。

3．德育。裴斯泰洛齐认为，习惯和环境在儿童早期的德育中起着很重要的作用。因为婴儿总是很容易地习惯于那些他经常见到的以及与母亲关系亲密的人们的眼光和关注，所以，他学会了去爱那些母亲喜欢的人，去信任那些母亲信任的人。为了促进婴幼儿的爱和信任的倾向发展，母亲应注意两个方面：一是要有始终如一的日常行为举止。因为婴幼儿不会对最微小的反常现象视而不见，有些婴幼儿还讨厌这种反常。二是不能纵容一种坏脾气。因为这很容易失去婴幼儿的爱。在早期的德育基础上，儿童开始对事物和人做出判断，并学到了道德的概念，发展了道德上的自主性。

4．音乐教育。裴斯泰洛齐认为，早期的音乐教育可以发展儿童健全的欣赏力和健全的感觉，并对陶冶情感能产生最显著的影响。从这点来说，音乐教育也有助于道德教育。因为音乐可以产生和促进那种能够通过陶冶而形成的人的最高级的情操，只有在野蛮或道德空虚的时代，音乐才会被贬低到无人问津的地步。

5. 绘画教育。裴斯泰洛齐认为，应当重视儿童天生的模仿能力，因为那些表现出好奇心的儿童，会迅速地开始运用他的智力和技能来仿制他所看到的东西。在绘画练习中，应当使儿童在仔细观察的基础上先画出一个物体的各个局部，然后再画出这个物体的全貌。但更重要的是，应当让儿童去临摹大自然。在绘画练习之后，还可以让儿童进行制作模型的练习。在他看来，绘画教育也有助于儿童早期的智育。

为了实施儿童的早期教育，裴斯泰洛齐十分强调对母亲的教育。在他看来，在儿童的早期教育中，母亲的作用和母亲的爱是最重要的。因此，应当从教育母亲着手，使母亲认识到儿童早期教育的重要性，并在品格和知识上受到教育。据此，裴斯泰洛齐提出，需要建立培养未来母亲的学校。“这个学校教育出来的学生要去当教师，去当教育工作者；最重要的是这个学校要使女子的品格自早期岁月起就朝这个方面发展，使之能在早期教育中发挥重要的作用。”

早在1770年8月，自裴斯泰洛齐的独生子出生后，他就逐日观察儿子的身体、语言和行为发展并做记录，对儿童早期的发展和教育做了较为详细的研究。裴斯泰洛齐的这本日记题为《一个父亲的日记》，是西方教育史上儿童研究的最早范例之一。

裴斯泰洛齐既是一位教育实践家，又是一位教育理论家。尽管他的教育理论中有不尽完善和缺乏理论逻辑的地方，但是，他的教育实践和理论对欧洲各国的教育产生了极大的影响，从而在19世纪的欧洲形成了“裴斯泰洛齐运动”。他提出的爱的教育和儿童早期教育思想对以后的幼儿教育家，特别是德国幼儿教育家福禄倍尔产生了直接的、重要的影响。裴斯泰洛齐的教育思想在清末开始传入我国，对我国初等教育也产生了一定影响。

第二节　近代西方学前教育机构的产生

一、近代西方学前教育机构的产生

工业革命促使科学技术突飞猛进地发展，从而大大促进了经济的高速增长。资产阶级依靠先进的科学技术大力发展生产的过程，也是无产阶级和其他劳动人民惨遭剥削和历经苦难的过程，由此，无产阶级登上了历史的舞台。

资产阶级为了追求更大的利润，大量雇佣低工资的女工和童工。由此带来了一系列严重的幼儿及幼儿教育问题。首先，由于父母外出工作，没有时间和精力照顾自己的孩子，加之生活十分贫困，无产阶级的子女普遍缺少必需的营养及合适的生活环境，导致劳动阶级的孩子大量死亡；其次，由于父母普遍工作时间长，孩子处于无人管教的状态，容易受到坏人的引诱，导致道德堕落，这在当时也成为严重的社会问题；第三，大机器工业的发展，迫切要求劳动者掌握一定的文化技术知识，让童工接受一定的教育培训也成为历史发展的必然。出于对这些社会问题的关心及对贫困幼儿的同情，19世纪初，一些慈善家和教会人士着手开始建立幼儿机构，以保护教育贫困儿童。19世纪40年代后西方各国政府也陆续参与进来，加强了对幼儿教育机构的补助与管理。

最初产生的幼儿机构，如欧文的幼儿学校以及一些母育教育、简易幼儿园、孤儿院和托儿所等，主要是为社会下层劳动人民的子女服务的。这一时期，社会中上层家庭的儿童是在家里接受学前教育的。1840 年，福禄倍尔创办幼儿园，为中上层家庭的儿童接受社会学前教育提供了条件。这就使得各国的学前教育出现了类似的双轨倾向，一轨是为下层家庭的学前儿童设立；另一轨是服务于中上层家庭的孩子。19 世纪后半期的福禄倍尔幼儿园运动，使福禄倍尔的教育方法广泛应用于各种学前教育机构，成为促进欧美和日本学前教育发展的重要因素。

随着近代初等义务教育的普及，各国政府日益加强对学前教育的管理。1833 年，初等教育法颁布之后，法国政府随即将注意力转向托儿所，他们认为托儿所是初等教育的基础，应归政府管辖，1835 年颁布《关于在各县设立初等教育的特别视学官的规定》，法国的学前教育一直处于世界领先地位。英国于 1840 年通过政府拨款的形式，加强了政府对幼儿学校的控制。19 世纪后半期，法、美、日等国的公立学前教育机构得到较大发展，成为整个公立学校系统的有机组成部分。但总的来说，这一时期的各国政府都主要致力于初等教育的普及，并没有在学前教育的发展上投入更多的人力、财力和物力。

二、幼儿学校运动

19 世纪上半期，英国开展了幼儿学校运动。怀尔德斯平（Samuel Wilderspin，1792—1866）是其中著名的领导人。1820 年，他和妻子一起在斯平托开办了一所幼儿学校，在办学过程中形成了一套具有特色的教育内容和方法。

怀尔德斯平看到由于劳动阶级生活贫困，使幼儿营养不良、很多幼儿因为缺少照看而经常发生意外，身体受到严重损害，因此他的幼儿学校主要招收贫民、下人的子女。以保证幼儿的安全和健康为目的，他认为:培养好的体质必须是我们在儿童管理上的第一目的。怀尔德斯平十分重视幼儿的智育培养，他为幼儿学校设置了国语、算术、自然、社会、音乐、宗教等课程。

在德育方面，怀尔德斯平认为德育的目的在于防止贫困儿童的品格堕落，消除虚伪、下流、贪欲、残酷、粗暴等不道德行为，养成爱怜人、服从父母、守秩序、正直、勤勉、节制、尊重私有财产等德性，德育的基本原则是“爱”和“赏”，要求在万不得已的情况下才能使用体罚。

1825 年，怀尔德斯平接受“伦敦幼儿学校协会”普及幼儿学校的任务。此后的 20 年间，他不辞劳苦地周游英国各地，努力普及幼儿学校，其中直接受教于他的幼儿就多达 2 万余名，他为推动幼儿学校的普及做出了重要贡献。

在幼儿学校运动中，英国政府也发挥了重要作用，主要体现在两个方面：一是给予幼儿学校国库补助。1833 年，英国国会实行国库补助政策，但幼儿学校不在其内。1839 年，枢密院教育委员会成立，通过积极努力使幼儿学校真正成为国库补助的对象。二是专门制定“有资格教师”和“注册教师”等级考核制度，规定只有在幼儿学校教学实际能力方面的实地考试和口试中成绩合格后，才能成为“注册教师”。而“注册教师”只有学完女子师范学校的全部课程，成绩合格者方可获得“有资格教师”称号，而其所在的幼儿学校也将得到补助金。这样，国家通过教师资格的考试，促进了幼儿学校教师质量的提高。

美国最早的学前教育机构是在欧文影响下建立的幼儿学校。1816 年，欧文所创立的工厂附设幼儿学校的形式传入美国。1821 年，欧文在美国印第安纳州建立“新和谐村”，从事创办共产主义公社的活动，开办幼儿学校是其中一个重要的组成部分。在他的影响下，美国许多州都建立了幼儿学校，一度掀起了“欧文幼儿学校运动”的热潮。1830 年，这些幼儿学校改称初级部，与初等学校相衔接。但由于当时教育当局不愿承担幼儿学校的经费，加之幼儿学校本身也出现了机械化的倾向。更由于经济的原因，幼儿学校在美国存在不久就销声匿迹了。

三、欧文的学前教育思想

罗伯特·欧文是 19 世纪英国空想社会主义者和教育改革家。他尖锐地批判资本主义制度，幻想建立理性的以公有制为基础的社会制度。欧文重视教育，尤其强调早年教育对人的性格形成的重要作用，创立了幼儿学校，提出了一整套幼儿学校理论。其教育思想与实践对英国乃至世界幼儿教育的发展产生了重要的影响。

（一）欧文生平简介

1771 年 3 月 14 日，欧文出生于英国北威尔士蒙哥马利郡新镇的一个家境贫寒的小工业者家庭，五岁入学，9 岁离开学校自谋生计，先是在一家杂货店当帮手，第二年开始去伦敦、林肯郡斯坦福德和曼彻斯特等地当店员和学徒谋生。期间他坚持自学，利用一切机会不断丰富自己的学识，逐渐显露出对工业管理的才能，当了股东、工厂经理和厂长。

1800 年 1 月，欧文担任了苏格兰新兰纳克一家拥有 2000 名工人的棉纱厂经理，并在这里开始了他的空想社会主义理论和实践活动。他实行了很多新的管理措施：提高工人的工资、缩短工时、禁止使用 10 岁以下的儿童做童工、给工人修建住宅、整修道路、发放抚恤金、免除罚金制度等。与此同时，他开办了幼儿学校、日校、夜校以及讲座，对工人及其子女进行教育。

1816 年元旦，欧文把其创办的包括幼儿园和幼儿学校在内的儿童教育专门机构“新馆”正式命名为“性格形成新学院”。他指出，“性格形成新学院”的正式开放，将使全体工人的内在和外在性格彻底而全面地得到改进；幼儿园和幼儿学校都将在专有的房间活动、上课。在幼儿学校里，儿童很小就开始学习唱歌、跳舞和体操，并参加一些户外活动，幼儿学校取得了巨大成功。

1817 年，欧文的社会政治观点发生了根本转变，主张通过宣传和教育的方式来建立新的社会制度。1824 年，欧文去美国，集资在印第安纳州购买 3 万英亩土地，创办了“新和谐村”，为 2 ~ 5 岁的儿童设立幼儿学校，为 6 ~ 12 岁的儿童设立小学，为青年和成人设立夜校，并致力于教育与生产劳动相结合的尝试。1839 年，他在英国汉普郡亲自建立了“谐和堂”公社，但这两次实验均以失败而告终。

1858 年 11 月 17 日，欧文在故乡去世。

（二）欧文的幼儿学校

1816 年，欧文在苏格兰创办了世界上第一所幼儿学校——新兰纳克幼儿学校，这是英国也是世界上第一所为工人阶级创办的幼儿教育机构。

1800 年，欧文担任苏格兰新兰纳克地区一家大纺织厂的股东兼经理。为解除工人的后顾之忧，他改善工人的居住条件，建立公共食堂和医院，提高工人工资，缩短工时，创立幼儿园和小学为工人子女提供教育。这一系列措施不仅提高了劳动生产率，也提高了工人的生活水平。

性格形成学说是欧文从事教育活动的依据。他认为“教育就是培养他的性格”，人们在幼年被培养成什么样的人，成年后也就成为什么样的人，因此，要想培养幼儿良好的品行，就必须从他们出生之日起至少必须从 1 岁开始对他们进行系统的训练和教育。

根据上述思想，欧文于 1816 年成立了“性格形成新学院”，其中包括为 1~6 岁幼儿创办的幼儿学校，他将幼儿学校分成两个部分：1~3 岁儿童为一部分，3~6 岁儿童为另一部分。欧文在幼儿学校中遵循“要尽力使小朋友快乐”的原则，儿童在教室的时间约 1 个小时，其余的时间他们就在室外的草坪上玩要或和年轻女工组织参加一些户外活动。欧文提倡直观教学和实物教学，教室的墙上贴了地图，以及各种动植物图画，教师还经常从花园、田野里采集实物标本，供教学使用。他要求教师顺从幼儿的兴趣爱好，并善于发现他们感兴趣的事物，通过游戏或娱乐的方式将知识传递给幼儿。

幼儿学校开展体育、军训、音乐和舞蹈活动。欧文认为，应给儿童提供富有营养的食品。穿肥大宽松的衣服，多参加户外活动保证他们有强壮的身体通过军事训练，为儿童成为“祖国未来的保护者”打下坚实的基础。他指出，无论男孩还是女孩，都应从两岁起学习舞蹈，以培养他们良好的仪表和优雅的风度；1 岁开始学习唱歌，并让有音乐天赋的男孩学习演奏乐器。儿童在从事这些活动时都要穿上苏格兰民族服装或类似古代罗马人的服装，以发展他们的审美能力。

欧文重视儿童集体主义精神（或社会合群精神）的培养，提倡在集体中培养儿童的仁慈、正直、诚实、有礼貌、守秩序等品格，教师应让儿童深刻认识到个人的利益与幸福同所有其他人的利益与幸福是不可分割的。欧文认为进行德育教育时应考虑儿童的年龄特征，实行宽厚和仁慈的原则，禁止任何形式的惩罚。

幼儿学校改善了工人阶级子女的教育环境，缓和了资本家和工人之间的矛盾，在对工人阶级子女的教育方面取得了极大的成功之后，许多热心人士纷纷效仿掀起了幼儿学校运动的浪潮，促进了幼儿学校在英国境内及其殖民地的发展。

但是，由于欧文创办幼儿学校的目的主要是保育无人照顾的幼儿，使之免于流落街头受饥、寒、疾病的煎熬，因此，学校中教育的成分很少，具有福利性质。

（三）性格形成学说

性格形成学说是欧文从事社会改革和教育实践活动的出发点，1812 年，欧文在他的著作《新社会观》中详细阐述了性格的养成问题。

欧文认为，人的性格不是先天的，而主要是在后天所处的环境中形成的，他说：“无论过去、现在或将来，一个人永远是他出生前后所存在的周围环境的产物。”显然，欧文的这一观点是受到了18世纪法国唯物主义者关于“人是环境的产物”观点的影响。在这里，欧文所说的环境是广义的，其中也包括了教育。他强调前辈所赋予的观念和习惯对人的行为具有支配和指导的力量。同时，社会制度对于人的性格的形成起着重大的促进作用。

欧文认为，人的本性是善良的，人具备成为善良的人的一切素质。但是如果他被邪恶的环境所包围，他的思想和行为肯定是不健全的；另一方面，如果以好的环境代替不好的环境，就可以使人改变不好的性格，从而养成良好的性格。为了使人形成优良的性格，欧文尖锐地批判了资本主义社会制度，并主张用新的社会制度来代替它。对此欧文寄希望于教育。他说，教育人，就是培养他的性格，人可以通过教育而养成任何一种情感和习惯，或任何一种性格。在他看来，通过教育的方法改变环境，可以为任何社会乃至整个世界造成任何一种普遍的性格，从最坏的到最好的，从最愚昧的到最有教养的性格。唯有通过教育，人类社会才会治理好，才会达到所要达到的一切目标。对此，欧文积极地进行了教育实验，他所建立的旨在影响人的性格形成的“性格形成新学院”取得了很大成效。

（四）关于幼儿学校的主张与实践

1. 幼儿学校设立的必要性

欧文认为，工人子女从婴儿时就处于不利地位。首先，99%的父母不懂得怎样用正确的方法对待儿童；其次，家境的贫寒使工人子女难以得到系统的训练和教育；再次，家庭里儿童的人数有限，也难以安排适当的条件来很好地加以培养；况且，在小圈子中以闭塞的方式教育少数儿童也不可能培养出具备高质量理性性格的人。因此欧文设立幼儿学校，认为这是培养性格的诀窍，因为儿童在学校里与老师产生了深厚的感情，总愿意尽量发挥他们固有的能力，和年龄相仿的儿童团结一致。通过这种方法，可以防止幼儿沾染任何恶习，从而逐步形成他们的良好习惯。

因此，欧文认为，创设幼儿学校可以达到这样一些具体目的：（1）可以为儿童创设一个有利于其性格养成的环境，从而最大限度地避免尚未受教育的父母的错误的教育；（2）可以解放妇女，使她们不必为了照管孩子过多地花费时间、精力，保证她们出外打工赚钱的时间，从而为孩子挣得更多的生活费；（3）父母和子女间的眷恋感情可以得到加强，孩子在吃饭时间和晚上可以回到父母的身边，双方的爱由于这样短暂的分离得以加深。

欧文认为建立幼儿学校也是实行儿童公育制度的需要，是建立新社会的第一个重要步骤。欧文指出：我所发明并顺利地实际采用的幼儿学校，是为了走向开创一种组织和管理人类的合理制度，把人类引入尘世生活真正太平繁荣的境地而至今迈出的踏踏实实的第一步。可见，欧文把创设幼儿学校看作是培养儿童适应新社会的开端，认为由此途径就可以毫无困难地从根本上设计出和建立起合乎理性的幸福社会。

综上所述，欧文设立幼儿学校的出发点和目的十分清楚，即通过创设幼儿学校培养幼儿的良好性格，进而为建立新的社会服务。欧文主张实行儿童公育制度，符合了当时的历史发展趋势，但他却低估了家庭教育在幼儿教育中的重要作用，具有一定的片面性和偏激性。

2. 幼儿学校的教育实践

欧文的幼儿学校在当时举办得非常成功。幼儿学校里，教师用示意动作和亲昵的交谈进行教育、儿童在不担心受罚的情况下得到训练和教育。2 岁以上的孩子每天学习舞蹈和唱歌，学校还鼓励家长到校观摩。开始，做父母的搞不清楚欧文将如何对待 2 岁大小的幼儿。但他们看到效果后，就急切希望把 1 岁的孩子送来，并打听是否收 1 岁以下的婴儿。幼儿学校每年每生收费 3 先令，实际开支约 2 镑，由企业支付差额。

幼儿学校教育分为两部分。一部分是 1 ~ 3 岁儿童，30 ~ 50 人，尽量在户外游戏场玩乐；天气不好时，则在室内游戏和娱乐；另一部分是 3 ~ 6 岁儿童，经常带他们到乡下散步，拿适合其年龄和知识程度的东西给他们观察并讲解，以引起更大的兴趣，增加更多的知识。欧文认为，按照对人类表现出宽宏、仁爱精神的原理进行的舞蹈、音乐和军训也可成为用来陶冶善良和愉快性格的最好环境。在幼儿学校，2 岁以上儿童开始学舞蹈，4 岁以上学歌咏，男女孩都到操场上操练。儿童经欧文式训练和教育，6 岁时已奠定了养成良好习惯、礼貌、性情和待人接物态度的坚实基础。

欧文认为儿童应知道周围一般物品的性质和用途。教学方法是同儿童亲切交谈，等他们产生了好奇心，提出了有关物品的问题时，才让他们了解其用途和性质。天气恶劣时儿童可在室内活动。教室里，有以动物为主的图画、地图，有从花园、田野和树林里采来的实物。对这些实物的审查和解释总是引起孩子们的好奇及师生的热烈交谈。欧文常告诉老师要把孩子们看作年幼的朋友。

幼儿学校的各年级都开设地理课。教学方法是：幼儿学习之初，老师教他们熟悉大比例的世界地图，等他们熟练掌握后，再把所有班级合成一个大班，在一张几乎可覆盖整面墙的大世界地图前学习。地图上有详尽的线条和代表城镇的圆圈，但没有国家、城镇名。约 150 名学生站成半圆形，以便每个人都能看见地图。教师有一根轻巧的白木棒，上课时，由一个儿童执木棒，另一儿童要他指出某地区、岛屿或城镇的位置。持棒者指错，则须将棒交给提问者。这种极富挑战性的教学方式使儿童产生了强烈兴趣，很快，他们熟悉了最生僻的地区，教学效果非常理想。

从性格形成学说出发，欧文重视教师的榜样和教导对幼儿产生的深刻影响，认为教师应先受到良好的教育，否则，儿童绝不能得到正确的教养。欧文告诫教师们，绝不可以责打任何儿童，或者在说话和行动上对他们进行威胁，或者使用辱骂的语句，而要和颜悦色、态度亲切、语气柔和；大儿童应特别照顾年幼儿童，应协助老师教导他们互相友爱，营造欢乐气氛。他还指出，绝不要对任何儿童有什么偏爱，因为这样会使其他的儿童受到委屈。欧文认为，不应给任何儿童打优缺点的分数，不应对任何儿童有什么偏心。

（五）评价

欧文在新兰纳克的社会改革和教育实验活动，曾对英国社会产生了很大的影响。在长期的教育实践基础上，欧文形成了比较系统的教育思想。尽管他的思想带有空想的性质，但实际已经包含了马克思主义教育理论的萌芽，欧文的教育思想是马克思主义教育学说的先驱。

欧文的幼儿学校和性格陶冶馆声誉远播，每年有成千的参观者。所有的人都对舞蹈、音乐、军训和地理课产生特别浓厚的兴趣。参观者有俄国沙皇，奥地利的亲王，各国大使、主教和许多的教士，几乎英国所有贵族，各国学者和游客。有的贵夫人看到学生们优越的性格表现时噙着眼泪说，如果自己的儿女被训练成这样，花多少钱都愿意。

欧文的幼儿学校教育主张及其实践，对欧美其他国家的幼儿教育也产生了深远的影响。欧文重视幼儿公共教育，提出了许多有价值的幼儿教育的主张与方法，他所创立的幼儿学校在19世纪20至40年代遍及欧美许多国家，形成了幼儿学校运动。作为幼儿学校的创始人，欧文将被永载史册。

第三节　近代学前教育机构的发展

德国幼儿教育家弗里德里希·威廉·奥古斯特·福禄倍尔（Friedrich Wilhelm August-Frobel, 1782—1852）把自己毕生的精力献给了幼儿教育事业。他创办了世界上第一所幼儿园，建立了较完整的幼儿园教育体系，并倡导了幼儿园运动。他的幼儿教育理论和实践对世界各国幼儿园的发展以及幼儿教育理论体系的形成和发展产生了广泛的影响。

一、生平活动与幼儿园的创立

福禄倍尔1782年4月21日生于德国图林根地区奥伯魏斯巴赫村一个牧师家庭。出生10个月后，母亲因病去世，从此他失去母亲的爱。父亲第二次结婚后，继母对他关心甚少，父亲又忙于教务，因此，他常常独自在树林田野里游荡，把自然界的花草树木作为观察和思索的对象。缺乏母爱的童年和对自然界的热爱，对他以后幼儿园教育思想的形成具有很大的影响。

10岁时，福禄倍尔被舅舅送到国民学校读书。1797年，刚念完国民学校年仅15岁的他便随一位林务员当学徒。1799年，福禄倍尔第一次进入耶拿大学学习自然科学和数学。在那里，他听过德国哲学家费希特和谢林的讲课。但他因交不出学费第二年就中断了学业。此后，尽管生活动荡不定，但他一直坚持自学。

图11－3　福禄倍尔

1805年，福禄倍尔偶然遇到了法兰克福模范学校校长格吕纳。曾是裴斯泰洛齐学生的格吕纳建议福禄倍尔到他的学校去当教师。这个偶然的机会改变了福禄倍尔原来的想法，从此开始了他从事教育工作的生涯。从事教育工作后，他认真钻研教育著作，尤其是裴斯泰洛齐的教育著作。同时，他在法兰克福的贵族霍尔茨豪森男爵夫人的帮助下第一次前往瑞士伊弗东访问14天，结识了裴斯泰洛齐。福禄倍尔在法兰克福模范学校只工作了一年时间。第二年，即1806年，他开始在霍尔茨豪森家里担任家庭教师，一直到1811年。其间，他于1808年带着男爵的2个孩子去伊弗东，在那里既学习又任教了2年时间，深受裴斯泰洛齐教育思想的影响。

为了扩展自己的知识，实现自己的教育思想，福禄倍尔先后进入哥丁根大学（1811—1812年）和柏林大学（1812—1813年）学习。1813—1814年，他参加了反抗拿破仑外族统治的解放战争。

1816年，福禄倍尔在施塔提尔的格利斯海姆创办了一所学校，称“德国普通教养院”，次年，学校迁往鲁道尔施塔特的卡伊尔霍。后来，他以卡伊尔霍学校教育实践经验为基础写成了《人的教育》一书，于1826年正式发表。由于德国反动势力的压制和迫害，从1831年起，福禄倍尔流亡瑞士，曾在布格多夫担任一所孤儿院的院长（1834—1835年）。这使他积累了解决幼儿教育问题的经验，并决心把他的教育思想全面地运用于儿童早期教育工作。在此期间，他还阅读了夸美纽斯的幼儿教育著作《母育学校》，这更促进了他的幼儿教育思想的形成。

1836年，福禄倍尔回到故乡，开始设计游戏材料。第二年他就在卡伊尔霍附近的勃兰根堡开办了一个“发展幼儿活动本能和自我活动的机构”，同时在以前的研究成果的基础上创制了一套游戏“恩物”并配有使用说明。福禄倍尔曾想把这个机构取名为“婴儿职业所”或“育婴院”，但都觉得不妥而没有确定下来。后来有一天，他和他的助手米登多夫（W. Middendorf）等人在树林中散步时，从所看到的花草树木的自然乐趣中忽有所悟，于是决定用“幼儿园”（Kindergarten）一词来命名自己创办的幼儿教育机构。他把幼儿的活动场所比作花园，把幼儿比作花草树木，把幼儿教师比作园丁，把幼儿的发展比作培植花草树木的过程。这个名称一直到1840年6月28日才正式公布于世，标志着世界上第一所幼儿园的诞生。1844年，这所幼儿园迁往巴特利本施泰因的马林塔尔，福禄倍尔本人在那里生活和工作到生命的最后时刻。

1843年，福禄倍尔出版了幼儿教育专著《慈母曲及唱歌游戏集》，总结了他自己的幼儿教育工作经验。由于福禄倍尔本人的努力，开办幼儿教育讲习班和训练幼儿园的教师，加上德国一些社会人士和教育家的支持，一批新的幼儿园在德国许多城市建立起来，原有的幼儿学校等机构也按福禄倍尔的体系进行了改组。

1852年6月2日，福禄倍尔在马林塔尔去世。1861年，福禄倍尔有关幼儿教育的文章经他生前友人编辑出版，名为《幼儿园教育学》。

二、论教育的一般原理

在创建幼儿教育理论体系的过程中，福禄倍尔既受到了裴斯泰洛齐、卢梭、夸美纽斯的教育思想的影响，又受到了费希特、谢林、克劳泽的哲学思想的影响。这使得福禄倍尔的幼儿教育理论体系既强调了人的发展和教育适应自然的观点，又体现了万物有神论，带有宗教神秘主义的色彩。

（一）上帝是万物的统一体

福禄倍尔在《人的教育》一书中开宗明义地写道：“有一条永恒的法则在一切事物中存在着、作用着、主宰着。这条法则，无论在外部，即在自然中，或在内部，即在精神中，或在两者的结合中，即在生活中，都始终同样地明确与确定。……这条支配一切的法则必然以一个万能的、不言而喻的、富有生命的、自觉的因而是永恒的统一体为基础的。……这个统一体就是上帝。”在他看来上帝是万物的统一体。这一原理是福禄倍尔论述教育问题的出发点。

为了进一步阐述上帝是万物的统一体这一原理，福禄倍尔又用“球体法则”来说明。他认为，包罗着从同一中心向各个方向扩散开来的一切东西的圆球，可以解释为无限性的象征，可以最清楚地象征一个统一体。他还认为，圆球就是统一中的多样性和多样中的统一性的表现，是无限多样性归结和导源到统一性的表现。因此，他强调说：自然界一切起作用的、活动的、富有生命的事物的结构，其根据首先在于球体所依据的法则，就是说，球体法则是自然事物的根本依据。在他看来，球体是最完善的形体，是作为自然中一切形态和形式的统一体表现出来的，也是在最一般意义上说的最初的和最终的自然形式。

从上帝是万物的统一体的原理以及球体法则出发，福禄倍尔认为，人与动物、植物一样，也是上帝的创造物，应当服从于同一条发展规律，服从于一条永恒的法则。它们最初都是不完善的，到了后来才表现为各方面均衡的、协调的和完善的。它们都具有展现上帝精神的共同使命。因此，福禄倍尔指出：“一切事物的命运和使命就是展现它们的本质，也就是展现它们的上帝精神，……作为明智的和具有理性的人的特殊命运和特殊使命就是使他的本质，他的上帝精神，即上帝，以及他的命运，他的使命本身，成为完全的意识、活的认识和明确的观点，并自觉地和自由地在自己的生活中加以贯彻，使之发生作用，得到展现。”人的教育就要顺应人的本性，激发和推动人有意识地和完善地展现上帝的精神，达到内部和外部的统一，并指明达到这一目的的途径和手段。人身上所具有的上帝精神，必须通过教育才能在他身上得到表现和发展。

（二）人是不断发展的

福禄倍尔认为宇宙万物都是不断发展的，作为宇宙万物中一部分的人在其生命过程中也是不断发展的，总是从一个发展阶段趋向于另一个发展阶段，最后趋向于永恒的、最终的目的，即展现上帝精神。他强调说：“人和人身上的人性应当被看作外表的现象，不能看作一种已经充分发展的、完全形成的，一种已固定、静止的东西，而应当看作一种经久不断地成长着、发展着的，永远是活生生的东西，永远朝着以无限性和永恒性为基础的目标，从发展和训练的一个阶段向另一个阶段前进的东西。”

因此，人在生后就是不断发展的。在人身上具有天赋本能，这使得人具有不断发展的可能性。福禄倍尔把人看作是花园里的种子，不断发展着自己的天性，充分发挥着自己的潜能。他认为，每个人诞生时就具有 4 种本能：一是活动的本能，这是上帝精神在人身体内部的表现。它起初表现为单纯的模仿活动，后来便表现为富于创造的活动。二是认识的本能，这是潜藏在人身体内部的认识和展现万物的上帝精神的能力。三是艺术的本能，这是发展的人对万事万物的艺术形象的能力。四是宗教的本能，这是人的发展的最终目的的表现。人的发展过程就是在上述 4 种本能的基础上实现内部和外部的统一，即变内部为外部、变外部为内部的过程。

福禄倍尔把儿童的发展划分成3个时期：婴儿期、幼儿期、少年期。①婴儿期，主要是养护的时期。它也可以称为“吸吮”的时期。婴儿发展外部器官，从外界吸收和接受多种多样的东西；他们的感官和四肢是最初的活动，也是最初的求知欲。“人的第一个发展阶段对于人，对于他的现在和将来都具有无法描写的重要意义。”②幼儿期，主要是生活时期。幼儿运用他的身体、感官和四肢，开始自动地向外表现内在本质，使得内部的东西变为外部的东西。真正的人的教育便开始了。游戏和说话是这一阶段儿童生活的要素。③少年期，主要是学习时期。儿童开始为了创造物而活动，为了成果而生活，使得外部的东西变为内部的东西。因此，人进入了少年期，也就成了一个小学生了。

从整体联系的观点出发，福禄倍尔批评那种把人的各个发展阶段孤立起来的观点，强调人的各个发展阶段之间的连续性。他说：“人为了完成他的使命和实现他的天职而需要经历的发展和训练，乃是一个永久性地、连续不断地、前进地、始终一贯地从一个阶段向另一个阶段上升的不可分割的整体。”他又说：“如果把人不断前进的一系列发展的年岁划分明显的界限和造成截然的对立，从而完全忽视持续不断的进步、活生生的联系和生活的本质，那是十分有害的，起阻碍作用的，甚至会发生破坏作用。”看来，在人的整体发展过程中，前一个阶段总是为后一个阶段的发展打下了基础，而后一个阶段总是前一个阶段发展的继续，各个发展阶段是紧密相连的，既不能忽视，更不能跳跃。

（三）教育必须适应自然

福禄倍尔认为，对于人来说，重视自然和观察自然是十分重要的。人作为宇宙万物的一部分，具有与宇宙万物一样的发展进程和规律，服从于同一条法则。人的力量、天赋及其发展方向、四肢和感官的活动，是按照它们本身在儿童身上出现的必然的次序发展的。从儿童刚诞生起，就必须按照儿童的本性去理解他们和正确对待他们，让他们自由地和全面地运用他们的能力，而不能违反他们的本性，把成人的形式和使命强加于他们。因此，福禄倍尔强调说：“一切专断的、指示性的、绝对的和干预的训练、教育和教学必然地起着毁灭的、阻碍的、破坏的作用。”他以园丁修剪葡萄藤为例，指出在葡萄藤确实应当修剪时，如果园丁在修剪中不是十分耐心地、小心地顺应葡萄树本性的话，不管园丁出自多么良好的意图，葡萄藤都有可能由于修剪而被彻底毁灭，至少它的肥力和结果的能力被破坏。

福禄倍尔还认为，尽管在每一个人身上包含着并体现着整个人性，但它在每个人身上是以完全固有的、特殊的、个人的、独一无二的方式得到表现和塑造的。因此，从儿童刚诞生起，就必须重视儿童的个性及个性发展，而不能把他们当作一个模拟出来的、没有个性差别的复制品，当作某一先辈模样的铸件。福禄倍尔强调说：“如果每一个人，每一个儿童最独特和最有个性地表现了自己，那么，作为上帝儿女和人类成员的人也已经表现了上帝和人的全部本质。”

总之，只有在人的天性不受到干扰而自然地发展以及人的个性发展也受到重视的情况下，正确的、真正的人的教育和人的培育才能发展，才能开花结果，才能成熟。

三、论幼儿园的作用和任务

在儿童的发展中，福禄倍尔特别强调幼儿期的重要性。研究幼儿期的发展与教育，正是福禄倍尔一生教育活动的主要方面。

福禄倍尔与裴斯泰洛齐、夸美纽斯一样，认为家庭和父母在幼儿教育中占有很重要的地位，家庭生活对于儿童发展的每一个阶段乃至人的整个一生是无比重要的。但是，他又认为，许多父母没有受过任何有关幼儿教育的指导和训练以及缺乏幼儿教育的知识，加上他们没有足够的时间和精力去教育自己的孩子。因此，幼儿园的创建就可以解决这个矛盾。

在福禄倍尔生活的时代，由于资本主义生产的发展，许多妇女甚至稍大一些的儿童都卷入了这个生产过程，妇女们无暇照顾和教育家庭中年幼的孩子。于是，名称不一的幼儿教育机构，例如，幼儿学校、看护学校等也应运而生。这是一种时代的需要。从客观上来看福禄倍尔创建的幼儿园也正反映了这种时代的需要。

但是，福禄倍尔强调指出，他创建的幼儿园与以前已存在的幼儿学校一类的幼儿教育机构是不同的。他说："称之为'幼儿园'与通常称为'幼儿学校'的类似机构是不相同的。它并不是一所学校，在其中的儿童不是受教育者，而是发展者。"因此，在福禄倍尔的幼儿园里，其基本思想是帮助幼儿自我表现并由此得到发展。幼儿园教师使幼儿参加与其天性相适应的活动，带领他们到花园、树林里做游戏活动，增强他们的体质，在活动中引导他们进行观察，训练他们的感官，发展他们的活动和创造能力。在幼儿园里必须拥有一个供游戏用的宽敞而明亮的大房间，并与一个花园相连。只要天气许可，幼儿就应在花园里进行各种有益于身心健康的活动，例如，游戏、体操练习等。有的西方学者就指出："在一定的时期中，教育是儿童兴趣与能力的自然开展，正如花卉一般，在一定时期内展开并且显露出它的色彩。……儿童和花卉没有教师或园丁一样要生长，但是这两者有了人照料就生长得更好。正如园丁帮助花卉，使它在开花时把所有的美丽颜色都开放出来；同样，教师帮助儿童实现神所给予他的一切能力。福禄倍尔深受这个类比的触动，把他的学校称为儿童的花园（幼儿园）。他把儿童放在生长发芽的种子的地位上，把教师放在细心的有知识的园丁的地位上。"

1843 年，福禄倍尔在其所写的《关于德意志幼儿园的报告书》中明确指出："幼儿园收容学龄前 3 ~ 6 岁的儿童，以家庭的方法助长儿童的身体发育与精神上诸能力的发展，养成良好的习惯为目的。"他看来，幼儿园的具体任务是：通过直观的方法培养学前儿童，使他们参加各种必要的活动，发展他们的体格，锻炼他们的外部器官，使他们正确地认识人和自然以及增长知识，并在游戏、娱乐和天真活泼的活动中，做好升入小学的准备。

四、福禄倍尔"恩物"

为了更好地引导幼儿认识自然、扩大知识和发展能力，福禄倍尔在幼儿园教育实践中创造了一套供他们使用的活动玩具。这套活动玩具适合幼儿教育的要求，仿照大自然事物的性质、形状和法则，体现了从简单到复杂、从统一到多样的原则。作为幼儿认识万物的初步手段，它是与儿童天性的发展相适应的。福禄倍尔把这套活动玩具称为"恩物"，意指它们是上帝的恩赐。在他看来，通过"恩物"的使用，可以帮助幼儿由简到繁、由易到难和循序渐进地认识自然以及自然界的万物统一于上帝精神。

从上帝是万物的统一体的原理以及球体法则出发，福禄倍尔创造的这套“恩物”的基本图形是圆球、立方体和圆柱体。他认为，圆球是上帝力量最本质的表现，是万物统一体的象征。它可以向任何方向滚动，既没有起点也没有终点，是运动无限的象征。立方体具有三维性。它同时有6个面、8个角、12条边，表现出多种多样的几何图形。圆柱体是圆球与立方体的联结。通过这3种最基本的物体形态及其变化，体现了统一性与多样性的结合。

具体来说，福禄倍尔创制的“恩物”主要有6种：

第一种恩物是6个用不同颜色的绒毛做成的柔软圆球。圆球的颜色包括红、黄、蓝、绿、紫、白6种颜色。圆球代表球状的太阳、月亮、地球等大自然。每个圆球上系着一根细线，可以提着做各种动作，通过圆球的不同方向的运动，能使幼儿形成“去—来”“上—下”“左—右”“前—后”“转过去—绕过来”等空间概念。通过不同颜色的圆球的比较，能发展幼儿辨别颜色的能力。通过玩球，不仅能训练幼儿的四肢和感觉，而且能使儿童模仿母亲学会各种发音和理解词的含义。福禄倍尔认为，圆球最适宜于幼儿，因为他们容易抓握，但最重要的还是圆球体现了上帝精神的统一，是运动和变化无限的象征。

第二种恩物是木制的圆球、立方体和圆柱体。它们的直径和高度是一样的。福禄倍尔认为，圆球是运动的象征，立方体是静止的象征；圆柱体是球体和立方体两种形态的结合，它竖立时是静止的，它卧倒时是运动的。这三者构成了宇宙中的万物。用各种方法使圆球、立方体和圆柱体摇摆、滚动、平衡等，就能展现它们的各种特性。借助于这一种恩物，能使幼儿辨别3种物体的异同，并认识物体的各种形状和各种几何图形。

第三种恩物是一个可以分成8个相同的小立方体的木制大立方体。通过它们的组合和分割，能使幼儿认识部分与部分以及部分与整体之间的关系；同时能激发幼儿的建造能力，利用8个小立方体构成宇宙中万物的形状，例如，桌子、椅子、桥、塔等。

第四种恩物是一个可以分成8个相同的小长方体的木制大立方体。通过它们的组合和分割，能使幼儿认识长方体与立方体的异同；同时能使幼儿获得长、宽、高的观念；还能激发幼儿的建造能力。

第五种恩物是一个可以分成21个相同的小立方体、6个相同的大三角体和12个相同的小三角体的木制大立方体。通过它们的组合和分割，能使幼儿认识正方形、长方形和三角形的异同，以及不同角度的变化。

第六种恩物是一个可以分成18个相同的小长方体、6个相同的小方柱体和12个相同的小四角体的木制大立方体。借助于这一种恩物，可以使幼儿获得更多的练习机会训练他们的建造能力，进一步发展他们的组合能力和想象力。

在福禄倍尔看来，真正的“恩物”应当能使幼儿理解他周围的客观世界，又能表达他们对于这个客观世界的认识；应当能表现各种恩物之间的联系；应当表现整体与部分之间的联系；应当表现整体与部分之间的关系。

尽管福禄倍尔力图使恩物体现上帝是万物的统一体的思想，但他创制的恩物客观上有助于扩大幼儿的知识，发展他们的创造力和想象力，从而在欧洲各国得到了广泛的流行。

在以后的福禄倍尔运动中，福禄倍尔主义者把福禄倍尔创制的恩物扩大为20种，并分为游戏恩物（第1~10种）和作业恩物（第11~20种）两类。在福禄倍尔主义者看来，游戏恩物是幼儿游戏的用具，除前述的6种恩物外，又增加了表现面、线、环、点的4种恩物；作业恩物是幼儿作业的材料，包括刺纸、墙纸、画点、剪纸、贴纸、编纸、组纸、折纸、豆细工和黏土细工等10种。实际上，这已不符合福禄倍尔创制“恩物”的原意。

五、论游戏与作业

从儿童的能力特别是创造能力的发展出发，福禄倍尔强调游戏与作业在幼儿园教育中的地位和作用，并对游戏与作业进行了颇有价值的论述。

（一）游戏

福禄倍尔认为，随着幼儿期的到来，儿童进一步运用他们的身体、感官和四肢，并力求寻找内部和外部两者的统一。这一点特别应当通过游戏来实现。因此，游戏就是幼儿期儿童生活的一个要素。他强调说：“游戏是人在这一阶段上最纯洁的精神产物，同时是人的整个生活、人和一切事物内部隐藏着的自然生活的样品和复制品。所以，游戏给人以欢乐、自由、满足，内部和外部的平静，同周围世界的和平相处”。游戏既是儿童内在本质的自发表现，又是内在本质出于其本身的必要性和需要的向外表现。可以说，游戏是儿童内部需要和冲动的表现。游戏作为儿童最独特的自发活动，成为幼儿教育过程的基础。在福禄倍尔看来，一个全神贯注地沉醉于游戏中的儿童，正是幼儿期儿童生活最美好的表现。从某种意义上说，幼儿园应当是幼儿游戏的乐园。

对于幼儿期儿童的发展来说，游戏绝不是无关紧要的小事，而是具有极其重要的意义。福禄倍尔认为，通过游戏，幼儿第一次给他们自己描绘了世界。所以，游戏直接影响着儿童的生活和教育。“这一年龄阶段的各种游戏是整个未来生活的胚芽，因为整个人的最纯洁的素质和最内在的思想就是在游戏中得到发展和表现的。”正因为如此，福禄倍尔在《人的教育》一书中恳切地呼吁：母亲啊，鼓励和支持儿童的游戏！父亲啊，保护和指导儿童的游戏！但是，福禄倍尔强调指出，游戏应当适合于儿童的体力和智力，并使他们认识周围的自然界和社会生活。

当儿童从幼儿期进入少年期后，他们仍需要游戏。福禄倍尔认为，儿童能通过充分地享受他亲自经历的生动活泼的游戏得到满足。但是，这一时期游戏的目的与前一时期已有所不同。“如果说前一时期，即幼儿期，游戏的目的仅在于活动本身，那么现在游戏的目的却始终是一种特定的有意识的目的，就是说，现在游戏的目的就是表现。”

福禄倍尔强调集体性的游戏在幼儿园中的重要性。他认为，许多最有趣味的游戏，只有在集体性的游戏中才可能进行。它能使幼儿学会尊重别人，通过集体的游戏获得愉快，从而培育幼儿之间友爱和信赖的感情。

在幼儿的游戏中，福禄倍尔十分注意象征主义对幼儿发展的作用，例如，一根小棍被想象成一匹马等。在他看来，这是儿童想象世界的途径。他甚至在幼儿园的房间地板上画一个象征统一性的圆圈，每天早晨幼儿们脚踏圆圈，手拉着手，排成一圈祈祷和唱歌，以此象征集体的统一性。

福禄倍尔把游戏分成三类：一是身体的游戏。主要是为了锻炼幼儿的身体。这是幼儿对自然界和周围生活中所观察到的动作的模仿。既可以是作为力量和灵活性的练习，也可以是内在的生活勇气和生活乐趣的表达。二是感官的游戏。既可以是听觉的练习，例如捉迷藏等，也可以是视觉的练习，例如辨别色彩的游戏等。三是精神的游戏。主要是为了训练幼儿的思考与判断的能力。

正因为游戏对幼儿的发展是如此的重要，所以，福禄倍尔提出每一个村镇都应当为幼儿设立公共游戏场。他认为，公共游戏场将对整个社区的生活产生极大的作用，既丰富和充实了孩子的生活，又培养了他们共同的社会意识和感情，并激发和培养了他们的公民和道德的品质。因此，福禄倍尔说："不管谁，如果想呼吸一下令人振奋精神的新鲜的生命气息，都得参观一下这些孩子的游戏场所。"

（二）作业

福禄倍尔认为，作业就是给幼儿设计的各种活动。在作业活动中，他们使用某些材料，例如纸、沙、泥土、竹、木、铅笔、颜色盒、剪刀、糨糊等，制作某种物体。通过这些作业活动，幼儿得以完善地发展。

从某种意义上来说，作业是恩物的发展。它要求幼儿将恩物的知识运用于实践。与恩物中的立体相对应的作业活动有捏泥型、纸板、折纸和木刻等，与恩物中的平面相对应的作业活动有剪纸、刺孔、串珠、图片上色和绘画等。因此，福禄倍尔指出，幼儿只有掌握了恩物的使用之后，才能开始进行作业活动。尽管作业和恩物是紧密联系的，但两者又有明显的区别，其表现在恩物在先，作业继后；恩物的主要作用在于吸收或接受，作业的主要作用在于表现或建造。

作业活动是使幼儿的体力、智力和道德和谐发展的一个主要方法。通过作业活动，可以对幼儿进行初步的教育。福禄倍尔制定了一套详细的幼儿园作业大纲，要求幼儿的作业活动严格遵循从简单到复杂的原则。例如，绘画这个作业活动应当从画点开始，然后是画横线和竖线以及横竖线的组合，最后才是画一些物体。但他对作业活动规定的顺序有时过于死板而表现出形式主义。

除了使用恩物而进行的作业活动外，福禄倍尔还认为，幼儿也能参加一些简单的劳动活动。例如照料花草、初步的自我服务等。

福禄倍尔最后认为，在作业活动中，教师应当对幼儿及时进行指导和帮助，培养幼儿集中注意力和认真制作的习惯，促使幼儿的表现能力和创造能力的发展。

在游戏和作业活动中，幼儿往往会有很想多说话的表现。他们把每一个事物都看成是有生命、感情和语言能力的，同时又相信每一个事物都在听他说话。因此，福禄倍尔强调指出，说话也是幼儿期儿童生活的一个要素。从幼儿期开始就应当对儿童进行语言训练，使他们"应当正确地和确切地看待一切事物，应当正确地、确切地、肯定地和纯正地描述一切事物"。

作为世界上第一所幼儿园创立者的福禄倍尔，是近代幼儿教育理论的奠基人。尽管他的理论与实践带有宗教神秘主义和形式主义的特点，但是，他推动了世界范围内的幼儿园运动的兴起和发展，被世人誉为“幼儿教育之父”。在 20 世纪初期，他所制定的幼儿园教育体系是幼儿教育领域中最流行的。他创立的幼儿园作为一种幼儿教育机构的形式一直沿用到现在。他的幼儿园教育理论，至今对世界各国的幼儿教育工作者仍有启迪作用。

小链接

恩物：是福禄倍尔为儿童精心设计的游戏材料和教学用品，也即玩具。根据自然界的法则、性质形状等用球体、圆柱体、立方体、三角形等制作的，作为幼儿了解自然和人类的一套玩具命名为恩物，意指是上帝恩赐给儿童的。福禄倍尔设计的恩物主要有六种，每一种恩物都有其象征意义和不同的教育作用。

【经典回味】

坚忍不拔也像其他的美德一样，是孩童时期应该学习的东西；但是，我们不应该仅仅教他们知道这种美德的名称，而应该使他们在不知不觉中体会到它们美的时候去学习它们。

——［法国］卢梭《爱弥儿——论教育》上卷第 150 页

【思考与练习】

1. 简述洛克的绅士教育思想。
2. 简述卢梭的自然主义教育思想。
3. 简述裴斯泰洛齐的要素教育思想。
4. 评述欧文的学前教育思想。
5. 福禄倍尔是如何论述幼儿园教育的？

第十二章　欧美主要国家和日本的学前教育

[学习目标]

1. 掌握英国的费舍法案。
2. 掌握法国的费里法案。
3. 掌握德国的“自我发展、自由教育”的思想。
4. 掌握美国的开端计划及儿童中心论。
5. 掌握蒙台梭利教育法。
6. 掌握日本的《幼儿园保育及设备规程》。

[关键词]

费舍法案　费里法案　自我发展　自由教育　开端计划　蒙台梭利教育法　儿童中心论

引　子

明治维新时期的领导人有半数以上曾经亲历欧美，考察各国富强之道。1869 年，木户孝允给天皇上书道：“国家的富强扎根于人民的富强，人民无知识，贫穷落后的话，维新就只是一句空话，所以必须普遍提高一般大众的知识水平，应吸收文明各国的规划，徐徐振兴学校，普及教育是一大紧急任务。”1871 年，木户孝允随肩负着促进日本现代化使命的岩仓考察团去欧美考察。考察过程中他深刻认识到教育是近代资本主义发展的必要手段和工具。同年，明治政府设立了统辖全国教育行政的中央教育行政机构——文部省。1872 年，日本颁布了日本近代史上第一步教育法规——《学制》，《学制》首次将一切学校教育统一纳入国家的管理之下，使日本教育开始步入近代大教育的轨道。

点评：由于明治政府充分认识到了普及教育对国家现代化的重要作用，所以在它迈出现代化第一步时，就把现代国家立国之本——教育作为了国家的大政方针确立了下来，运用法律手段普及教育，而这种普及方式是强而有力的。因而，在明治后期，日本的国民教育制度已趋于完善，国民素质已得到了很大提高。作为一个后进的资本主义国家，日本只用了 50 年就走完了欧美资本主义国家用 150 年岁月才走完的路程，由一个幕府统治的封建国家一跃而变成了强大的资本主义国家。

[知识概述]

第一节　英国的学前教育

一、第二次世界大战前英国的学前教育

这个时期，英国学前教育的内容主要是保育学校的创立和发展以及幼儿学校教育方

法的改革。

（一）保育学校的创立与发展

1870年，英国颁布的《初等教育法》及随后颁布的若干法令，确立了对5岁以后的儿童实施免费义务教育的制度，英国的幼儿学校开始被纳入这一制度。这一法令的颁布出现了5岁以下的儿童因无人看管而随兄姐入学的问题，导致大量不满5岁的儿童也涌入学校。19世纪末期以后，英国义务教育年限不断延长，这种现象不仅超出了小学的接受能力，也严重影响了5岁以下儿童的身心健康。这种情况引起了政府有关部门的重视，做出了拒绝5岁以下儿童入学的规定，这样5岁以下儿童的保育成为社会关注的问题。为解决这一社会问题，由麦克米伦姐妹创办，面向贫民，招收义务教育以下年龄段孩子的新型的幼儿保教机构——保育学校应运而生。保育学校的校舍都是采光、通风良好的房间，反对拘谨的形式主义教学，注重幼儿的手工训练、感觉教育、自由游戏等。

（二）《费舍法案》与幼儿教育

1918年，英国国会通过了教育大臣费舍提出的关于初等教育的法案，也称《费舍教育法》（The Fisher Act）。这项法案的目的是在英国建立完整的国家教育行政系统和初步确定一个包含幼儿教育、初等教育、中等教育和各种职业教育在内的学制。法令要求小学分为5~7岁（幼儿部）和7~11岁两个阶段，正式把保育学校纳入国民教育制度中，并把保育学校的设立和援助问题全部委托给地方教育当局，规定除伙食费和医疗费外，对保育学校实行免费入学。《费舍法案》对于英国初等教育的普及产生了积极影响。

（三）哈多报告与幼儿教育

1924年，英国首届工党内阁以哈多爵士（Sir William Henry Hadow）为主席的调查委员会对英国初等教育进行调查并提出发展中等教育的建议，其中1933年公布的《关于幼儿学校以及保育学校的报告》是推动幼儿教育理论和实践发展的重要文献。

《哈多报告》指出：①良好的家庭是5岁以下幼儿成长的最佳环境，但同时认为保育学校对城市儿童的发展有重要作用，建议将保育学校作为“国民教育制度中的理想机构”，提倡大力增设麦克米伦的保育学校、幼儿学校和幼儿部附设的保育班。②提出5岁不应是区分儿童重要发展阶段的界限，而向7岁以上的少年学校过渡才是重要的发展阶段，主张成立以7岁以下儿童为对象的独立的幼儿学校。③幼儿学校的教师也应遵守保育学校的原理，即注重对6岁以下的儿童开展户外体育、游戏等自然活动和进行会话、唱歌、跳舞、图画、手工等表现能力的训练。对6岁以上的幼儿才增加正规的读写算教育。

（四）幼儿教育方法的改革

从20世纪初开始，在儿童中心主义教育思想广为传播的背景下，美国进步教育运动、蒙台梭利教育方法以及新教育的其他方法逐渐影响英国，引起了英国幼儿教育界对改革幼儿教育的兴趣。传统教育中重视读写算的正规教育以及重视死记硬背、唯命是从的压抑教学方法，逐渐被注重儿童身心自由发展以及良好习惯的教育方法所取代，在一些幼儿学校，开始了做中学、设计教学法的改革实验。1915年，在蒙台梭利协会的努力下，英国召开了新教育理想协会，会议呼吁弘扬尊重儿童个性以及使儿童个性在自由氛围中得到充分发展的新教育精神。

二、第二次世界大战后学前教育的发展

1939 年，爆发了第二次世界大战，英国政府对全民实行总动员，妇女也被列入其中。由于社会的需要，出现了全日制、半日制的幼儿学校以及附设的保育班等形式并存的学前教育机构。然而由于二战的影响，英国的幼儿教育没有得到太大的发展，直到 60 年代后期，英国政府日益认识到幼儿教育的价值，开始提供必要的经费援助，以扩大 5 岁前的幼儿教育。

（一）《巴特勒法案》

1944 年，英国政府通过了以巴特勒（R. A. Butler）为主席的教育委员会提出的教育改革方案——《巴特勒法案》。法案规定初等教育由三种学校实行：为 2～5 岁儿童开设的保育学校（不属于义务教育）；为 5～7 岁儿童开设的幼儿学校；有的地方如果设立 5～11岁的初等学校，则可在学校附设保育班，招收 3～5 岁的儿童。该法案还明确指出："以教育 5 岁以下为主要目的的初等学校就是保育学校"，其主要作用是"培养全面发展的正常儿童，主要是进行教育，其次是进行补偿"。

（二）幼儿游戏班运动

第二次世界大战后，由于经费和师资短缺的问题，非义务教育（5 岁以下的幼儿教育）一直处于停滞和倒退的状态，幼儿教育设施不够，同时由于大城市出现的高楼大厦，儿童也失去了集体游戏的机会。在这种情况下，1961 年家长自发兴起了"游戏班运动"（The Playground Movement）。

幼儿游戏班的特点可概括为以下几点：①招收 2～5 岁的幼儿，以为幼儿提供游戏场所为明确目的；②除极少数游戏班外，其他的都没有独立的设施，而是无偿借用成人俱乐部、婴幼儿福利中心、旧学校等机构房屋设施的一部分作为活动的场所；③幼儿游戏班的管理人员主要是中产阶级的家庭妇女，教师和保育员多半由孩子的母亲自愿承担；④游戏班多在早上或晚上活动，一般时间为 2～3 小时，保育人数每班 15～20 人，其设备、玩具和电费均由儿童救济基金会承担。

（三）《教育白皮书》

1972 年，教育大臣萨切尔发表了《教育白皮书》，提出要扩大幼儿教育，白皮书肯定了普洛登报告中具有实践意义的建议，要在 10 年内实现幼儿教育全部免费，并扩大 5 岁以下的幼儿教育。因此，提出了以下要求：第一，要调动各方面的积极性。除政府以外，还要依靠地方行政当局的周密策划以及自由团体、教师和家长的大力协助。第二，确保有相当数量的教师队伍，必须在进一步改革大学幼儿教师培训课程的同时，对非正式教师进行特别训练。第三，政府为实现上述计划提供必要的经费帮助，政府拨给幼儿教育的经费在 80 年代增加到 1972 年的 5 倍以上。

总体上，《教育白皮书》发表以后，英国的幼儿教育有了一定的发展，但受经济因素的影响，发展比较缓慢。到 1980 年，英国 2～5 岁幼儿入园率只有 18%。进入 80 年

代，英国政府增加了对幼儿教育事业的投资，掀起了“尽快行动起来普及幼儿教育”的热潮，使幼儿教育迅猛发展。

（四）当代英国学前教育的发展

英国的学前教育机构主要包括单独设立的幼儿园（2岁入园），附设于小学的幼儿班（3岁入班），家长自己组织的游戏班以及日托部门领导下的日托中心。英国的学前教育机构公立和私立并存，由地方教育行政当局管理。80年代以后，英国的学前教育机构又有一些新的发展。

1. 幼儿凭证计划

为了解决幼儿受教育的经费在家长、中央、地方政府之间公平合理地负担的问题，英国教育和就业大臣谢泼德公布了一项7.3亿英镑的“幼儿凭证计划”。“幼儿凭证计划”规定，发给家长价值1000英镑的凭证以支付其幼儿教育的费用，使全国每个愿进学前教育机构的、年龄在4岁的儿童都能接受三个月的高质量的学前教育，另外家长们可以自由选择公立、私立或民办的学前教育机构，公立学校全是免费的，家长如果选择私立和民办学校则需自己多交些钱。

2. 学前教育目标提案

1995年，学校课程和评定当局主席罗恩·迪林爵士宣布了义务教育开始时5岁儿童应达到的目标提案。这项提案和幼儿凭证计划密切相关。提案规定，学前教育的提供者，不管是游戏团体还是公立或私立的托儿所，如果他们想要参加幼儿凭证计划，都必须向督学证明他们所提供的教育能使5岁以下儿童达到国家规定的标准。提案非常重视识字和算术，但被放在首位的是品德和情操教育，如能与其他孩子及成人建立良好的关系，能互相尊重，有是非观念，能够自己穿衣服，自己管理好个人卫生等；其次是语言、识字与数学；对世界的了解与理解；创造性以及具体的技能与技巧发展。

第二节　法国的学前教育

一、20世纪上半期的学前教育

1881年，法国通过《费里法案》，提出了国民教育的三个原则：“免费、义务、世俗化”。1905年，教育部部长对母育学校过于强调传授知识的倾向提出批评，指责母育学校充满小学的气味，认为对2～4岁的幼儿进行阅读和书写，并不是母育学校的中心目的，要求进一步澄清母育学校的性质。1908年，教育部部长再次发布指令指出，母育学校的目的是对儿童加以照料，满足他们体、智、德三方面的要求。1927年法国政府又发出指示，详细规定了母育学校必须具备的校舍和设备标准。在这一时期，学前教育的管理已形成制度，公立的母育学校由国家和地方自治团体开办并支付费用，实行免费制度；私立幼儿园的监管由教育部的母育学校女视学官负责。

二、20世纪下半期学前教育的改革与发展

（一）学前教育改革的历史进程

第二次世界大战后，在法国第四共和时期（1944—1958年），曾出现过以朗之万—瓦隆教育改革计划为代表的各种教育改革方案，这个方案首次提出了“教育民主化”的思想，并首次在一个正式的官方文件中强调根据不同儿童的个体差异、年龄特点来设计学校，因而被称为一个“以儿童为中心”的教育改革计划。然而由于当时法国经济和政治的限制，这份改革计划被搁浅，但该计划的教育原则影响着法国教育改革的计划和方向。

1969年，法国对母育学校的学习计划和教育方法进行了改革，目的是进一步加强幼儿的全面发展，改革后的幼儿教育采用与小学相同的“三分制教学法”。母育学校的课程分为基础知识课、各种启蒙教育课以及体育课三类。

进入70年代，法国政府更加重视公立学前教育的发展。1975年，法国政府颁布《哈比改革法案》，将发展幼儿教育、提高教育质量列为1976—1980年第七个五年计划的重点计划，要求学前教育发挥教育、补偿、诊断治疗、与小学衔接的四重作用。该法案规定，学前教育的目标是启发儿童的个性；消除儿童出身和家庭条件差异而造成的成功机会不均等；帮助儿童顺利完成学前教育向小学教育的过渡。

20世纪80年代以后，法国学前教育进入一个新的发展时期。1986年，国民教育部在《幼儿学校：作用与任务》的报告中指出：“幼儿学校的总目标在于使儿童的各种可能性得到发展，以形成其个性品质，并为他们提供最佳机会，使其能在学校学习和社会生活中获得成功”，使儿童受学校教育成为幼儿学校的首要目标。

1989年的《教育方针法》的附加报告明确规定了学前教育的目标：“通过对美感的启蒙，对身体的意识，对灵巧动作的掌握和对集体生活的学习，发展幼儿的语言实践能力和个性，同时还应注意发现儿童在感觉、运动或智力方面的障碍，并做及早治疗。”

为了加强学前教育及其与小学教育的衔接，1990年颁布的法令重新规定幼儿学校的总目标是：开发儿童的各种潜能，提高他们的语言能力，通过审美、身体、灵巧等方面的培养和对公共生活的适应，使之形成个性，为接受小学教育并取得成功做好准备。

（二）法国学前教育的概况

在法国，学前教育机构和初等教育机构都由教育部“学位司”管理，在法国教育系统中“学校”一般指初等教育机构，即母育学校和小学，没有行政和财政自主权，规模一般也比较小。

母育学校和小学幼儿班招收2~6岁的儿童，小班（2~4岁）的教学以帮助幼儿适应集体生活为中心，注重发展儿童的感觉和运动能力，训练其口头表达能力，小班每天的教学活动由教师自行安排，以游戏为主；中班（4~5岁）教学形式仍是游戏和玩耍，但渗入了较多的文化知识内容，做一些学习书写的准备等；大班（5~6岁）教学目标是培养儿童具有学习各种科学知识的正确态度，进行最基本的读、写、算的基础训练，为进入小学做好准备，并结合实际生活向儿童灌输基本的道德观念。

法国的学前教育机构绝大部分为公立性质，学前教育机构的对象为2~6岁的儿童，

凡年满2岁的儿童可就近入学。儿童大部分进入教育部管辖的、免费的母育学校和幼儿班，私立幼儿学校则由家长付费。

纵观法国的学前教育，其在世界上保持领先地位的原因主要有三个。首先，法国政府历来重视学前教育；其次，法国政府建立了行之有效的教育行政和管理制度，并通过教育立法和有关规定文件，使学前教育工作有章可循；最后，法国学前教育重视研究儿童的个别差异和教学个别化。

第三节　德国的学前教育

一、第二次世界大战以前德国的学前教育

德国幼儿教育的历史比较悠久，1840年德国幼儿教育家福禄倍尔创办了世界第一所幼儿园，在第二次世界大战前，德国的幼儿教育机构呈现多元化的形式，除幼儿园外，还有一些从历史上沿袭下来的慈善机构和幼儿学校。

第一次世界大战后，德国废除了君主政体，建立了资产阶级的魏玛共和国。魏玛共和国按照民主的原则对教育进行改革，强调德国所有儿童都有受教育的权利，使他们在身体、精神、社会方面都能得到发展。同时决定设立公立的儿童保育机构——儿童保护局，负责监督和指导民间的儿童福利事业，并承担1922年《儿童福利法》规定的给儿童提供福利设施的任务。

1922年，德国政府制定了《青少年法》，其中强调要建立“白天的幼儿园之家”，包括幼儿园、托儿所及幼儿保育机构等。这个时期，幼儿园发展成为德国学前教育的主流，政府还颁布了幼儿园条例，提出建立各种各样的学前教育机构，指出凡招收2~5岁儿童者，均可称为幼儿园。

1933年，德国陷入了纳粹党统治时期。希特勒法西斯政府把教育作为侵略政策的工具，建立了中央集权的管理体制，包括幼儿园在内的各类学校都必须进行所谓的“种族教育”——强调德意志是最优秀的民族，并在各种教科书中宣扬对法西斯的崇拜，幼儿教育遭到严重破坏。

二、战后联邦德国的学前教育

（一）学前教育的思想及内容

德国联邦政府的学前教育在福禄倍尔教育思想的影响下，倡导“自我发展、自由教育”，注重为幼儿创造良好的环境，重视游戏与活动，努力使幼儿通过各种活动发展体力、智力和道德感。幼儿园教育方法除采纳福禄倍尔的基本方法外，还吸取杜威的主张和蒙台梭利的教学方法，从做中学、注重实际操作。

（二）学前教育机构的主要类型

这个时期，德国学前教育机构的类型主要分为，幼儿园和托儿所。其中幼儿园又分

为普通幼儿园、特殊幼儿园和学校附属幼儿园。

1. 普通幼儿园

大多地方为政府、教会、企业、社会团体和私人开办，不纳入国家教育规划。直到1970年才把3~6岁的学前教育纳入教育体系的基础部，属于初等教育范畴。幼儿根据自愿原则入园，不入园者，家长必须保证幼儿受到相当于幼儿园的教育。普通幼儿园招收3~5的幼儿，分全日制和半日制。德国的学前教育以游戏为基本活动，除学校附设的幼儿园外都根据家长的收入状况灵活收费。

2. 特殊幼儿园

特殊幼儿园，专门为身体有残疾、智力发育不正常或聋哑的儿童开设的幼儿教育机构。承受双重职能，治疗和教育。

3. 学校附设的幼儿园

这种类型的幼儿园最初是1939年创立于汉堡的幼儿园，附设在小学内，招收对象是到了入学年龄但身心发展的水平尚不适合入小学的儿童以及下半年才满6岁的儿童，为他们提供为期一年的特别准备。学校附设的幼儿园实行免费制度，主要任务是使儿童的身心发展达到小学一年级的要求，主要内容是语言教育和培养观察能力和思维能力。

（三）学前教育的师资

联邦德国没有专门培育幼儿教师的学校，由于联邦德国的学前教育不属于义务教育，幼儿教师的社会地位和工资待遇都不如其他教师，因而幼师严重缺乏，教师素质也不高，阻碍了学前教育的发展。

（四）联邦德国学前教育的管理和政策

联邦德国的幼儿园主要是由教会、普通慈善机构、民间团体开办的，其中教会开办的幼儿园占70%以上。国家并不行使对幼儿园的监督，监督工作主要由开办幼儿园的团体自行负责。战后，联邦德国所有公、私立幼儿园的督察工作均由儿童局负责。幼儿园的入园制度大多由各州自行规定。

联邦德国的学前教育与其他发达国家相比，有不足之处，但经过长期的发展也形成了自己的特色。如孩子入学自愿，宗教团体开办的幼儿园盛行；幼儿园不属学校系统，不受国家的约束；联邦德国没有专门的管理幼儿园的机构，都由各州的青少年局负责监督管理；国家和地方政府没有规定幼儿园的教育大纲和教育方法，而由幼儿园开办者自行决定。这一管理一方面能调动地方和团体开办者的积极性，有利于充分利用各地方的财力和人力；另一方面也造成了德国学前教育发展的不平衡，不利于学前教育整体的发展。

第四节　美国的学前教育

20世纪是美国学前教育取得长足发展的时期，其中20世纪上半期的显著特点是进步主义幼儿园运动的兴起；二战以后，美国学前教育则进入了重智力开发及学前教育机会均等的时期；80 年代后，美国幼儿园进行整体改革，重视儿童社会教育，社会和政府进一步介入学前教育是此时期的重要特点。

一、20 世纪上半期的学前教育

（一）进步主义幼儿园运动

19 世纪末至 20 世纪三四十年代，美国开展了进步主义幼儿园运动，强调研究儿童，注重幼儿教育与实际生活的联系，它是具有美国特色的学前教育改革的开始。

杜威是美国进步主义运动的“精神领袖”，杜威的教育思想给幼儿园运动以指导性的影响。杜威肯定了福禄倍尔关于儿童的自我活动、游戏及社会参与等原则，反对福禄倍尔理论的神秘色彩，指责恩物和作业脱离儿童的生活经验，主张把游戏和家庭日常生活联系起来。杜威的理论为进步主义幼儿园运动提供了理论依据。进步主义幼儿园运动一方面强调研究儿童心理和生理的特征，对幼儿个性和社会性的教育指导等问题进行科学、实证研究，注重学前教育与实际生活的联系，试图从根本上否定恩物主义和象征主义。同时，又充分肯定福禄倍尔理论中的合理成分。

（二）昙花一现的“蒙台梭利热”

正在美国进步主义运动兴起之时，蒙台梭利教育方法及其教具于 1910 年传入美国，1912 年和 1915 年，蒙台梭利两次访问美国，宣传她的学说，很快在美国引起强烈的反响，其影响曾一度达到白热化的程度。1912 年出版的《蒙台梭利方法》，数百名美国学前教育工作者读了此著作后，兴奋不已，奔赴罗马“朝圣”。1913 年，蒙台梭利教育协会成立，蒙台梭利热达到高峰。1916 后，美国的蒙台梭利热迅速冷却，重要原因是遭到进步教育家的批评，克伯屈曾指责蒙台梭利法“实属 19 世纪中期的货色”，其感官训练是“非强制不可的、孤立的、脱离幼儿生活实际和生活体验的” 和 “缺乏创造训练的”。与此同时，蒙台梭利还遭到美国正在发展并占主导地位的机能主义学派、行为主义学派以及精神分析学派的心理学家的批判。

蒙台梭利方法尽管是“昙花一现”，但蒙台梭利教育方法在美国的影响仍是很大的。她的著作通俗易懂，引起了人民对学前教育普遍重视。此外蒙台梭利强调“儿童的自由”及“自我活动”，促使人们重新探索福禄倍尔的“儿童自动性原则”及“自由作业”的真正含义。蒙台梭利重视感觉训练和智力训练的思想使人们更加认识到智力开发的重要性，这为 20 世纪后半期的“蒙台梭利热”的再一次升温埋下伏笔。

二、20 世纪下半期学前教育的发展

（一）学前教育机会均等运动

第二次世界大战后，美国学前教育得到迅速发展，而贫富差距也越来越大，种族歧视仍继续恶化。这使得广大黑人和少数民族子女往往被排斥在学前教育之外，在进入义务教育阶段时，处于明显不利的地位。社会要求政府解决学前教育机会不均等的呼声越来越高。在此形势下，50 年代后，美国顺应教育民主化的潮流，兴起了包括学前教育在内的教育机会均等运动。

美国政府于 1963 年、1964 年宣布向贫困宣战，提出了一系列福利措施和计划来达到目的，使贫困儿童获得与富裕儿童同等的环境、同等的教育机会就是其中的教育措施之一。1966 年，美国全国教育协会和美国学校行政协会的联合组织“教育委员会”提出了“对所有 5 岁儿童和贫困而且没有文化教育条件的所有 4 岁儿童扩大公共教育”提案，要求为所有儿童提供学前教育的机会，这些提案的呼吁得到了社会各界的强烈反响。

（二）开端计划

开端计划（Head Start Project），也称先行计划、起点平等计划，始于 20 世纪 60 年代，至今仍未中止，是美国专为低收入家庭儿童所提供的一项入学前的早期教育补偿项目，旨在消除贫困，使所有的儿童拥有公平的起点，是一项规模最大、持续时间最长、影响最大的早期干预项目。开端计划以政府为主导，对处境不利的儿童给予了健康服务、教育、家庭培训等多方面的关注，对减少贫富差距和社会矛盾具有积极的意义，得到了社会的广泛关注，但学者对其成效的讨论褒贬不一。但这一经典项目仍给了我们很多启示：学前阶段所获得知识和经验会持续不断地影响人生的许多方面，早期教育对个体或社会的发展均具有较大的影响。

（三）幼儿智力开发运动

1957 年，受苏联“人造地球卫星”发射成功的影响，美国开始反省本国教育的失误，从 50 年代末到 60 年代初，美国在新传统教育思想及结构主义的影响下，进行了“十年改革运动”，主要从事中小学课程与教学方法的改革，同时早期儿童研究蓬勃发展，大规模的儿童智力开发运动在此形势下开展，并成为美国现代幼儿教育的重要特色。

三、杜威的学前教育思想

杜威（John Dewer，1859—1952），美国实用主义哲学家、教育家，是 20 世纪世界上最具影响力的教育家之一。杜威以实用主义哲学为基础，建构的实用主义教育理论体系对美国甚至世界的教育都产生了较深远的影响，杜威最具影响力的教育代表作品为《民主主义与教育》（1916 年）。

（一）杜威的生平和教育活动

图 12－1　杜威

1859 年杜威出生在美国佛蒙特州柏灵顿市的一个零售商人的家庭。1879 年，他从佛蒙特大学毕业以后，便在美国南方石油城的一所中学里任教。1882 年，杜威成为约翰·霍普金斯大学的研究生，后获得哲学博士学位，并在密歇根大学教授哲学，除 1889 年去明尼苏达大学短期工作外，在密歇根大学一直任教至 1894 年。

1894 年，杜威被聘为芝加哥大学的哲学教授，并担任哲学、心理学及教育学的系主任。1896 年，杜威建立了“芝加哥实验学校”，对教育问题进行实验研究，并因此而闻名。1904 年，杜威辞去芝加哥大学的职务，转到纽约哥伦比亚大学讲授哲学，一直到 1930 年退休。在芝加哥大学的 10 年，是杜威教育思想形成和发展的关键时期，在芝加哥实验学校的经验成为杜威教育思想的一个重要来源，他在该时期发表的重要教育著作有《我的教育信条》(1897年)、《学校与社会》(1899年) 和《儿童与课程》(1902年)。

1919年5月至1921年7月，杜威来华讲学。1924年去土耳其考察教育，1926年又去墨西哥考察教育。1928年6月，在美苏文化协会主办下，他作为15名美国教育家组成的非官方旅行团成员到达苏联，以考察教育的名义推行实用主义教育。

1952年6月1日，杜威在纽约去世。他一生著述甚多，涉及多个领域，其中《民主主义与教育》一书被认为是杜威实用主义教育思想的代表作。

（二）杜威论教育的本质

杜威指出，教育在“本质上是一个使个人特性与社会目的和价值协调起来的问题”。他从心理学、教育学和实用主义哲学的不同角度，提出教育的本质为“教育即生活”“学校即社会”“教育即生长”“教育即经验的改造或改组”四个重要论点。

1. 教育即生活

杜威认为，儿童的本能生长总是在生活过程中展开的，他指出：“生活就是发展，而不断发展、不断生长，就是生活。”因此，最好的教育就是“从生活中学习”，学校教育应该利用儿童现有的生活作为其学习的主要内容。

杜威反对教育为固定的成人生活做准备，他认为“教育是生活的过程，而不是将来生活的预备，”他强调的生活是现在的、儿童的生活。他指出一旦把教育看作是儿童未来的生活准备，这种教育必然要教以成人的经验、责任和权利，而忽视儿童此时此刻的需要与兴趣，并且与儿童的生活相脱离。所以教育要重视儿童现在生活的内在价值，使儿童从目前的生活中得到乐趣。

杜威提出的“教育即生活”有两个方面的基本含义。一是要求学校与社会生活相联系，一是要求学校与儿童的生活相联系。这两个方面实际上是要求改革不合时宜的学校教育，使学校生活成为社会生活与儿童生活的契合点，从而既合乎社会需要亦合乎儿童需要。

2. 学校即社会

杜威抨击美国的学校教育与社会生活、儿童生活相脱离，他在“教育即生活”中提出要使学校生活成为社会生活与儿童生活的契合点，而实现这一个目的的主要途径是学校社会化，因而他又提出“学校即社会”的口号。

在杜威看来，学校和社会的关系非常密切。我们不能在一般意义上理解学校，不要把学校仅仅看作是学习或教学的场所，学校应该“成为一个小型的社会，一个雏形的社会。”在学校里，应该把现实的社会生活简化到一个雏形状态，应该呈现儿童现在的社会生活。“学校即社会”口号的提出告诉我们，学校不仅是学习知识的场所，也是生动的社会生活的形式。

3. 教育即生长

“教育即生长”是杜威提出的又一重要命题。杜威认为生活就是生长，因此儿童的发展就是原始的本能的生长过程，教育不是把外界的东西强迫儿童去吸收，而是使人类与生俱来的能力得到发展。

在杜威看来，儿童的生长与发展既需要内部条件，也需要外部条件。儿童生长的内部条件可归结为儿童自身的兴趣、需要、依赖性与已经形成的习惯。儿童生长的外部条件即社会性的环境。儿童的生长就是内部条件和外部条件相互作用的结果。

4. 教育即经验的改造或改组

杜威认为，经验在教育中的地位举足轻重，“一切真正的教育从经验中产生”。教育就是通过儿童的活动去获取各种直接经验，而不是教给儿童既有的科学知识。

在杜威看来，人类在适应环境的活动中，必须以旧经验为基础来解决问题，因此，杜威说“教育就是继续不断地重组经验”。在教育活动中，经验的改造主要是指对儿童身心各个方面的改造，教育与经验的改造必须从儿童身心发展水平的现实状况出发，无视儿童的身心发展，都将减弱经验的教育意义。

儿童在生活中逐步扩大和改造经验，养成良好的道德品质、习得社会技能的过程就是教育。由于改造经验需和生活结合在一起，而且改造经验能促进个人的成长，因此，在杜威论教育的本质中，生长、生活和经验是三位一体的关系。“教育为了生长，教育寓于生活，生活源于经验”是杜威教育观的核心。杜威的教育本质观也揭示教育既要尊重儿童，也要联系社会；既要尊重儿童的兴趣需要，也要为促进儿童的发展提供外部条件。

（三）杜威的教学论——“做中学”的教学方法

杜威从他的经验论的观点出发，认为“人们最初的知识，最根深蒂固的保持的知识，是关于怎样做的知识”，从而提出“做中学”的教学方法。“做中学”，实际上也就是从“经验中学”、“从活动中学”，教育就是儿童在自己的活动中获取经验的过程，学习是与其自身的活动紧密联系在一起的。

杜威强烈的反对传统教育中教师讲、儿童听的灌输式的教学方法，要求以活动性、经验性的主动作业代替书本式、灌输式的形式。儿童通过“做中学”，在自身的活动中进行学习，通过这种富有成效、创造性的学习，儿童能获得和牢固的掌握有价值的知识。因此杜威认为“在做事里面求学问”，比“专靠听来的学问好得多”。

杜威指出“从做中学”的内容具体包括三个方面：一是艺术活动，如泥塑、唱歌、绘画等；二是手工训练，如木工、纺织、烹饪等；三是动手的实验研究。儿童通过专门设计的课程，在一个充满了要做的有趣的环境中得到发展。

（四）杜威的“儿童中心”论

杜威反对传统教育中对儿童本性的认识，即儿童接受知识一般都是被动的而不是主动的，儿童天生的厌恶学习而不是爱好的。他认为儿童本来都具有从事学习的本性和能力以及爱好学习的倾向，为了更好地培养儿童的本性和能力，就必须信任儿童、尊重儿童。因此，杜威提出儿童中心的思想。

杜威指出，传统教育的特点是学校的重心在儿童之外，在教师，在教科书以及其他你所高兴的任何地方，唯独不在儿童自己即时的本能和活动之中。他坚决反对传统教育的这一特点，提出“我们必须站在儿童的立场上，并且以儿童为自己的出发点”，并宣称“我们的教育中将引起的改变是重心的转移，这是一种变革，这是和哥白尼把天文学的重心从地球转到太阳一样的那种革命”。在这里，儿童变成了太阳，而教育的一切措施则围绕着儿童组织起来。因此，杜威指出书本、教师是为儿童服务的，儿童是教育的主宰，教育应遵循儿童的心理发展水平和规律，强调儿童的兴趣和需要。所以教学不应采取过去那种抽象式的、不易被儿童理解的教材，课程的素材来源于儿童的社会生活，以生活化和活动教学代替传统的课堂教学，以儿童的亲身经验代替书本传授。

杜威的儿童中心论的错误是显而易见的，但他突出了儿童在教育中的重要地位，从传统的“教师中心、教材中心、课堂中心”转为“学生中心、活动中心、经验中心”，促使人们更加注重儿童的需要、兴趣。以杜威为代表的进步主义教育把儿童问题提成为教育的中心问题，确立了儿童在教育中的地位，为20世纪现代教育的发展开了先河。

（五）杜威教育思想的影响

杜威教育思想对20世纪以来的美国教育理论和和教育实践都产生了极大的影响。他的教育思想不仅影响了美国，还影响了不少国家教育的发展。1919年4月30日，即五四运动前夕，杜威历时两年多在华讲学，在中国东部、中部的10余个省市演讲200多次。杜威的实用主义思想在中国广为传播，成为五四运动时期中国人了解教育思想的一扇窗口，我国五四运动以后的中小学教学改革也颇受杜威思想的影响。另外，20世纪20年代的苏联教育改革也深受杜威教育思想的影响。可以说，杜威教育思想的影响是世界性的。

第五节 意大利的学前教育

蒙台梭利（Maria Montessori，1870—1952）是意大利著名的幼儿教育家，一生致力于教育事业。她吸收了卢梭、裴斯泰洛齐、福禄倍尔等教育家的思想，并以生理学、医学、心理学、人类学等科学成果为基础，创立“儿童之家”，对儿童进行连续不断的观察、研究及教育实验，发现了儿童生长的法则，不仅在理论上建立了一套独特的学说，而且开发了一系列符合儿童发展需要的教具。她通过撰写教育论著和举办国家培训班的形式，将她的教育思想推向世界，并产生了深远影响。其著名教育著作有《童年的秘密》《有吸引力的心灵》《蒙台梭利教育法》等。

一、蒙台梭利的生平及教育活动

图12-2 蒙台梭利

蒙台梭利1870年8月出生于意大利，1886年，蒙台梭利进入高等技术学院，学习现代语言和自然科学，但她喜欢和学的最好的是数学。但是，当她快从技术学院毕业时，由于对生物学的强烈兴趣，使她产生了学习医学的想法。当时女子学医在意大利是前所未闻的，因此，亲戚和朋友不支持她的想法，尤其是她的父亲。蒙台梭利不顾全家人和社会舆论的反对，决心学医。1890年，她进入罗马大学医学院，成为意大利教育史上第一个学医的女生。1896 年，蒙台梭利凭借精彩的演讲，成为罗马大学医学院第一个女毕业生，成为意大利第一位女医学博士。

从罗马大学医学院毕业后，蒙台梭利被罗马大学附属精神病诊所聘为助理医生，由于经常接触到精神病院的弱智儿童，她开始研究智障儿童的医疗和教育问题。1901 年，年仅 30 岁的蒙台梭利离开国立特殊儿童学校，开始致力于正常儿童的教育，寻求把智力缺陷儿童的教育方法应用于正常儿童的可能性。1907 年，“儿童之家”成立，招收 50 多名 3~6 岁儿童，聘请一位年轻女子进行照顾。蒙台梭利在那里进行了系统地教育实验，制定了一套教材、教具和方法，创立了蒙台梭利教育体系。在致力于教育实验的过程中，蒙台梭利还不断总结自己的实践经验，撰写了许多教育理论著作。如《童年的秘密》是解答幼儿之谜并阐述儿童教育观的著作。《蒙台梭利方法》是蒙台梭利对第一所“儿童之家”进行的教育实验和研究的全面总结。

二、蒙台梭利的儿童发展与教育思想

蒙台梭利的儿童发展与教育思想是以对儿童的尊重为基础的，新教育的目的就是发现和解放儿童，她强调教育必须信任儿童内在的、潜在的力量，为儿童的发展创造适宜的环境。

（一）儿童具有内在的生命力

蒙台梭利认为，儿童存在着与生俱来的“内在生命力”，或称之为“内在潜力”，这种生命力是一种积极的、活动的、发展的存在，它具有无穷无尽的力量。教育的任务就是激发和促进儿童“内在潜力”的发现，并按其自身规律获得自然和自由的发展。

（二）儿童心理发展的特点

蒙台梭利从发展的观点出发，认为儿童时期是人一生发展的最重要的时期。她结合当时医学、生物学、实验心理学、人类学等研究成果，结合在“儿童之家”的教育实践，认真研究了儿童心理发展的特点。

1. 儿童具有独特的“心理胚胎期”

蒙台梭利认为人类有两个“胚胎期”：一个是出生之前在母体中生长发育的时期，称为“生理胚胎期”，这是人类和动物共同拥有的；另一个称为“心理胚胎期”，这是人类特有的，即 0~3 岁的婴儿阶段，是人出生后形成最初心理萌芽的时期。蒙台梭利认为，幼儿开始一无所有，然后经过适宜的环境刺激，形成许多感受点和心理发展所需的器官，逐渐表现出令人惊叹和不可思议的心理活动，呈现出自己的个性。

2. 儿童具有“吸收性心理”

蒙台梭利主张儿童成长受内部潜能的驱动，但儿童的发展并不能脱离外部环境的影响而自动实现。她认为幼儿具有一种下意识的感受能力，积极地从外部世界获取各种印象和文化模式，并有一定的选择进行吸收，简称为“吸收性心理”。对于儿童的“吸收性心理”，蒙台梭利强调儿童具有主动性，儿童是“利用他周围的一切塑造了自己”，并且这种吸收和创造性功能是成人所没有的，儿童在其童年时期所获取和吸收的一切会一直保持下去，甚至影响其一生。

3. 儿童心理发展有各种“敏感期”

蒙台梭利认为在生物界，各类生物对于特殊的环境都有一定的敏感期。“敏感期”是和生长的现象密切相关的，在敏感期，儿童学会自己适应和获得，并在不同的年龄阶段表现出一种特殊的敏感性。蒙台梭利强调“正是这种敏感性，使儿童以一种特有的强烈程度接触外部世界。在这时期，他们容易地学会每样事情，对一切都充满了活力和激情。”蒙台梭利认为，在敏感期的儿童如果处于适当的环境之中，他们自己就可以在无意识中悠然自得地掌握某种能力，如三岁前是儿童学习语言的敏感期，这段时间里，儿童可以毫不费力、自然地获得语言能力。

三、论自由、纪律与工作

根据蒙台梭利的儿童发展学说，儿童的生命潜力是通过自发的冲动表现出来的，这种冲动的外在表现就是儿童的自由活动。为了有利于儿童的自由活动，蒙台梭利在“儿童之家”精心布置了一个给儿童充分自由、便利的场所。她认为，允许儿童自由活动，是实施新教育的第一步。

在人们的想象中，实施自由教育的“儿童之家”肯定是乱哄哄的，但恰恰相反，良好的秩序是儿童之家的最大特色。蒙台梭利所谓的自由，并不是放纵的意思，这种自由是建立在秩序的基础上的。“儿童之家”是要纪律的，而且在“儿童之家”，儿童也是守纪律的。

对于自由与纪律的关系，蒙台梭利有独特的见解。她指出：“自由与纪律如同一个徽章的两个面，因为科学的自由会导致纪律。”蒙台梭利以工作为媒介，把“自由”和“纪律”有机联系在一起。儿童内在的冲动的外在表现是自由活动，蒙台梭利称之为“工作”。蒙台梭利认为儿童最喜欢的活动是“工作”，只有“工作”才能培养儿童多方面的能力，促进儿童人格的形成和智力与意志的发展。在“儿童之家”，她发现了一件令人惊讶的事实：儿童“竟然喜欢工作甚于游戏”，她认为自由并不是任意妄为，真正的纪律只能建立在自由活动的基础上，如果儿童处于主动状态，自由和纪律是一个不可分割的整体。

四、蒙台梭利教学法

（一）感官训练

蒙台梭利重视儿童的感官（或称感觉）训练，这是“儿童之家”的重要特色，也是蒙台梭利方法的一大特点。她认为对于幼儿来说是事物的“刺激”，而不是对事物的思维，吸引着他的注意，因此感官教育符合儿童心理发展的需要。蒙台梭利根据儿童对不同感官刺激存在不同敏感期的原理，主张每一种感官都应进行专门训练，她的感观教育内容主要包括视觉、听觉、嗅觉、味觉、触觉的训练，其中以触觉练习为主。结合感官训练，蒙台梭利设计和制作了大量独创性感官教具，通过这些材料对幼儿进行训练。

（二）读写算的训练

蒙台梭利认为，3~6 岁儿童已具备学习文化知识的能力，她经过实验也证明所有儿童都具有学习读、写、算的能力。教育者应当利用这种能力，为儿童准备适当的教材、教具并提供正确学习的途径。

（三）肌肉训练

蒙台梭利认为肌肉训练能促进身心两方面的发展，她把发展儿童肌肉的训练称为“体操”，它的内涵可理解为一系列有助于生理的活动（如走路、讲话、呼吸）的正常发展的训练。蒙台梭利的体操大致可分为四类：锻炼下肢的各种运动、自由体操、教育体操和呼吸体操。

（四）实际生活的练习

蒙台梭利认为，无论是感官训练、知识的学习还是肌肉训练，都离不开在实际生活中练习，通过日常生活技能的练习，可以培养儿童良好的生活习惯、培养自我服务的能力，从而有助于儿童独立性的形成。

实际生活中的练习主要包括清洁、秩序、姿态、会话。清洁练习包括个人卫生和环境卫生；清洁结束后，儿童坐在座位上，老师指导孩子正确的坐姿、小心地拿东西、保持安静等以此为起点进行自由学习；会话活动是老师请幼儿与她会话，主要内容是儿童前一天干了什么，以此促进幼儿语言能力的发展。

五、蒙台梭利教育思想的影响

尽管对蒙台梭利思想和方法的批评一直存在，但谁也不能否认其影响是巨大的。蒙台梭利教育体系自 20 世纪产生以来，在世界范围内产生了广泛的影响。

蒙台梭利在吸收自然科学的研究成果、秉承卢梭等人的“儿童本位”和“内发论”传统的基础上，提出了在世界范围内广为传播的“蒙台梭利法”。她重视早期教育，认为儿童发展的原动力源自儿童内部；儿童心理发展有其独特的特点，重视儿童发展的敏感期等；在“儿童之家”教育实践的基础上，发明了一系列蒙台梭利教具。蒙台梭利的思想对今天的教育仍有启示作用。

第六节　日本的学前教育

1868 年发生的轰轰烈烈的明治维新运动及其后的工业革命，使日本逐渐走上了资本主义道路。在福禄倍尔幼儿教育理论和美国幼儿园运动影响下，伴随着国家的全面变革，日本的近代学前教育也开始了它的近代化和社会化历程。到 19 世纪末，日本的学前教育已初具规模，并逐步趋向普及，为日本现代学前教育的进一步发展奠定了基础。

一、学前教育机构的建立和发展

1871 年，日本设立文部省主管国家的文化教育事业。1872 年颁布的《学制令》是近代日本的第一个教育法令，具体规定了日本教育的领导体制和学校制度，标志着日本教育进入了一个新的历史时期。1874 年 3 月，文部省决定成立以培养幼儿教育师资为目的的东京女子师范学校，这是日本有史以来第一所幼儿教师培养机构。1876 年，日本政府在东京女子师范学校开办附属幼儿园，这是日本学前教育史上的第一所公共学前教育机构，在日本教育史上占有重要地位，对后来全国各地幼儿园的兴办起了示范和推动的作用。

1882 年，为了扭转幼儿园发展缓慢的局面、增加幼儿园数量，也为了使一般贫民子女能接受学前教育，文部省在《关于幼儿园制补充规定》里明确规定：文部省所属的幼儿园，办园的一切费用完全由政府承担，各地方幼儿园也是这样。同时指出，幼儿园的规模不宜过大，办园的方式可以任意选择，并提倡设置简易幼儿园，认为这样就可以大量收容那些贫民劳动者的子女，或者是招收没有时间、精力照顾和养育的那些人的子女。文部省还规定，简易幼儿园在设施、编制上要从简。这种幼儿园收费低廉，入园者可免费或只交少量入园费。由于这一政策的实施，加速了幼儿园的普及，促进了日本学前教育的发展。

二、日本政府的学前教育政策和措施

《幼儿园保育及设备规程》的制定

1899 年 6 月在社会各界的关注呼吁下，文部省颁布了《幼儿园保育及设备规程》。这是日本首次由政府颁布的有关幼儿园的正式法令，该规程的颁布，标志着日本近代学前教育进入了一个新的历史期。

《幼儿园保育及设备规程》共有 7 条，内容包括：（1）幼儿园为年满 3 岁至学龄前儿童开设的保育场所。（2）保育时间（包括吃饭时间）每日为 5 小时以内。（3）一名保姆可保育 40 名以内儿童。（4）一所幼儿园可招收 100 名儿童，个别情况可招收 150 名儿童。（5）对幼儿进行教育，是为了使其身心得到健全的发展，养成良好习惯以及辅助家庭教育；保育方法应以坚持适应幼儿身心发展、教授其难易程度相应的事物为本职业的根本；要时常注意纠正幼儿的德行仪表；因幼儿模仿能力极强，所以平素应使他们多接触嘉言懿行。（6）幼儿的保育项目：游戏、唱歌、会话及手工作业。（7）幼儿园所需设备的规定。

《幼儿园保育及设备规程》对幼儿园的设置标准，编制规模，保育的时间、内容、目的都做了明文规定，并具有一定的合理性和可操作性，是日本学前教育走向制度化的重要开端，在日本教育史上具有重要意义。此后，幼儿园规程虽经多次修订，但直至 1947 年制定的《学校教育法》对幼儿园做了新的规定，长期以来基本上保持了第一个幼儿园规定的本来面貌。

小链接

全美早期教育协会组织专家设计的《0～8岁幼儿适宜发展性教育方案》对美国的学前教育产生了很大的影响。在美国早期教育工作者中，该书已成为最受欢迎的指导性参考资料之一。被誉为美国早期教育的“圣经”。该方案提出早期教育领域也应当根据有关幼儿发展与学习的现代知识来检验自己的实践。虽然早期教育质量受许多因素影响，但是决定性的因素是在教育实践中应用关于幼儿发展知识的程度——教育方案对发展的适宜程度，适宜发展性。美国幼教工作者在建构课程时，视野是较为开阔的，能将各种教育活动和一日生活常规紧密结合起来，能注意社会文化背景上的差异对幼儿学习与发展的影响。从课程的设计到实施的各个环节，能较好地避免各种不尊重幼儿的误区，体现了正确的儿童观、教育观，这是十分值得我们学习、借鉴的。

（摘自：虞永平．学前课程价值论［M］．南京：江苏教育出版社，2002，97）

【经典回味】

1968年，美国内华达州一位名叫伊迪斯的3岁女孩告诉妈妈，自己认识礼盒上OPEN的第一个字母“O”。这位母亲非常吃惊，问她是怎样认识的，回答是“维拉小姐教的”。这位母亲在表扬女儿之后，一纸诉状将维拉小姐所在的幼儿园告上法庭，理由是维拉小姐剥夺了伊迪斯的想象力。女儿在认识“O”之前，把“O”说成是苹果、太阳、足球之类的圆形东西，而在认识26个字母之后，伊迪斯失去了这种能力。幼儿园应为此负责，赔偿伊迪斯的精神伤残费1000万美元。此案在内华达州引起轩然大波。

这则材料不仅反映了美国家长对儿童想象力的重视，更重要的在于美国教育对儿童在教育过程中的权利和地位的认识，相对于具体知识的掌握，美国更加注重儿童自由的观察、自发的思考、自由的活动等方面的培养，从一个侧面反映了美国的教育思想。

【思考与练习】

1. 简述英国的费舍法案。
2. 简述英国的哈多法案。
3. 简述法国的费里法案。
4. 简述德国的“自我发展、自由教育”的思想。
5. 简述美国的开端计划。
6. 简述杜威关于“儿童中心论”的教育理念。
7. 简述蒙台权利利教育思想的影响。
8. 简述蒙台梭利教学法。
9. 简述日本的《幼儿园保育及设备规程》。

第十三章　当代学前教育概况

［学习目标］

1. 掌握皮亚杰关于建构主义的教育理论。
2. 掌握瑞吉欧幼儿教育体系的主要观点。
3. 熟悉海伊斯科普课程的主要内容。
4. 理解发展适宜性教育的主要内涵。

［关键词］

建构主义　瑞吉欧幼儿教育体系　海伊斯科普课程　发展适宜性教育

引　子

孩子的一百种语言

孩子，是由一百种组成的。

孩子有一百种语言，一百双手，一百个想法，一百种思考、游戏、说话的方式。

一百种，总是一百种倾听、惊奇、爱的方式。

一百种歌唱与了解的喜悦。

一百种世界，等着孩子们去发掘；一百种世界，等着孩子们去创造；一百种世界，等着孩子们去梦想。

孩子有一百种语言，但是他们偷走了九十九种。

学校和文化，把脑袋与身体分开。

他们告诉孩子：不要用双手去想，不要用脑袋去做，

只要倾听不要说话，了解但毫无喜悦，

只有在复活节和圣诞节的时候，才去爱和惊喜。

他们告诉孩子：去发现早已存在的世界。

而一百种当中，他们偷走了九十九种。

他们告诉孩子：工作与游戏、真实与幻想、科学与想象、天空与大地、理由与梦想，不是同一国的。

因此他们告诉孩子，一百种并不在那里。

孩子说：不，一百种是在那里。

点评：《孩子的一百种语言》这首诗的作者是意大利瑞吉欧幼儿教育创始人——罗里斯·马拉古兹。瑞吉欧幼儿教育模式是20世纪最具影响力的幼儿教育实践模式，在世界范围内产生了巨大影响。瑞吉欧教育体系鼓励儿童通过各种可“表达的、交流的和认知的语言”，探索周围的环境并表达自我。

［知识概述］

第一节　皮亚杰建构主义理论

皮亚杰（Jean Piaget，1896—1980），瑞士著名的心理学家和教育家，认识论的创始人。皮亚杰的研究工作主要致力于儿童智力发展方面，他的发生认识论独树一帜，对世界各国的儿童心理发展思想产生了深远的影响。

一、皮亚杰的生平和教育活动

1896 年皮亚杰出生于瑞士的纳沙特尔，皮亚杰童年时代对科学尤其是生物学有执着的追求和兴趣，10 岁发表有关鸟类生活的论文，有科学神童之称。中学毕业后，进入纳沙特尔大学主修生物学，在大学读书期间，对哲学、生物学、心理学和逻辑学富有兴趣，曾涉猎心理领域各个学派。

图 13－1　皮亚杰

皮亚杰在纳沙特尔大学攻读博士学位期间，他对诸如“人是怎样获得对世界的认识”之类的哲学问题产生探究的兴趣，由于他无法用其纯熟的生物学知识及方法解决此类问题，于是通过其他途径来探索，花了大量的时间阅读心理学的书籍。1918 年获得博士学位后，他来到苏黎世的一个心理实验室工作，在此期间，对弗洛伊德理论产生了兴趣；1919 年到巴黎大学学习病理心理学等学科的知识，后来应西蒙的邀请，他来到西蒙实验室进行智力测验的工作。西蒙实验室的工作使皮亚杰对儿童思维及发展产生了兴趣，从而开始对儿童心理进行系统的研究，并由此决定了他一生主攻的方向。1921 年，皮亚杰到日内瓦大学卢梭学院任教，开始系统地研究儿童思维的活动；1925—1931 年期间，他以自己的三个孩子为研究对象，仔细研究婴幼儿心理的发展，提出了一系列有关儿童的重要理论；从三十年代起，他把研究成果写成他早期的 5 本儿童心理学著作。

二、皮亚杰的建构主义发展观

皮亚杰的理论核心是发生认识论，主要是关注学习者是如何建构某种认识方面的知识的。其基本观点是，学习是一个意义建构过程。他认为，人类的认识不管多么复杂都可以追溯到儿童期。儿童出生以后，怎样形成自己的认识，受哪些因素制约，包括其中的内在结构，各种不同的智力、思维结构是如何出现的，所有这些都有皮亚杰所要研究的问题。他还认为，发展是一种建构的过程，是在个体与环境不断地相互作用中实现的。他用图式、同化、顺应和平衡这四个概念来解释这一过程。

（一）图式

图式，是指儿童对环境进行适应的认知结构，这种结构把有机体察觉到的事物按照一般的特性组织到“群”中去，一个图式就是一个有组织的行动系统，每个人所具有的图式就构成他们理解现实世界和获得新经验的基础。人最初的图式来源于先天的遗传，表现为一些简单的反射，如抓握反射、吸吮反射、眨眼反射等。为了适应周围的世界，个体逐渐丰富和完善自己的认知结构，形成一系列的图式。

（二）同化

同化是儿童利用已有图式把新刺激纳入到已有的认知结构中的过程，是主体活动对环境进行适应的一种形式。皮亚杰认为，在同化的过程中，虽然主体对自己的认知结构并未进行调整和改善，但也不能将这个过程看成是一个完全被动的过程。因为在这个过程中，主体对外界信息需要进行调整和转换，以使其与当前的认知结构相匹配，便于接纳，同化是图式发生量变的过程。

（三）顺应

顺应是指儿童通过改变已有图式或形成新的图式来适应新刺激的认知过程。顺应过程对主体认知结构的发展具有非常重要的意义，通过这个过程，主体的认知结构不断得到修正。顺应是图式发生质变的过程，通过顺应，儿童的认知能力达到一个新的水平。

对于同化和顺应的关系，皮亚杰认为，他们是相互联系相互依存的。在同一个认知活动中常常是包含着两个过程，只是在某些活动中同化占支配地位，而在另一些活动中顺应占支配地位。

（四）平衡

皮亚杰认为，平衡是个体保持认知结构处于一种稳定状态的内在倾向性，是同化和顺应之间的“均衡”。当某种作用于儿童的信息不能与现有的认知结构匹配时，就会引起一种不平衡的状态，其内部感受是一种不协调、不满足感，儿童会努力去克服这种消极感受，以恢复旧的平衡或建立新的平衡。个体正是在这种平衡与不平衡的交替中不断构建和完善认知结构，实现认知发展的。

三、皮亚杰的发展阶段论

皮亚杰将儿童的认知发展分为以下四个阶段：

（一）感知运动阶段（0~2 岁）

感知运动阶段是儿童智力发展的萌芽阶段，这一阶段的儿童还未掌握语言，仅依靠感知觉动作来认识周围世界和适应外部环境。

（二）前运算阶段（2~7 岁）

前运算阶段儿童的思维已表现出了符号性的特点，他们能够通过表象和语言来表征内心世界和外部世界。但这一阶段儿童的思维仍是直觉性的，儿童具有明显的自我中心特点。如一个孩子从远处看见山上有雾，就说：“雾爸爸抽烟。”

（三）具体运算阶段（7~11 岁）

7 岁以后，儿童思维进入运算阶段。所谓运算是指在心理上进行操作，是外部动作内化为头脑的内部动作。

这一阶段儿童思维具有可逆性和守恒性的特点。思维的可逆性，是指能够抓住一个概念中各种具体变化的本质关系。如思维的逆向性（A 与 - A 是逆向关系）、思维的互反性（A > B 与 B < A）。守恒是指对客观事物有了稳定的本质的认识，不为其非本质变化所迷惑。如让儿童比较大小相同的两个球形泥团，他会认为搓成长形的面积比原来的体积变大了，这是不守恒性。在前运算阶段，儿童的思维不具有可逆性和守恒性。

（四）形式运算阶段（11 岁以后）

形式运算，是思维发展的最高阶段，这个阶段的运算不受具体事物内容局限，通过假设或命题方式进行逻辑推理。思维是抽象的，能在头脑中设想出许多内容，这些内容与他们自身的经验无关。

皮亚杰的发展阶段理论阐明了儿童认知发展的一般规律，儿童认知发展的四个阶段依次发生，不能超越，也不能逆转，表现为连续性和阶段性。具体来说，皮亚杰认为，前后阶段的顺序是不变的，但各阶段出现的年龄特征可以根据个体和个体环境的差异加速或推迟；每个阶段都有相对稳定的认知结构，它决定该阶段的主要行为模式；前一阶段的思维模式总是要整合到下一阶段的思维模式中，为后一阶段做准备，前后阶段具有一定程度的交叉和重叠。

四、皮亚杰教育理论的影响

皮亚杰一生最大的贡献在于创立了一门新的理论，即发生认识论，虽然这一理论在某些方面还存在争论，但至今为止还是唯一有着完善系统的认知发展理论，是 19 世纪西方开始教育心理化运动以来最大的心理学成就之一，也是当代最有影响的儿童心理学理论。20 世纪 60 年后，皮亚杰的教育思想对世界各国的教育，尤其是幼儿教育产生越来越大的影响。皮亚杰采用临床法，对成千上万的儿童进行观察，找出不同年龄阶段儿童思维活动的差异以及影响儿童智力的因素，进而提出儿童思维的阶段理论，引发一场儿童智力观的革命。皮亚杰的发展理论作为指导学前教育的几大基础理论之一，经过实践，已不断转化为世界各地幼教工作者的实际经验。

第二节　瑞吉欧幼儿教育体系

瑞吉欧·艾米里亚是意大利北部的一个小镇，在过去的三十多年里，建立了一个公共的儿童保教体系，形成了一套特殊的、创新的教育哲学和教育理念、学校的管理方法以及环境设计的想法，成为一个有机的整体，人们称之为瑞吉欧·艾米里亚教育体系，被视为欧洲教育改革的典范，并在当今对世界各国的学前教育产生了重要影响。

一、瑞吉欧幼儿教育体系简介

瑞吉欧是艺术和建筑珍品的故乡，除富有以外，还有悠久的政治解放、民族独立传统，当地政府机构和官员享有很高的声誉，市民尊重他们的文化传统和大众组织，不同社会阶层常通过政治活动或经济合作解决问题，居民有强烈的民主参与和公共社区观念。正如《儿童的一百种语言》所提，在这样的社会背景下，当马拉古兹提出："儿童有强大的不可估量的力量；儿童应受到绝对的尊重；教师在教儿童之前必须先了解儿童"，马拉古兹这一思想才可能真正得以实现。三十年来，瑞吉欧市民强烈的参与意识使他们就早期教育服务质量不断地开展对话，也使瑞吉欧成为得到政府大力投资的项目。

二、瑞吉欧幼儿教育体系的基本观点

在谈及瑞吉欧教育体系时，马拉古兹认为对儿童的正确理解是一切教育得以成功的关键因素。因此，他们努力去认识、研究儿童，并在整个教育过程中形成了对儿童、对学习、对教育的认识。

（一）儿童是一个拥有充分的生存和发展权利的人，是发现及创造生活内涵的主体

在成长的过程中，孩子必须感觉到自己存在的价值，感觉到自己的重要性，这样个体主动参与，积极创造的精神才得以发挥，因此，他们需要成人的尊重与理解。同时，作为发展中的人，又有权利从成人那里得到帮助。这种帮助的一个重要目的，是让儿童体验到人们之间的友爱、关心、合作、对话、沟通和理解，在这个意义上，教育乃是一种人道主义的事业。

（二）儿童是主动的学习者

他们对学习有着天然的兴趣，从出生时刻起，他们就在与现实世界的"交往"中积极地构建自己的认识和理解。学习是一种经历自己的渴望被满足的感觉，一种征服感，一种令人满意的经验。儿童的学习并非成人教学的必然产物，相反，它更多要归因于儿童自己在活动和成人提供的环境中的所作所为，教学应以学习的儿童和儿童的学习为出发点和基础，应满足儿童的渴望，帮助他们获得这种成功的体验。

（三）儿童是有能力的学习者

只要成人视儿童为创造者、发明者和发现者，与他们共享探究过程与探究结果的乐趣，儿童的能力就会在具有一定挑战性的情境中，在利用自己的各种自然语言表达看待事物的独特角度和独特认识时显现出来。因此，教育的重要任务是增强儿童发现的可能性；而教育工作的核心在于激发儿童作为学习基础的创造能力。

（四）儿童的学习是一种互动的、以某种相互关系为基础的社会建构过程

关系和学习息息相关。一个积极的、包含着丰富内容的关系系统自身必然蕴涵着一种真实的自动教育机制。幼儿学校应该成为这样的一个以参与和合作为基础的关系系统，使所有相关人员都能体验到一种"被热情拥抱的""回家的感觉"，从而激发大家参与、研究、贡献的积极性，使这个关系系统更加朝向一个共同目标而运行，为儿童的学习提供强大的动力和丰富的资源。对于瑞吉欧来说，"教育乃是一种通过共同的探索进行的社群活动和文化的分享。"

（五）在各种关系中，师生关系最为直接地影响着儿童的学习与发展

教师的角色既不是母亲，也不是一般意义上的同伴，而是"以专业的眼光赋予学习

者和学习以价值的人。”教师应积极参与儿童的学习活动，以行为表现出对他们工作的重视。互动过程中，教师和儿童的心智要在共同感兴趣的问题上汇合，以产生智慧的激发与碰撞、经验的交流、情感的共享、行动的支持。这样，教师身上所负载的社会文化不是以由上至下“倾泻”或灌输的方式传递给儿童，而是一种哺育，一种滋润。

三、对瑞吉欧幼儿教育体系的评价

从20世纪70年代末起，一些国家的教育工作者开始关注瑞吉欧，特别是“儿童的一百种语言”在世界许多国家和地区获得成功后，使瑞吉欧教育体系名声大噪。著名美国教育心理学家布鲁纳在评价瑞吉欧教育体系时将它看成是发生在“一个小城市里的奇迹”，在访问了瑞吉欧以后，他曾说：“眼中所见实在出乎意料，并非它们是我所见过的最优秀的缘故，最打动我的地方是它们如何培养孩子的想象力，如何强化孩子们对‘可能性’的认识与知觉。”瑞吉欧教育成功的关键在于它的教育理念和实践十分符合当今高科技时代对人的主体性，尤其是创造性的高要求，对解决困扰世界幼儿教育的大问题——幼儿园究竟应该教什么，究竟能够教什么，应该如何教，何种经验对幼儿最有价值——提供了借鉴。

第三节 海伊斯科普课程

海伊斯科普（High scope）课程始于1962年，当时它是美国密切根州海伊斯科普佩里学校学前教育科研项目的一部分。由美国儿童心理学家戴维·韦卡特创立的海伊斯科普教育研究机构研制，是美国“开端计划”中第一批通过帮助处境不利的学龄前儿童摆脱贫苦的学前教育方案，也是一个令人感兴趣的实验设计方案。在这个实验方案中，儿童被随机抽取和分配，并允许研究者通过对追踪参与儿童的生活状况以考察其作用。

一、海伊斯科普课程的理论基础

海伊斯科普课程以皮亚杰的儿童发展理论为基础，主要经历了三个阶段的发展。第一阶段，课程设计者将关注点放在对儿童进入小学做好准备的知识和技能方面；第二阶段，课程设计者接受了儿童处于不同发展阶段的观点，尝试把那些代表该儿童发展阶段水平的技能教给儿童。但是，在这一阶段，课程设计者运用的是教皮亚杰式的任务的方法，通过提问那些已知答案的问题进行教学，儿童还没获得真正意义上的主动；第三阶段，皮亚杰有关儿童作为知识建构者的思想在课程中得到了体现，强调以适合儿童发展水平的方式帮助儿童增强认知能力，课程设计者将儿童看成是主动学习者，认定儿童能在其自己计划、进行和反应的活动中获得较好的学习。

二、海伊斯科普课程的目标、内容和方法

（一）目标

在海伊斯科普课程第二阶段，课程设计者强调的是运算要素，制定的总目标是教

“皮亚杰式技能”，课程目标是根据日内瓦研究课题——分类、排序、时间关系和空间关系而制定的。每个方面的目标都是按照从简单到复杂、从具体到抽象以及动作水平到言语水平的顺序提出的。

第三个发展阶段其总目标依然是认知性的，但是，与上一阶段相比较，课程目标发生了三个方面的变化：（1）那些被称为是“认知发展的关键经验”的东西基本保留，但增加了“主动学习”这一部分。（2）具体的目标领域也发生了一些变化。（3）考虑了儿童社会情感方面的目标。

（二）内容

海伊斯科普课程的设计者们认定，主动学习是儿童发展过程的核心，他们根据这一信念和皮亚杰论述的有关前运算阶段儿童最为重要的认知特征，确定了49条关键经验。这些关键经验包括：创造性表征、语言和文字、主动的社会关系、运动、音乐、分类、排序、数字、空间和时间等几方面，每个方面都由一些具体的关键经验组成。

海伊斯科普课程的实施是由“计划—做—回忆”三个环节以及其他一些活动组成的。“计划—做—回忆”这三个环节是课程实施的最重要部分，通过这些环节，儿童有机会充分表达自己所参与活动的打算，也能使教师密切地参与到整个活动过程之中。

在“计划环节”，教师给予儿童表达自己想法和打算的机会，通过与教师反复讨论，帮助儿童在其头脑中形成自己的想法，以及如何实施；“做”即“工作时间”，这段时间占日常活动时间最多，在工作时间中，儿童进行他们计划的项目和活动，对材料进行探究，学习新技能，尝试自己的想法；“回忆时间”是最后一个环节，通常在整理和收拾时间之后，儿童与教师一起回忆和表述工作时间的活动。

三、海伊斯科普课程评价

海伊斯科普课程不要求购置和使用特殊的材料，它唯一的花费在于为儿童设置学习环境。对教师来说，虽然课程最初很难实施，但一经掌握，教师则会轻松自如。海伊斯科普课程依据儿童发展理论和早期儿童教育实践，是一种一直能高质量地服务于儿童的有系统、有组织的教育方案，被认为是“适合儿童发展的教育实践”的一个例证，对早期儿童教育作出了理想的陈述。

第四节 发展适宜性教育

发展适宜性教育，简称DAP（Developmentally Appropriate Practice），译成中文的意思是“与儿童发展相适宜的教育”。

一、“发展适宜性”的内涵

“发展适宜性”这个概念有两方面的含义，即适宜于年龄和个体。

（一）年龄发展适宜性

年龄发展适宜性，即教育要与儿童的年龄特点相适宜。关于人类发展的研究表明，在出生后的最初9年中，存在着一个普遍的，可以预知的生长和变化的顺序。这些可以预知的变化出现在发展的所有方面。这种顺序性表现为一定的年龄阶段性。教师应当根据有关儿童发展的年龄特点的知识来为儿童准备学习环境，组织与儿童年龄相适宜的学习经验。

（二）个体发展适宜性

个体发展适宜性，即教育要与每个儿童的特点相适应。每个儿童在成长与发展的速度、需要、兴趣以及学习的形式上具有不同于他人的特点，而且由于家庭文化的不同，因此每个儿童已有的知识经验不同，他们的家庭及文化背景所特有的价值观也不相同。在教育上必须考虑每个儿童的特殊需要，不能把每个儿童都看成是一样的、相似的，不能用相同的教育去对待不同的儿童。

二、“发展适宜性”教育的基本原则

（一）创造一个充满关爱的学习环境

1. 幼教机构是幼儿学习的场所，它的所有成员都应为他人的幸福着想并做对他人的学习有益的事。

2. 同主要教养人员和要好伙伴之间一贯、积极的交往，对幼儿健康发展至关重要。这种交往为幼儿提供了一个了解自己和周围世界并学会如何同他人发展积极关系的环境。在幼教机构中，每个幼儿都应受到重视。幼儿应学会承认并尊重个体间的能力差异，应学会重视自己和他人的长处。

3. 社会性交往是幼儿学习的重要途径。每个孩子都应当具有能使整个幼儿集体受益的能力和兴趣。跟小伙伴一同游戏，在小组里一同活动，或与其他幼儿及成人相互交谈，都有助于幼儿的学习和发展。其中，和小组里其他幼儿的交往有助于幼儿发展正在形成而又尚未完全形成的能力。在交往中，幼儿还能通过与他人的互动建构起自己的知识。

4. 学习环境应能保护幼儿的安全与健康并尽力满足幼儿对活动、感官刺激、新鲜空气、休息和营养的需要。幼儿一日活动的组织应动静交替且比例适宜。

应保证幼儿户外活动时间。要使幼儿有心理安全感，应让他们感到放心、轻松和舒适而不是孤单、恐惧、忧虑和紧张。学习环境应是有组织且动态可变的，同时又能为孩子所预测和理解的，它应提供给幼儿丰富的材料和机会，使之获得有意义的直接经验。

（二）教师促进幼儿的学习和发展

教师是儿童早期教育中最重要的因素。教师必须运用自己的关于什么是最适合儿童的和什么是最有利于儿童发展的知识来平衡社会和父母对儿童的期望。发展适宜性教育提出，教师必须是可信赖的、真实的和具有移情能力的，并且应当具有运用有关儿童发展方面知识的能力、观察儿童的能力、与儿童交往和交流的能力、制订教学计划、组织教育活动的能力、与家长沟通的能力、与上级领导沟通的能力、与其他教师合作的能力等等。我们不能凭自己的经验来主观地评价儿童，而应在客观观察的基础上得出结论。只有认真地以不带有偏见的目光观察每个孩子，才能够制定并提供适宜的教育方案。

（三）对幼儿学习与发展的评价

评价是早期教育中必不可少的一部分。它能帮助教师更好地了解和更好地计划个性化的、与发展相适宜的教育。评价应该涉及儿童发展各个方面，但又不是对儿童进行单纯的横向比较或是狭义的学业成绩的评定。评价是观察、记录和说明儿童做了些什么以及他们怎样做的一个过程。发展性评价的核心是观察，教师对儿童的评价必须建立在观察的基础上。评价的价值在于有助于促进每个幼儿在所有领域的发展，这是教师和评价者的重要任务。发展适宜性教育的评价还重视从各个渠道收集有关儿童的信息。正如下面我们将要提到的评价有四个组成部分，各个组成部分在资料收集的方法和所得出的结果或信息的类型上都是不同的。发展适应性教育的评价提倡教师在整体背景下认识儿童以及教师和儿童双向互动的过程。

（四）托幼机构与家庭的合作

托幼机构与家庭的合作是一个分享信息和建立相互联系的过程，父母参与到早期教育中，有利于满足儿童、家庭和托幼机构各方面的需要。

教师和家长应相互尊重与合作，共同承担对幼儿应尽的职责。双方应通过对话来解决有关冲突以期达到共同的目标；教师和家长应建立并维持经常、一贯的双向交流机制；教师应欢迎家长参与其工作，和家长共同作出有关幼儿保教问题的决定。家长应积极参与有关工作，认真观察，当好子女教育的决策者；教师一方面应尊重家长在幼儿教育上所表现出来的不同偏好与关注，承认他们对幼儿培养目标的选择并作出适宜的反应，同时也不能因此而放弃自己对幼儿所承担的职责；家长和教师应利用日常交流和家长会等时机，交流有关幼儿的情况和关于儿童学习与发展的专门知识。教师应最大限度地支持家长发展教育决策能力；为了获得更为准确和完整的信息，幼教机构应让家长参与对幼儿的评价工作并据此制定相应的教育计划。

三、对“发展适宜性教育”的思考

首先，DAP 既不是一种课程，也不是一套僵化的期望标准。DAP 是一种理论框架，一种教育哲学，它要求人们至少注意两个问题：（1）儿童如何学习和发展；（2）每个儿童独特的需要和兴趣。任何好的幼儿教育必须是既面向全体又能满足每个儿童的需要。DAP 提供了成人如何与儿童一起工作的方法。

其次，课程不等于儿童发展，课程也不能仅仅来自于儿童。判断一个幼儿园教育质量好坏的标准不能仅仅从儿童发展这一个方面考虑。仅仅了解儿童的发展并不能够使教师去帮助儿童实现他们成为社会合格的公民的潜力。在这一点上，DAP 以杜威关于学校与社会的关系的教育哲学为依据，主张通过教育过程培养出符合美国社会的要求的公民。全美幼儿教育协会（NAEYC）认为任何行之有效的幼儿园教育必须有陈述清楚的教育目的或目标。这种目标正是教师与幼儿共同努力的方向。但是目的或目标应当与儿童发展的年龄和个人特点相适应。DAP 不反对确定教育的目的或目标，而只是反对对幼儿进行狭隘的学业技能的训练。

再次，DAP 并不意味着教师可以不教，让儿童控制教室。任何好的幼儿园教育必须是一个由教师仔细设计、准备和控制的有高度组织与结构的教育环境。但是，儿童必须积极主动地卷入活动过程，承担起他们自己的学习责任。游戏是重要的，是幼儿学习的基本形式，但是教师必须知道在什么时候，为什么以及如何去帮助儿童游戏，以丰富儿童在游戏中获得的学习经验。

最后，DAP 面向全体儿童，反对任何种族偏向。因此适宜于个体的也应当包括适宜于幼儿的家庭和文化背景。

小链接

拉尔夫·泰勒（Ralph Tyler），美国著名教育学家、课程理论专家、评价理论专家。他是现代课程理论的重要奠基者，是科学化课程开发理论的集大成者。由于对教育评价理论、课程理论的卓越贡献，泰勒被美誉为“当代教育评价之父”“现代课程理论之父”。“泰勒原理”被公认为课程开发原理最完美、最简洁、最清楚的阐述，达到了科学化课程开发理论发展的新的历史阶段。

“泰勒原理”的基本内容是围绕四个基本问题的讨论展开的：

第一，学校应该达到哪些教育目标？

(What educational purposes should the school seek to attain?)

第二，提供哪些教育经验才能实现这些目标？

(What educational experiences can be provided that are likely to attain these purposes?)

第三，怎样才能有效组织这些教育经验？

(How can these educational experiences be effectively organized?)

第四，我们怎样才能确定这些目标正在得到实现？

(How can we determine whether these purposes are being attained?)

围绕上述四个中心，泰勒提出了课程编制的四个步骤或阶段：可进一步归纳为“确定教育目标”“选择教育经验”“组织教育经验”“评价教育计划”，这就是“泰勒原理”的基本内容。

【经典回味】

发展适宜性原则是美国幼儿教育协会针对美国幼教界普遍出现的幼儿教育“小学化”等倾向提出的。幼儿园很早就对幼儿进行正规学术培养的错误做法，引起美国儿童心理学家和幼儿教育家的广泛关注和反思。幼儿期更为有效的学习方式应是具体形象的、以游戏为主的自发性学习，而不是这种“小学化”教学。学前教育方案最应考虑的就是儿童的需要，并因儿童的需要来裁剪课程，而不是像这样相反的来裁剪儿童以适应学前教育的“课程”。

【思考与练习】

1. 简述皮亚杰关于建构主义的教育理论。
2. 简述皮亚杰的发展阶段论。
3. 简述瑞吉欧幼儿教育体系的主要观点。
4. 简述海伊斯科普教育方案的主要内容。
5. 简述发展适宜性教育的主要内涵。

参 考 文 献

［1］克伯雷．外国教育史［M］．任宝祥，任钟印译．上海：华东师范大学出版社，1900.

［2］周采，杨汉麟．外国学前教育史［M］．北京：北京师范大学出版社，1999.

［3］周玉衡，范喜庆．学前教育史［M］．上海：复旦大学出版社，2009.

［4］李清萍．麦克米伦姐妹与英国保育学校［D］．武汉：华中师范大学教育学院，2012.

［5］朱家雄．幼儿园课程［M］．上海：华东师范大学出版社，2003.

［6］刘炎．DAP－学前教育中的新概念［J］．学前教育研究，1994（6）．

［7］玛丽亚·蒙台梭利．童年的秘密［M］．马荣根译．北京：人民大学出版社，2005.

［8］陈帼眉．学前心理学［M］．北京：人民教育出版社，2003.

［9］张向葵，刘秀丽．发展心理学［M］．长春：东北师范大学出版社，2002.

［10］姚伟．学前教育学［M］．长春：东北师范大学出版社，2012.

［11］梁雅珠．我和幼儿教育［M］．北京：北京出版社，2012.

［12］蔡宝来．国家观对中日教育现代化影响的比较研究［J］．教育理论与实践，1996，（1）．

［13］王雁．有关教育国家化趋势的历史考察［J］．河南职业技术师范学院学报（职业教育版），2003，（1）．

［14］蔡军，刘迎接．学前教育简史［M］．北京：北京师范大学出版社，2012.

［15］张惜萍，司进立，王斌．学前心理学［M］．武汉：中国地质大学出版社，2012.

［16］陈琦，刘儒德．当代教育心理学［M］．北京：北京师范大学出版社，2007.

［17］陈帼眉，姜勇．幼儿教育心理学［M］．北京：北京师范大学出版社，2007.

［18］陈文华．中外学前教育史［M］．北京：科学出版社，2010.